prépabac

Réussir l'examen

Sciences de la vie et de la Terre

ENSEIGNEMENT SPÉCIFIQUE

T[le] S

Isabelle Bednarek-Maitrepierre
Professeur agrégée de SVT au lycée Aristide-Briand (Saint-Nazaire)

Armelle Lhuillery
Professeur certifiée de SVT au lycée Aristide-Briand (Saint-Nazaire)

Arnaud Mamique
Professeur agrégé de SVT au lycée Richelieu (Rueil-Malmaison)

Bruno Semelin
Professeur agrégé de SVT au lycée du Pays-de-Retz (Pornic)

Hatier

Le mot des auteurs

Pourquoi ce Prépabac ?

Pour vous aider à vous préparer à l'épreuve de sciences de la vie et de la Terre, en Tle S, tout au long de l'année et lors de la phase de révision finale.

Sur chaque thème du programme, vous sont proposés des **fiches** de synthèse, un **quiz** pour faire un bilan rapide de vos connaissances, les **schémas-bilans** à connaître et des **sujets de type bac corrigés** pas à pas.

FICHES | **BILAN** | **SUJETS CORRIGÉS**

Quel a été notre objectif ?

Tous quatre enseignants de sciences de la vie et de la Terre, nous avons travaillé avec pour objectif de vous proposer un **outil de travail complet et efficace**.

Isabelle Bednarek-Maitrepierre

Armelle Lhuillery

Arnaud Mamique

Bruno Semelin

Et le site annabac.com, quels compléments offre-t-il ?

L'achat de ce Prépabac vous permet de bénéficier, d'un **accès GRATUIT** aux **ressources d'annabac.com** : fiches de cours, podcasts audio, exercices et sujets corrigés...

Pour profiter de cette offre, rendez-vous sur www.annabac.com, dans la rubrique « Vous avez acheté un ouvrage Hatier ? ».

ISBN 978-2-218-96261-5

SOMMAIRE

LA TERRE DANS L'UNIVERS, LA VIE, L'ÉVOLUTION DU VIVANT

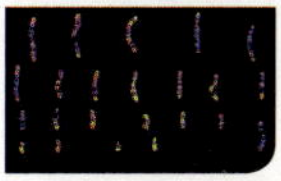

Génétique et évolution

FICHES

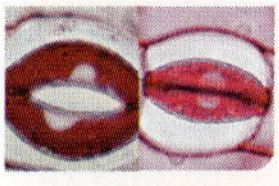

Évolution de la diversité

FICHES

Le domaine continental et sa dynamique

FICHES

ENJEUX PLANÉTAIRES CONTEMPORAINS

Géothermie et agriculture

FICHES

CORPS HUMAIN ET SANTÉ

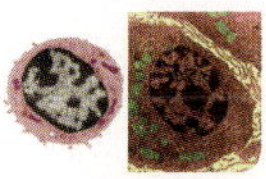

Quelques aspects de la réaction immunitaire

FICHES

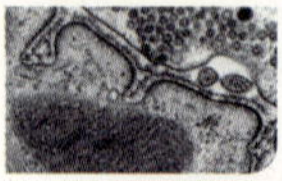

La communication nerveuse

FICHES

ANNEXE

Maquette de principe : Frédéric Jély
Mise en pages : IGS-CP
Édition : Hannah-Belle Abdullah
Schémas : Corédoc
Iconographie : Hatier Illustration

Génétique et évolution

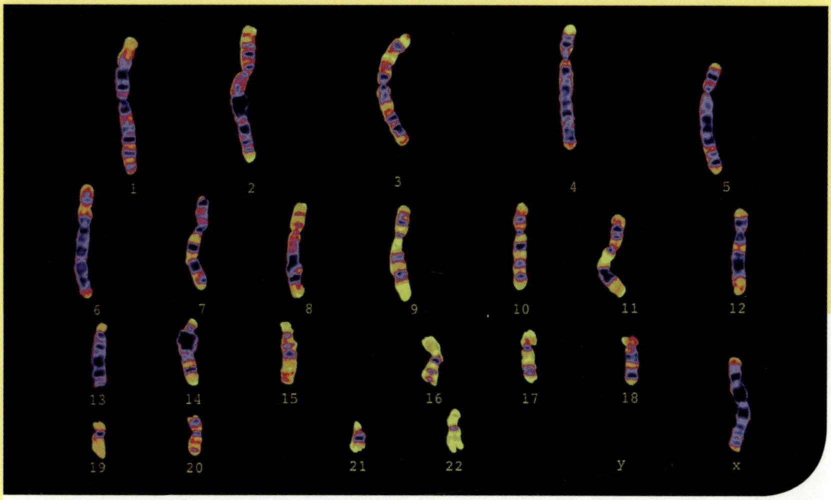

FICHES

BILAN

SUJETS CORRIGÉS

1 Méiose et passage à l'haploïdie

La méiose est un phénomène qui a lieu pendant la formation des gamètes (spermatozoïdes et ovules). Elle se déroule dans les testicules, chez le mâle, et dans les ovaires, chez la femelle, pour toutes les espèces animales.

I Cellules diploïdes et cellules haploïdes

- La plupart des organismes pluricellulaires sont diploïdes : ils possèdent des cellules **diploïdes** (à $2n$ chromosomes), qui contiennent des paires de chromosomes homologues. Les seules cellules **haploïdes** (à n chromosomes) qu'ils possèdent sont les gamètes, qui comportent un seul chromosome de chaque paire.
- Ainsi, dans l'espèce humaine, le caryotype d'une cellule somatique est $2n = 46$ chromosomes, alors qu'il est de $n = 23$ dans les gamètes.

Le **caryotype** d'un gamète comprend forcément un chromosome X chez la femme alors que, chez l'homme, il peut contenir un chromosome X ou un chromosome Y.

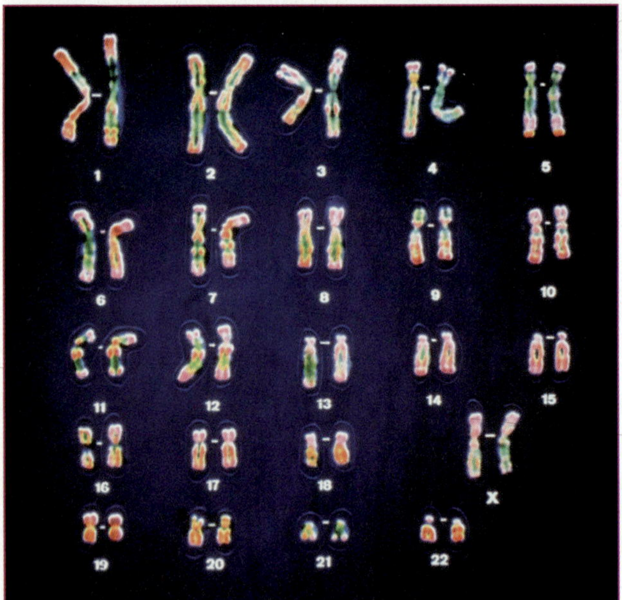

Doc. 1. Caryotype féminin (cellule somatique)

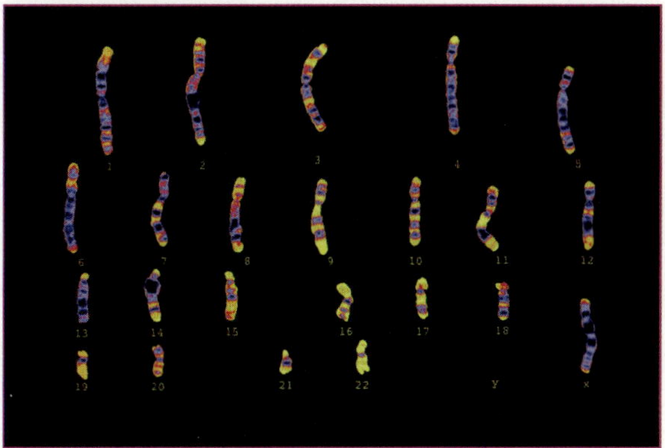

Doc. 2. **Caryotype d'un gamète femelle**

- La **méiose** (schéma bilan, p. 26) est un ensemble de deux divisions cellulaires successives, précédées d'une seule réplication d'ADN, qui permet de faire passer le nombre de chromosomes par cellule de $2n$ à n.

II Les deux divisions de la méiose

1. La première division

- En début de méiose, suite à la réplication d'ADN, les chromosomes sont formés de deux chromatides. Les chromosomes homologues vont s'apparier puis se placer à l'équateur de la cellule. Les chromosomes homologues vont migrer de façon aléatoire aux deux pôles de la cellule.
- En fin de première division, on obtient **deux cellules filles haploïdes**, qui contiennent chacune n chromosomes formés de deux chromatides.

2. La deuxième division

- Elle n'est pas précédée d'une réplication d'ADN et elle correspond à une mitose classique. Les chromosomes se placent à l'équateur de la cellule. Les chromatides de chaque chromosome se séparent et migrent vers les pôles de la cellule.
- À l'issue de la deuxième division, les **quatre cellules filles** obtenues sont **haploïdes** et contiennent ***n* chromosomes** formés d'**une seule chromatide**.
- La méiose a donc permis le passage d'**une cellule diploïde**, ayant des chromosomes à **deux chromatides**, à quatre cellules **haploïdes** possédant des chromosomes à **une seule chromatide**.

2 Brassages et diversité des gamètes (1)

Méiose et fécondation, phénomènes fondamentaux de la reproduction sexuée, sont à l'origine des brassages génétiques qui entraînent de nouveaux assortiments d'allèles. Ces brassages sont donc à l'origine d'individus tous génétiquement différents.

I Le brassage intrachromosomique

- Au début de la méiose, en prophase I, des échanges de fragments de chromatides, donc des échanges d'allèles, se produisent entre les chromosomes homologues appariés : c'est le crossing-over.
- Au cours du crossing-over, l'échange d'allèles est à l'origine d'une nouvelle combinaison d'allèles, différente de la combinaison d'allèles parentale : on parle de **brassage intrachromosomique**.

Le brassage intrachromosomique pour deux gènes considérés n'est pas systématique : tout dépend de l'emplacement du **crossing-over**.

II Crossing-over et remaniements chromosomiques

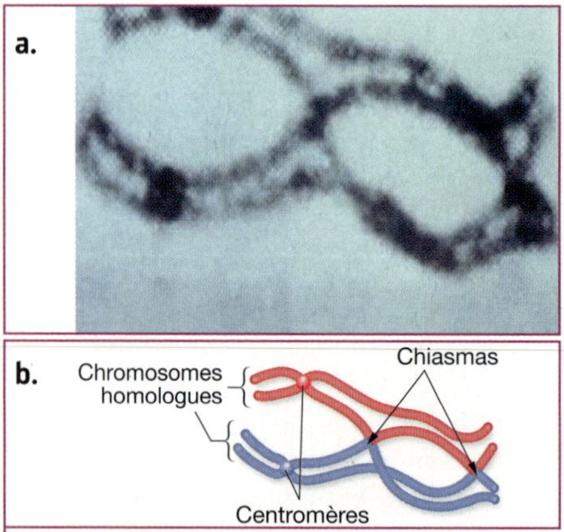

Doc. 1. Paire de chromosomes homologues appariés en prophase I de méiose (a) et schéma interprétatif du crossing-over (b)

Le phénomène de crossing-over se produit à chaque méiose, sauf exception, et seul l'emplacement du crossing-over change d'une méiose à l'autre, ce qui est à l'origine d'une grande **diversité de combinaisons alléliques**.

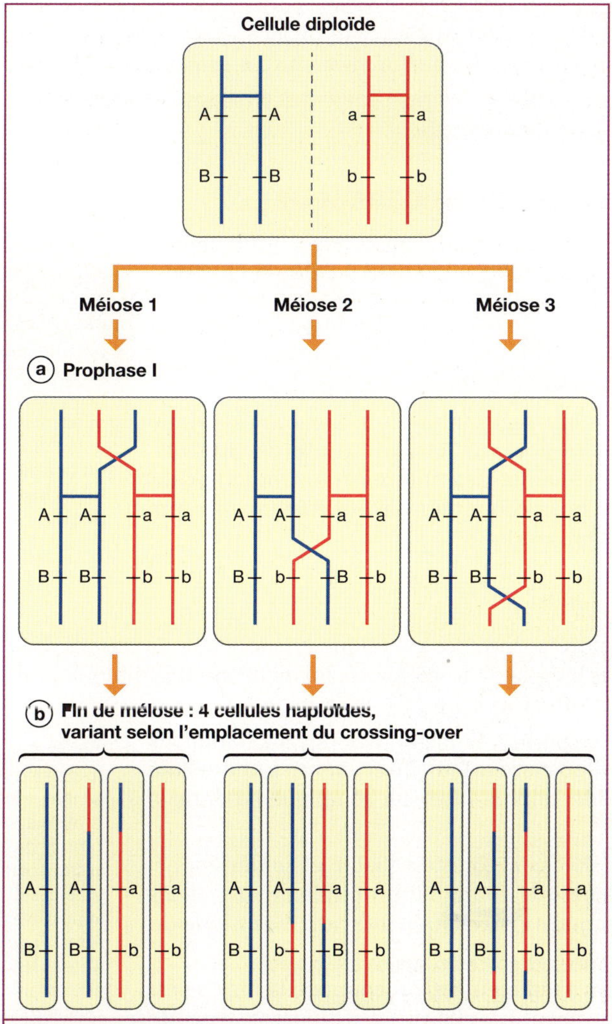

Doc. 2. Variabilité de la position du crossing-over et diversité des gamètes

3 Brassages et diversité des gamètes (2)

À la suite du brassage intrachromosomique (fiche 2), le brassage interchromosomique entraîne une très grande diversité de gamètes. La fécondation, quant à elle, amplifie la diversité génétique en associant au hasard un gamète mâle et un gamète femelle.

I Le brassage interchromosomique

- Au cours de l'anaphase de la première division de la méiose, les deux **chromosomes homologues** de chaque paire **se séparent** de façon aléatoire. Cette séparation des chromosomes homologues conduit à un brassage entre les chromosomes, d'autant plus important que le nombre de paires de chromosomes est élevé : on parle de brassage interchromosomique **(doc.)**.
- La combinaison des brassages intra- et interchromosomique conduit à une **diversité potentiellement infinie de gamètes**, grâce à la migration aléatoire des chromosomes homologues lors du brassage interchromosomique, qui ont été remaniés lors du brassage intrachromosomique.

Dans le cas de l'espèce humaine, un individu peut produire plus de 8 millions de gamètes différents par le seul biais du **brassage interchromosomique**.

II La fécondation

- La fécondation accroît la diversité génétique en associant au hasard deux gamètes ayant subi les brassages de la méiose. En rétablissant la diploïdie, elle participe donc à la **stabilité du caryotype** de l'espèce.
- La fécondation correspond à la fusion des noyaux haploïdes d'un gamète mâle et d'un gamète femelle et aboutit à une cellule œuf, le **zygote**, diploïde, dont la diversité génétique potentielle est immense.
- Seule une fraction de ces zygotes est viable et se développe. Chaque zygote possède une combinaison originale des allèles des gènes de ses parents. Ainsi, chaque individu est **unique** du point de vue génétique.
- Le brassage des gènes qui a eu lieu au cours de la méiose est donc amplifié par la rencontre au hasard des différents types de gamètes lors de la fécondation. Ces deux derniers phénomènes, complémentaires, sont à l'origine de l'**unicité** et de la **diversité génétique** des individus.

À partir du moment où un spermatozoïde a pénétré dans le gamète femelle, l'entrée des autres spermatozoïdes devient impossible. Ainsi, l'ovule n'étant fécondé que par un spermatozoïde, la **cellule œuf** est forcément diploïde.

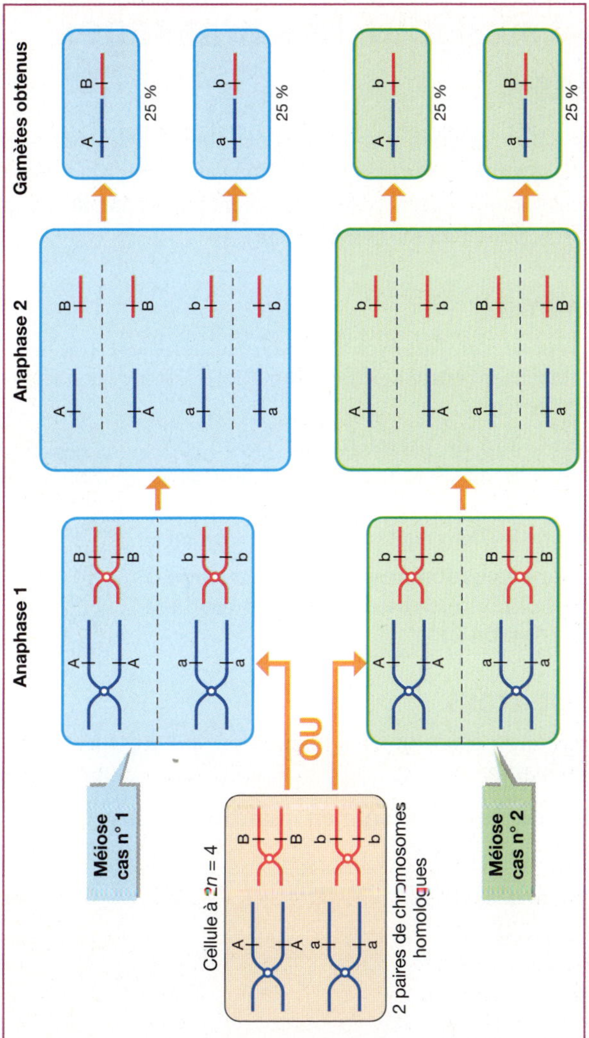

Doc. Le brassage interchromosomique

Pour une cellule à $2n = 4$, le brassage interchromosomique permet d'obtenir, avec une probabilité égale, quatre types de gamètes différents.

4 Analyse statistique des brassages génétiques

L'analyse statistique des résultats d'un croisement permet d'identifier les mécanismes chromosomiques du brassage génétique au cours de la méiose et de la fécondation, et ainsi de savoir si les gènes sont portés par des chromosomes différents ou par un même chromosome.

I Principes généraux

- L'analyse génétique repose sur l'analyse d'un **croisement-test** (ou test-cross), c'est-à-dire un croisement entre des individus F1, hétérozygotes, et des individus homozygotes récessifs.
- Les individus F1, c'est-à-dire de première génération, proviennent de parents homozygotes pour les caractères étudiés.
- À partir des résultats observés en F1, on détermine les relations de **dominance** exercées entre les deux allèles des gènes considérés.
- Les proportions des phénotypes obtenus à l'issue du test-cross permettent de déduire les différents **types de gamètes** produits par les individus de la génération F1.

Conseil
Dans un exercice de génétique, la prise en compte des **proportions** des phénotypes doit être à la base de votre raisonnement.

II Analyse du test-cross

Deux cas peuvent se présenter selon que les phénotypes issus du test-cross sont en quantités égales ou non.

1. Les phénotypes issus du test-cross sont en quantités égales

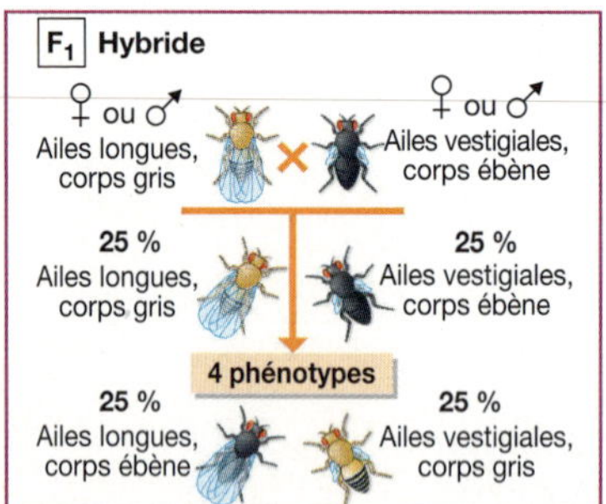

Doc. 1. Résultat d'un croisement-test avec brassage interchromosomique chez la drosophile

- Si les résultats du test-cross donnent quatre phénotypes en quantités égales, cela montre que les **gènes sont indépendants**, portés par des **chromosomes différents** : les individus F1 ont produit quatre types de gamètes différents avec une probabilité égale lors du brassage interchromosomique.
- On présente les proportions des phénotypes issus du test-cross à l'aide d'un échiquier de croisement des gamètes.

2. Les phénotypes issus du test-cross sont en quantités inégales

- Si les résultats du test-cross donnent beaucoup plus de phénotypes parentaux que de phénotypes recombinés, cela montre que les **gènes sont liés**, portés par la **même paire de chromosomes**.
- Les phénotypes recombinés s'expliquent par le crossing-over en début de méiose, lors de la formation des gamètes des individus F1.
- Le faible nombre de phénotypes recombinés s'explique par le fait que le brassage intrachromosomique n'est pas systématique à chaque méiose pour les allèles considérés.
- On explique les phénotypes issus du test-cross en réalisant une interprétation chromosomique, mettant ainsi en évidence le brassage intrachromosomique.

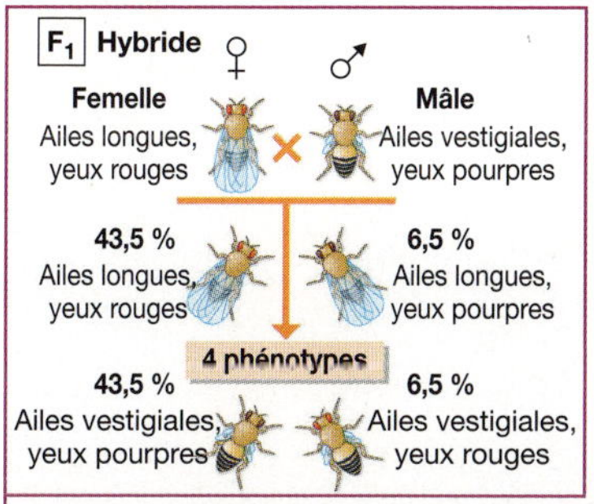

Doc. 2. Résultat d'un croisement-test avec brassage intrachromosomique chez la drosophile

5 Les anomalies de la méiose

Il arrive que la méiose ne se déroule pas normalement et conduise alors à des gamètes génétiquement anormaux. Les anomalies de la méiose ont des conséquences le plus souvent néfastes mais peuvent parfois être aussi sources de diversification génétique.

I La non-disjonction des chromosomes

- Un mouvement anormal de certains chromosomes lors de la méiose, chez l'un ou l'autre des parents, produit des gamètes présentant un nombre inhabituel de chromosomes.
- Les anomalies sont dues à une **non-disjonction des chromosomes homologues** au cours de la première division de méiose ou des **chromatides** lors de la deuxième division de méiose, ce qui produit d'une part des gamètes avec un chromosome en excès, d'autre part des gamètes auxquels il manque un chromosome.

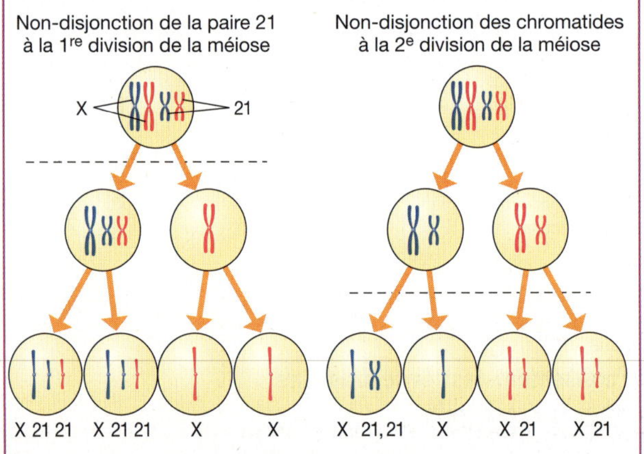

Doc. 1. Deux exemples de méioses anormales

- Après la fécondation de l'un de ces gamètes anormaux avec un gamète normal, il y a formation d'un zygote **trisomique** ou **monosomique**.

- Les anomalies chromosomiques peuvent concerner toutes les paires de chromosomes et sont relativement fréquentes, mais la plupart sont éliminées car les zygotes ne seront pas viables.
- Les anomalies portant sur les chromosomes sexuels sont viables à partir du moment où un chromosome X est présent (syndrome de Turner, XO et syndrome de Klinefelter, XXY), ainsi que certaines trisomies portant sur les chromosomes 13, 18 et 21, dont la plus fréquente est la trisomie 21.

La réalisation d'une amniocentèse chez une femme enceinte peut mettre en évidence, à partir du caryotype du fœtus, une éventuelle anomalie chromosomique, comme par exemple la **trisomie 21**.

II Un crossing-over inégal

- Un crossing-over inégal entre chromosomes homologues lors de la méiose peut parfois aboutir à une **duplication** de gènes, c'est-à-dire à la naissance de deux gènes identiques à partir d'un seul.
- Dans ce cas, l'un des deux chromosomes perd un fragment d'ADN, et l'autre chromosome portera le gène initial ainsi que le fragment contenant la copie du gène venant du chromosome homologue.

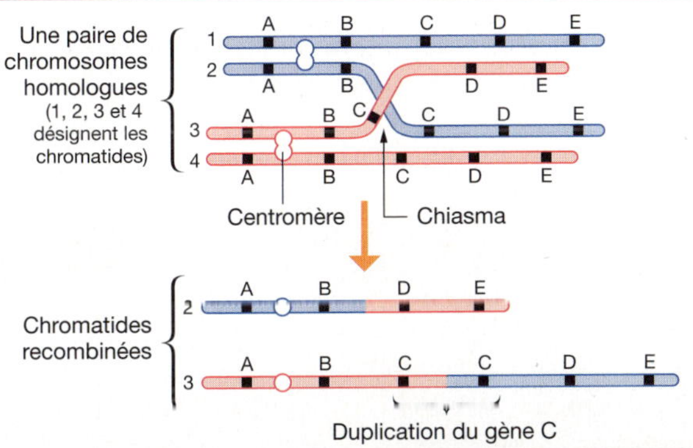

Doc. 2. Crossing-over inégal et duplication d'un gène

- Le mécanisme de duplication, en créant de nouveaux gènes à partir du gène initial, peut être source de **diversification du vivant**, générant des familles multigéniques, comme les gènes des pigments rétiniens (vus en 1re S).

6 Diversification des génomes par transfert de gènes

Au-delà des mutations et des brassages génétiques (dont les duplications) au cours de la méiose et de la fécondation, il existe d'autres mécanismes de diversification génétique des génomes ayant un rôle majeur dans la diversification des êtres vivants.

I Le transfert par voie virale, source de modification des génomes

- Le **transfert par voie virale** correspond à l'acquisition par des cellules eucaryotes de matériel génétique étranger (virus...).
- Ce transfert est réalisé par des rétrovirus, dont l'information génétique se présente sous forme d'ARN (acide ribonucléique). Ils ont la capacité de transformer une copie de leur ARN en ADN qui peut être intégré de manière durable dans le génome de la cellule infectée. On parle alors de **virus endogène**.
- Si cette intégration se fait au sein du génome des cellules germinales (spermatozoïde ou ovule), le matériel génétique étranger intégré se transmet à la descendance par le biais de la fécondation. 8 % du génome humain serait ainsi issu d'un transfert par voie virale.

Le virus du VIH responsable du sida est un **rétrovirus**.

Découvert après l'ADN, l'**ARN** est une structure moléculaire tout aussi fondamentale et ayant de nombreuses fonctions. On parle même de « monde ARN »

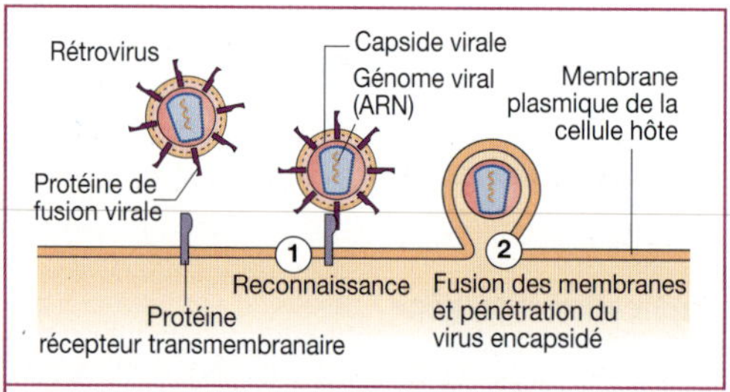

Doc. 1. Infection d'une cellule par un rétrovirus

- L'une des propriétés des virus permettant ce transfert génétique est leur capacité à fusionner avec la membrane plasmique d'une cellule afin d'y pénétrer. Cela est rendu possible par l'existence de protéines à la surface des virus qui, en interagissant avec les récepteurs situés sur les cellules cibles, rendent possible la fusion du virus avec la cellule infectée **(doc. 1)**.

- Deux cellules infectées et ayant subi un transfert viral des gènes permettant la fusion exposeront à la surface de leur membrane à la fois les protéines virales et les récepteurs correspondants. Cela rend alors possible la fusion des deux cellules infectées.

II Le gène de la syncytine, un exemple de gène transféré par voie virale

- Deux gènes d'origine virale codant pour ce type de fusion cellulaire ont été identifiés dans le génome humain. Il s'agit de gènes codant pour deux protéines, les **syncytines 1 et 2.**

- Cette protéine humaine a une séquence d'acides aminés très proche de celle d'une protéine de fusion virale, ce qui témoigne de son origine **(doc. 2).**

- Les syncytines ne s'expriment qu'au niveau du placenta, et jouent un rôle fondamental dans sa mise en place. En effet, lors de la nidation dans l'utérus chez les mammifères placentaires, un **syncytium cellulaire** (tapis cellulaire multinucléé issu de la fusion de nombreuses cellules entres elles) de cellules maternelles et fœtales se met en place.

Le **placenta** est formé de cellules issues de l'embryon et non de la mère.

- Le syncytium va constituer une zone d'échange privilégiée entre le sang maternel et le sang fœtal, au niveau duquel de nombreux échanges vont se dérouler tout au long de la grossesse. Il est à l'origine de la structure d'échange qu'est le placenta.

- Cette fusion cellulaire est rendue possible par l'expression des syncytines d'origines virales à la surface des cellules placentaires de la mère et du fœtus. Ce transfert viral constitue bien une source de diversification des êtres vivants car il est à l'origine de la mise en place d'une nouvelle structure, le placenta.

Séquence de la syncytine 1 humaine	Met Ala Leu Pro Tyr His **Ile** Phe Leu Phe
Séquence de la protéine de fusion virale *env*	Met Ala Leu Pro Tyr His **Thr** Phe Leu Phe

Doc. 2. Comparaison d'un extrait des séquences de la syncytine 1 humaine et de la protéine de fusion virale *env*
Les séquences présentent une forte similitude.

7 Hybridation, polyploïdisation et diversification des génomes

La diversification des êtres vivants est souvent associée à des modifications en taille des génomes, qu'elles aient lieu au sein de la même espèce ou qu'elles résultent de la fusion des génomes d'espèces différentes.

I La polyploïdisation, un processus permettant une évolution majeure de la taille du génome

La taille d'un génome n'est pas proportionnelle à la complexité de l'organisme. Ainsi, certains poissons et certaines plantes ont un génome 40 fois plus grand que celui de l'Homme.

La **ploïdie** d'une cellule caractérise le nombre d'exemplaires de ses chromosomes. Les cellules eucaryotes sont généralement haploïdes (n chromosomes) ou diploïdes ($2n$ chromosomes). Dans certains cas, on peut observer un nombre supérieur à 2, on parle alors de **polyploïdie.** Elle concerne essentiellement les végétaux (50 % d'espèces polyploïdes) et quelques animaux.

La polyploïdie génère un gigantisme des plantes, notamment au niveau de la fleur et donc des fruits. C'est pourquoi on l'observe régulièrement dans les espèces cultivées.

Le **gigantisme** chez les plantes cultivées constitue un avantage important pour le rendement des producteurs.

Exemples : le blé sauvage diploïde, $2n = 14$ chromosomes, le blé dur cultivé, $4n = 28$, ou le blé tendre, $6n = 42$.

On distingue des polyploïdies :

– Avec un **nombre pair** de chromosomes ($4n$, $6n$... où n est le nombre de chromosomes) et provenant d'une division cellulaire non complète qui aboutit au doublement de la quantité de chromosomes dans la même cellule. Les individus sont alors **fertiles** car un nombre pair de chromosomes permet la réalisation de la méiose.

– Avec un nombre impair de chromosomes ($3n$, $5n$...) et provenant de l'union de gamètes (de la même espèce ou non) à ploïdie différente **(doc.)**. Les individus sont généralement **stériles**, en raison de l'impossibilité d'une répartition équitable des chromosomes homologues au cours de la méiose.

Attention
Il ne faut pas confondre triploïdie (trois lots de chromosomes) et trisomie (un chromosome en trois exemplaires).

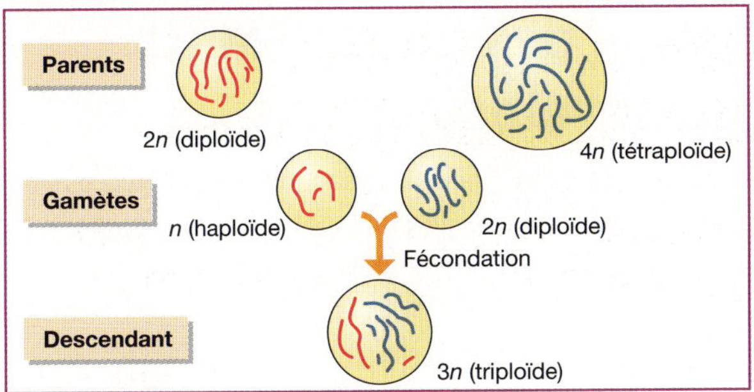

Doc. Polyploïdie par méiose suivie de fécondation

Des travaux récents ont mis en évidence l'existence quasi certaine d'un ou deux événements de polyploïdisation à l'origine de la lignée des vertébrés.

La polyploïdisation contribue massivement à l'**évolution en taille des génomes**, en augmentant la quantité de matériel génétique. On voit ici une source de diversification des génomes puisqu'il y a augmentation du nombre de gènes susceptibles de subir des mutations, à l'origine de nouvelles protéines.

II Le couple hybridation-polyploïdisation, source de diversification des êtres vivants

On peut envisager que deux espèces différentes se reproduisent entre elles. On parle d'**hybridation.** Toutefois, l'hybride obtenu ne présente qu'un exemplaire de chaque chromosome (pas d'homologue). La méiose à l'origine de la production des gamètes ne pourra donc pas se dérouler et l'individu sera stérile.

La clémentine, fruit du clémentinier, est un **hybride** entre l'oranger et le mandarinier.

Si l'hybridation est suivie d'une **polyploïdisation**, chaque chromosome est alors présent en nombre pair. La méiose est alors possible, l'hybride est donc fertile.

Le **couple hybridation-polyploïdisation** est donc source de **spéciation**. Cela a par exemple été observé dans l'apparition d'une espèce de plante aquatique connue depuis la fin du XIXe siècle, la spartine de Townsend, issue de l'hybridation de deux anciennes espèces (voir ci-dessous).

S. maritima (2n) × *S. alterniflora* (2n)
Hybridation
→ ***S. townsendii*** stérile (2n)
Polyploïdisation
→ ***S. townsendii*** fertile (4n)

8 Diversification des êtres vivants et gènes du développement

Au sein d'une espèce, le développement correspond à une succession d'événements très stéréotypés. Le bon déroulement de ce développement implique un contrôle.

I Des gènes du développement source de diversification

- Des mutations de certains gènes entraînent le développement d'organes surnuméraires, ou anormalement placés.
- Ainsi, il existe des gènes dont le rôle est de guider la mise en place du **plan d'organisation** de l'organisme, c'est-à-dire du positionnement des organes. Ces gènes du développement sont qualifiés de gènes architectes.
- Ils ont été observés dans de nombreux groupes d'êtres vivants très éloignés phylogénétiquement. Leurs séquences nucléotidiques sont très proches. On parle d'**homologie de séquences (doc. 1)**.

Ce type de **mutation** est très fréquent en contexte mutagène fort, comme lors d'un accident nucléaire. Après la catastrophe de Tchernobyl, le nombre d'enfants atteints de malformations a été multiplié par deux en Ukraine.

Homme →	ACCAGACGCTGGAGCTGGAGAAGGAGTTTCACTAC
Souris →	-------C-----------------A--------T
Drosophile →	-------T--A-----A----------------T-

Doc. 1. Comparaison d'extraits de séquence du gène du développement Hox-B6 dans 3 espèces animales
Le « – » indique une similitude. On observe une homologie (similitude) de 92 % entre l'Homme et la souris, et de 83 % avec la drosophile (mouche).

- L'homologie de ces séquences nucléotidiques peut paraître en contradiction avec la diversité des êtres vivants. Le développement est une cascade de phénomènes agissant sur une structure formée précédemment ; toute modification d'une étape modifie le résultat final.

L'**homologie** est la mise en évidence d'un lien évolutif entre deux structures ou deux séquences en raison, entre autres, de leur ressemblance.

II Développement du membre et de la nageoire

La diversité des êtres vivants peut donc s'expliquer par des variations dans la chronologie du développement, le degré et la localisation d'expression des **gènes du développement.** Par exemple, chez les vertébrés, le gène du développement Hox-D13 s'exprime dans les différentes régions du membre et de la nageoire lors du développement :

- dans un premier temps, ce gène s'exprime dans la partie basse du bourgeon de membre ou de la nageoire et est à l'origine de la formation de la base osseuse du membre (humérus, radius, cubitus) ou de ses homologues osseux de la nageoire ;
- dans un deuxième temps, l'expression du gène se poursuit à l'extrémité antérieure du bourgeon du membre et sur ses bords inférieur et supérieur guidant la mise en place des doigts.

Les **téléostéens** sont un groupe de « poissons » dont le squelette est formé d'os, par opposition aux chondrichtyens, dont le squelette est cartilagineux.

Chez les téléostéens, l'expression demeure inchangée, seuls des rayons dermiques vont se former **(doc. 2)**.

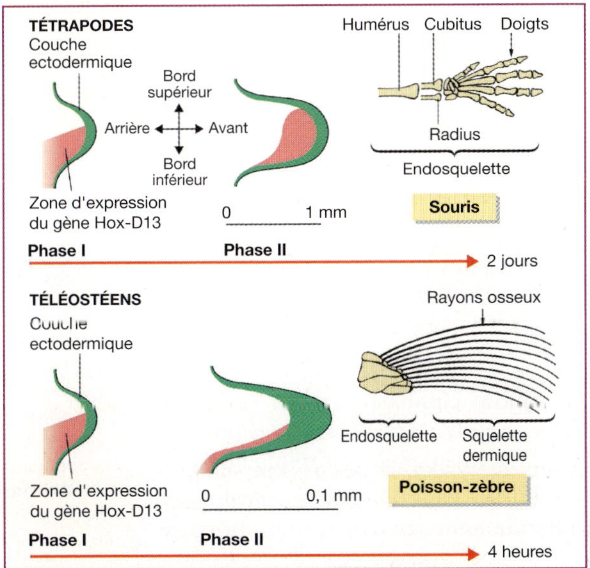

Doc. 2. Développement comparé du membre et de la nageoire sous l'action du gène Hox-D13

Des formes vivantes différentes peuvent donc résulter d'une modification du développement plus que d'une différence génétique.

9 Diversification des êtres vivants sans modification des génomes

Contrairement à ce que l'on imagine souvent, la diversification des êtres vivants n'a pas seulement une origine génétique. Elle peut résulter de l'association entre êtres vivants ou encore de l'apprentissage de comportements après la naissance.

I Diversification par association des organismes

- On appelle association d'organismes l'interaction entre des organismes d'espèces différentes de manière durable.
- La **symbiose** est la plus connue de ces interactions. Elle correspond à l'association obligatoire de deux espèces qui, toutes deux, tirent profit de cette interaction.
- Les **lichens** sont par exemple issus de l'association symbiotique entre une algue unicellulaire et un champignon **(doc. 1)**.

Les **associations symbiotiques** sont multiples. Les coraux, par exemple, résultent de l'association symbiotique entre un polype (animal) et des algues (végétaux).

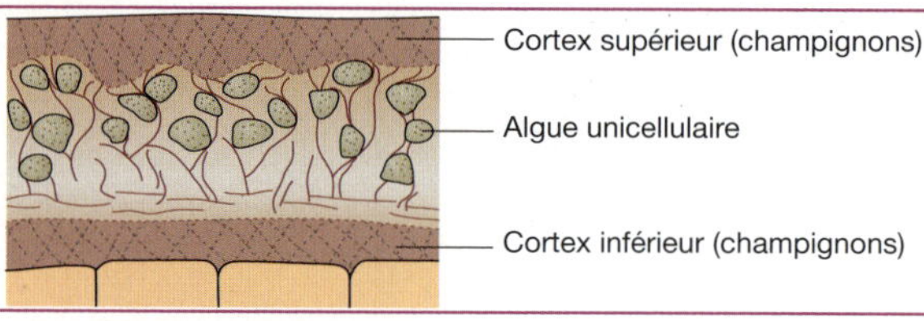

Doc. 1. Structure d'un lichen

- Les **chloroplastes** des cellules chlorophylliennes sont aussi issus de la symbiose d'une cyanobactérie (bactérie capable de réaliser la photosynthèse) dans une cellule eucaryote non photosynthétique primitive **(doc. 2)**.

Les mitochondries ont également une origine **symbiotique**.

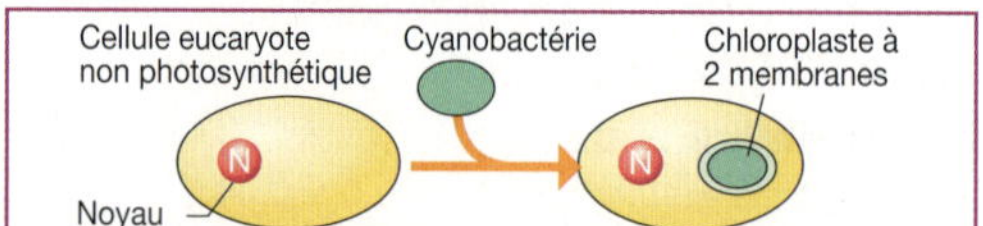

Doc. 2. Origine symbiotique des cellules de la lignée verte

II Diversification par transfert non génétique des comportements

■ Une source de diversité des êtres vivants peut être **acquise** après la naissance par apprentissage et transmise d'une génération à l'autre par voie non génétique. Les **comportements animaux** entrent en partie dans ce cadre. Certains, très stéréotypés, apparaissent innés, d'autres très variables selon les individus apparaissent plutôt acquis après la naissance et fruits d'un **apprentissage**. C'est le cas par exemple de l'apprentissage du chant chez les oiseaux.

■ Chez les **pinsons,** le jeune acquiert après la naissance plusieurs thèmes de chant en écoutant ses parents. Le chant se précise et se complexifie petit à petit durant la phase d'apprentissage qui dure 10 mois. Selon le lieu de naissance et donc les congénères à sa proximité, le chant est différent, ce qui prouve l'importance du contexte environnemental dans l'apprentissage du chant. On distingue, rien que dans le sud-ouest de la France, 14 chants différents **(doc. 3)**.

■ Sur des jeunes pinsons **élevés seuls**, on note un **chant** qui restera très **primitif**, simple, ce qui montre l'importance des adultes dans l'apprentissage du chant.

L'**apprentissage** du langage dans l'espèce humaine repose sur les mêmes principes. Il résulte d'un apprentissage développé après la naissance.

■ L'**expérience sonore** doit être faite précocement, sinon le jeune pinson n'est plus capable d'adapter son chant à celui entendu. Cette période est qualifiée de **période critique**. Elle se caractérise par une **plasticité cérébrale** qui autorise les apprentissages, dont celui du langage.

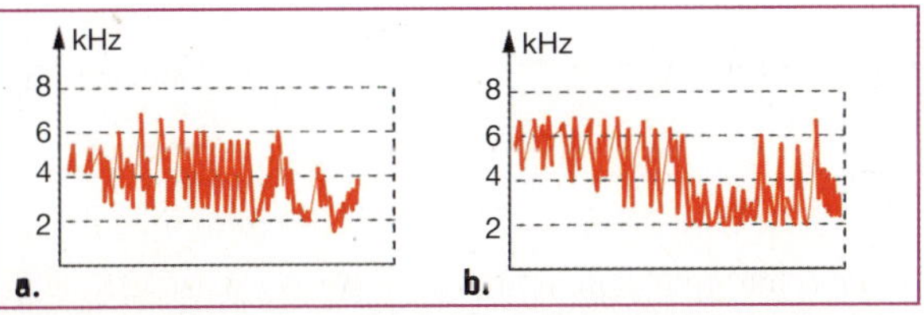

Doc. 3. Analyse comparée du chant de deux espèces de pinsons

a. Pinson de Cahors. **b.** Pinson des Landes.

Les chants apparaissent totalement différents en raison d'un apprentissage distinct. Les tracés en rouge correspondent aux variations de fréquence (en MHz) émises lors du chant.

■ Pour d'autres espèces d'oiseaux, il y a à la fois l'écoute des adultes, mais aussi l'entraînement à répéter le pépiement qui permet d'améliorer le chant.

Schémas bilans

Vérifiez que vous avez bien retenu les points importants des **fiches 1 à 9**.

Brassages génétiques au cours de la méiose

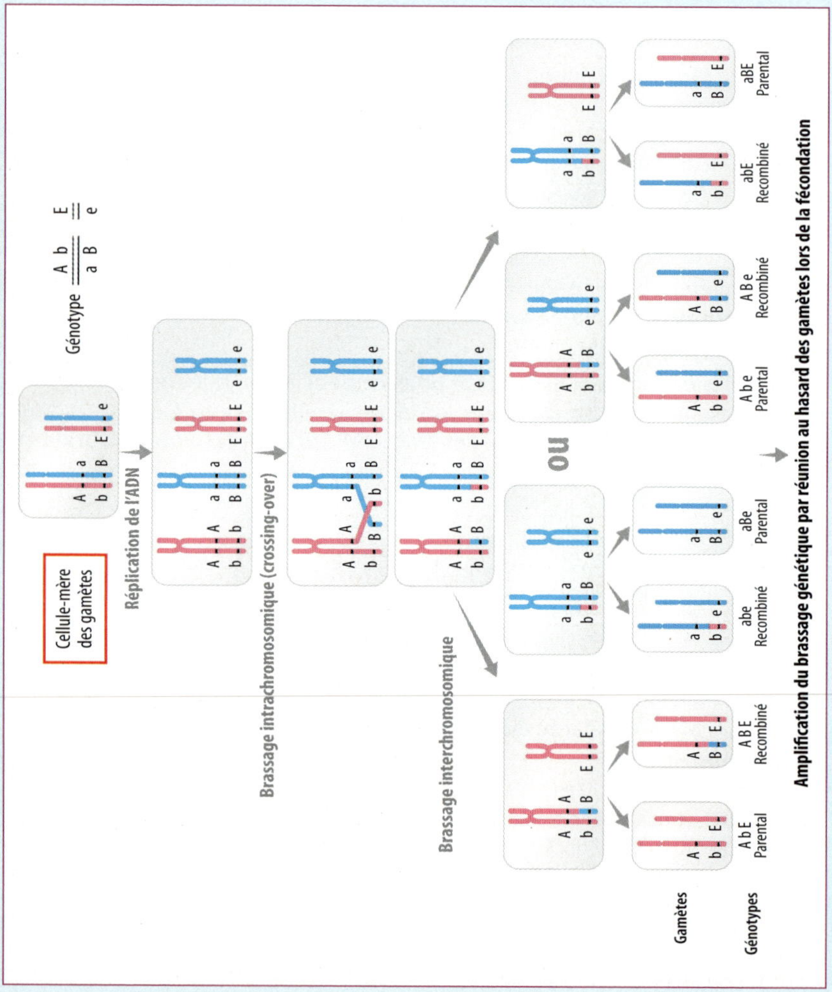

Mécanismes de diversification des êtres vivants

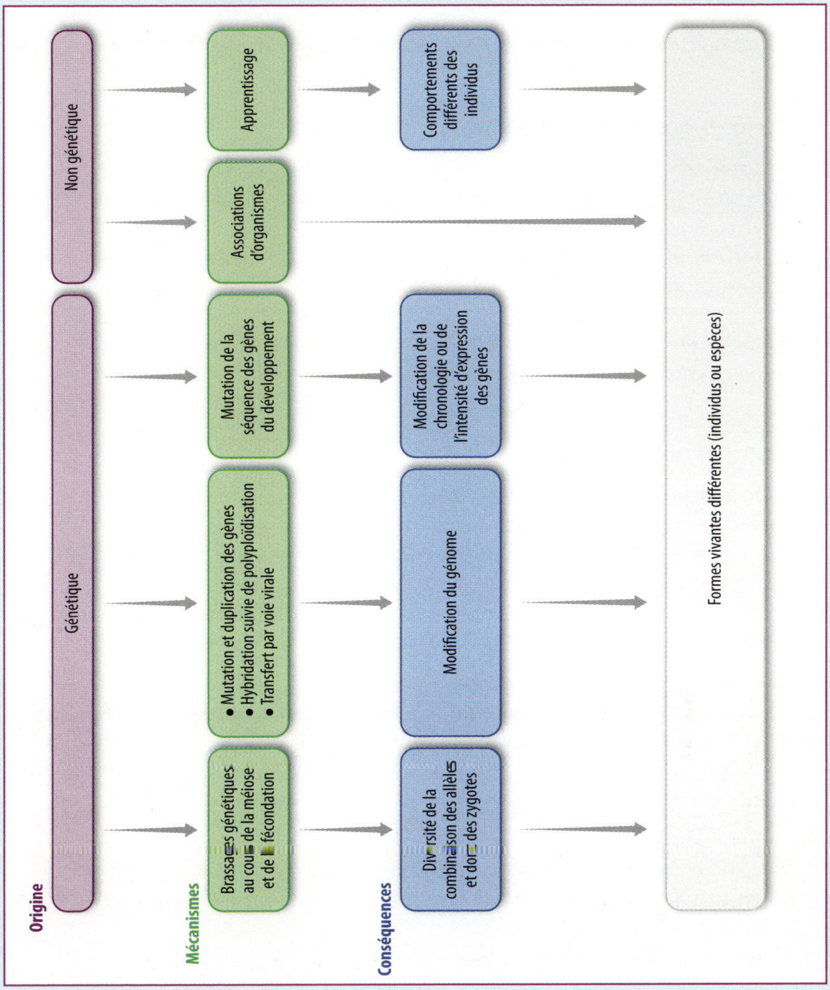

Quiz express

Vérifiez que vous avez bien retenu les points clés des **fiches 1 à 9**.

Méiose et passage à l'haploïdie

1 La méiose :

- [ ] **a.** est un ensemble de deux divisions cellulaires faisant passer le nombre de chromosomes de *n* à 2*n*
- [x] **b.** permet d'obtenir deux cellules haploïdes en fin de première division
- [ ] **c.** aboutit à quatre cellules haploïdes possédant des chromosomes à deux chromatides
- [x] **d.** permet le passage d'une cellule diploïde à quatre cellules haploïdes possédant des chromosomes à une chromatide

FICHE 1

Brassages et diversité des gamètes

2 Le brassage intrachromosomique :

- [x] **a.** est à l'origine d'un grand nombre de combinaisons d'allèles
- [x] **b.** résulte d'échanges d'allèles qui ont lieu lors de l'appariement des chromosomes homologues
- [ ] **c.** résulte d'échanges de fragments de chromatides entre chromosomes de deux paires différentes

3 Le brassage interchromosomique :

- [x] **a.** est la conséquence de la migration aléatoire des chromosomes homologues
- [ ] **b.** a lieu avant le brassage intrachromosomique
- [x] **c.** s'ajoute au brassage intrachromosomique, permettant une infinie diversité de gamètes

4 La fécondation :

- [x] **a.** associe au hasard deux gamètes dont la fusion aboutit à un zygote
- [ ] **b.** aboutit à un zygote contenant la même combinaison d'allèles des gènes que ses parents
- [x] **c.** est complémentaire de la méiose

FICHES 2 ET 3

Analyse statistique des brassages génétiques

5 Un test-cross :

- [ ] **a.** est un croisement-test entre individus hétérozygotes
- [x] **b.** est un croisement-test entre individus hétérozygotes de F1 et homozygotes récessifs

☑ **c.** permet d'expliquer les proportions des gamètes produits par les individus F1

6 Les phénotypes issus du test-cross sont :

☐ **a.** en quantité égale, ce qui montre que les gènes sont portés par la même paire de chromosomes

☑ **b.** en partie recombinés, dus à un crossing-over lors de la formation des gamètes des individus F1

FICHE 4

Les anomalies de la méiose

7 Les anomalies de méiose :

☐ **a.** ne se produisent qu'en première division

☑ **b.** sont dues à une non-disjonction des chromosomes homologues ou des chromatides

☑ **c.** peuvent créer de nouveaux gènes à partir d'un gène initial

FICHE 5

Diversification des génomes

8 La polyploïdisation :

☑ **a.** est une augmentation du nombre de chromosomes

☐ **b.** génère seulement un nombre impair de chromosomes

☑ **c.** peut générer un gigantisme chez les plantes

9 Une hybridation :

☑ **a.** peut correspondre au croisement de deux espèces différentes

☑ **b.** est un mécanisme qui, couplé à la polyploïdisation, peut être source de spéciation

☐ **c.** engendre des individus systématiquement fertiles

FICHES 6 ET 7

Diversification des êtres vivants par modification du développement

10 Une modification de la chronologie du développement résulte d'une modification de la séquence d'expression des gènes du développement :

☑ **a.** vrai ☐ **b.** faux

FICHE 8

RÉPONSES

1. b et d • **2.** a et b • **3.** a et c • **4.** a et c • **5.** b et c • **6.** b • **7.** b et c • **8.** a et c • **9.** a et b • **10.** a

SUJET 1 | Le caryotype d'un gamète

EXERCICE DE TYPE 1

→ Fiche 1 Méiose et passage à l'haploïdie

Le document ci-dessous présente le caryotype d'un gamète mâle. On cherche à connaître les conséquences d'une fécondation avec ce gamète.

DOCUMENT Caryotype d'un gamète mâle

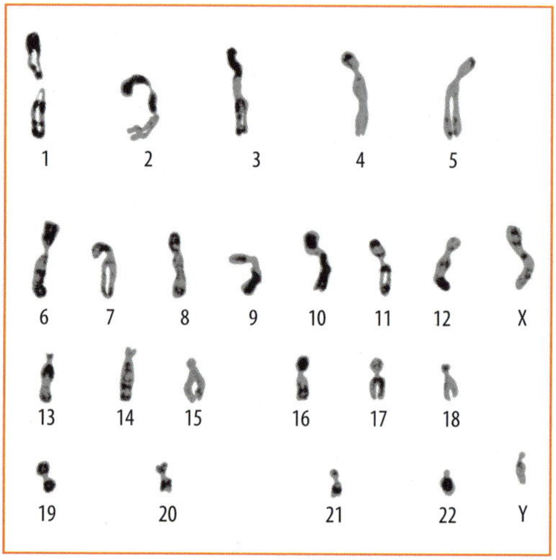

Trouver la réponse, incontestablement exacte, parmi les différentes propositions, et justifier votre réponse.

a. Ce caryotype provient d'un gamète mâle normal car il possède un chromosome X et un chromosome Y.

b. Les chromosomes ont été photographiés en deuxième division de méiose car ils possèdent deux chromatides.

c. Le caryotype d'une cellule œuf résultant de la fécondation entre ce gamète et un gamète femelle serait anormal.

d. La formule de ce gamète est $n = 23$ chromosomes.

PISTES POUR RÉUSSIR

- Les chromosomes possèdent deux chromatides en fin de première division de méiose, et n'en possèdent plus qu'une en fin de deuxième division.
- Le caryotype d'un gamète normal est $n = 23$ chromosomes, dont un chromosome sexuel.

CORRIGÉ

- La bonne réponse est la réponse **c**.

La fécondation entre ce gamète, qui possède à la fois les chromosomes X et Y, et un gamète femelle, qui ne possède qu'un seul chromosome X, donnerait donc une cellule œuf anormale, de formule chromosomique $2n = 47$, dont deux chromosomes X et un chromosome Y.

- Le caryotype de ce gamète est anormal, car il ne devrait posséder qu'un seul chromosome sexuel, X ou Y. La réponse **a** est donc fausse.

- La réponse **b** est fausse car, si les chromosomes possèdent deux chromatides comme c'est le cas ici, c'est qu'ils ont été photographiés en première et non en deuxième division de méiose.

- La réponse **d** est fausse car, ce gamète possédant deux chromosomes sexuels au lieu d'un seul, il aurait une formule chromosomique de $n = 24$, et non $n = 23$.

SUJET 2 | Déterminisme génétique de la couleur du pelage

EXERCICE DE TYPE 1

→ Fiche 4 Analyse statistique des brassages génétiques

On veut déterminer si la couleur du pelage est gouvernée par un ou plusieurs gènes.

DOCUMENT Résultats de croisements entre des souris

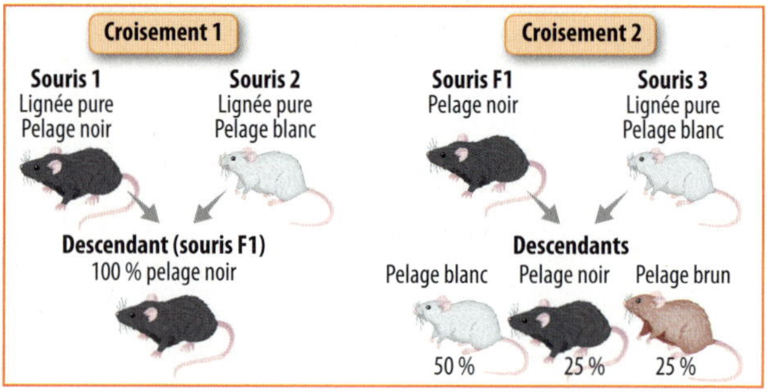

Trouver la réponse, incontestablement exacte, parmi les différentes propositions et justifier votre choix.

a. L'allèle blanc est dominant, car on observe 50 % de souris au pelage blanc dans le deuxième croisement.

b. L'obtention de souris au pelage brun montre que la couleur du pelage est gouvernée par plus d'un gène.

c. La souris F1 du deuxième croisement est de lignée pure.

d. Les résultats obtenus dans le deuxième croisement sont conformes à ceux obtenus dans un test-cross dans le cas où la couleur du pelage est due à un seul gène.

PISTES POUR RÉUSSIR

- Les résultats du premier croisement permettent de connaître l'allèle dominant.
- Le deuxième croisement est un test-cross, il faut comparer les résultats expérimentaux avec les résultats que l'on aurait obtenus en théorie.
- Des échiquiers de croisement peuvent apporter une aide à la résolution de l'exercice.

CORRIGÉ

- La bonne réponse est la réponse **b**.
- Il faut bien regarder les proportions obtenues lors du deuxième croisement : si la couleur du pelage était gouvernée par un seul gène, on aurait obtenu 50 % de souris au pelage noir et 50 % de souris au pelage blanc ; or, ce n'est pas le cas, la couleur du pelage est donc gouvernée par plus d'un gène. Ceci invalide la réponse **d**.
- La réponse **a** est fausse car c'est le premier, et non le deuxième croisement, qui permet de donner la dominance entre les allèles.
- La réponse **c** est fausse car la souris blanche du deuxième croisement est hétérozygote puisqu'elle résulte des parents du premier croisement, qui sont de lignée pure.

SUJET 3 | Sélection artificielle dans un élevage de porcs

EXERCICE DE TYPE 1

→ Fiche 4 Analyse statistique des brassages génétiques

DOCUMENT Effets du stress chez le porc d'élevage

Le stress peut être facilement fatal aux porcs d'élevage. Un gène à l'origine de cette sensibilité a été identifié. Il existe sous deux formes : l'allèle n et l'allèle N.
Il influence également la qualité de la viande.

Génotype	Sensibilité au stress	Qualité de la viande
NN	Faible	Bonne
Nn	Faible	Très bonne
Nn	Très forte (mortalité importante)	Mauvaise

Déterminer le croisement qui permettra d'obtenir des individus peu sensibles au stress et possédant une viande de très bonne qualité.
Justifier votre réponse.

a. Le croisement Nn × Nn
b. Le croisement Nn × nn
c. Le croisement NN × nn
d. Aucun des croisements proposés

PISTES POUR RÉUSSIR

- Il faut commencer par envisager quel est le génotype recherché par les éleveurs.
- Il est conseillé de construire au brouillon des échiquiers de croisement, c'est une aide considérable à la résolution de tels exercices.

CORRIGÉ

- Le génotype recherché par les éleveurs est Nn, c'est-à-dire peu de sensibilité au stress et fournissant une viande de très bonne qualité.
- La bonne réponse est la réponse **c**.
- En effet, le croisement Nn × nn (réponse **b**) n'est pas très intéressant, car s'il fournit la moitié d'individus Nn, l'autre moitié est constituée d'individus nn, dont la qualité de la viande est mauvaise.
- Le croisement Nn × Nn (réponse **a**) est plus intéressant car il fournit la moitié d'individus Nn, et seulement un quart d'individus nn.
- En revanche, le croisement NN × nn (réponse **c**), permet d'obtenir une descendance exclusivement constituée de porcs d'élevage ayant le génotype Nn recherché, faiblement sensibles au stress et donnant une viande de très bonne qualité.

SUJET 4 | Brassage intrachromosomique

EXERCICE DE TYPE 2

→ Fiche 1 Méiose et passage à l'haploïdie
→ Fiche 2 Brassages et diversité des gamètes (1)
→ Fiche 4 Analyse statistique des brassages génétiques

On étudie la transmission de deux caractères (couleur du corps et longueur des ailes) chez la drosophile.

À partir des informations extraites des documents mises en relation avec vos connaissances, expliquer comment la méiose et la fécondation contribuent à la diversité génétique.

Des schémas d'interprétation chromosomique sont attendus.

DOCUMENT 1 Obtention d'une génération F1

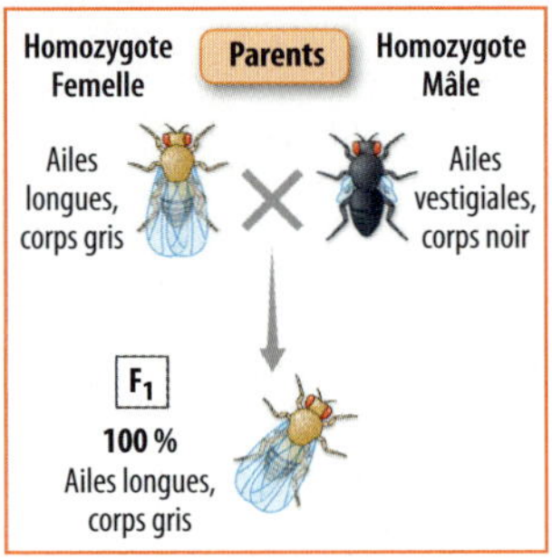

DOCUMENT 2 Obtention d'une génération F2 par test-cross

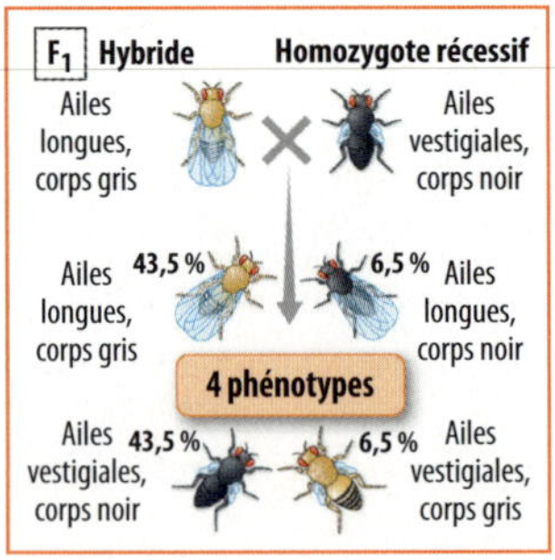

DOCUMENT 3 **Chromosomes homologues appariés en début de méiose**

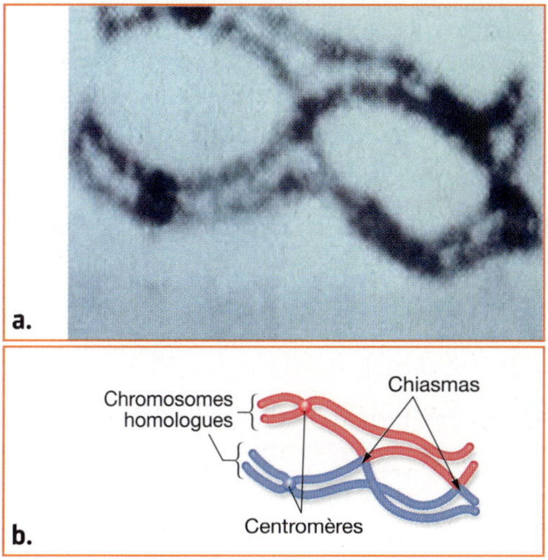

PISTES POUR RÉUSSIR

- Les résultats du premier croisement permettent de connaître les allèles dominants et les allèles récessifs.
- Les proportions obtenues lors du deuxième croisement (test-cross) indiquent si les gènes sont liés ou indépendants.
- Ne pas oublier le document 3 qui représente le phénomène, qu'il faudra citer, à l'origine de la diversité génétique mentionnée dans cet exercice.
- Les phénotypes obtenus à l'issue du test-cross illustrent l'un des deux brassages chromosomiques, que vous représenterez à l'aide de schémas, comme le demande l'énoncé.

CORRIGÉ

On nous dit que deux caractères sont en jeu (longueur des ailes et couleur du corps), donc deux gènes, et quatre allèles (« long », « vestigial », « gris » et « noir »).

Exploitation du document 1

- Pour le premier croisement, les parents étant de race pure (homozygotes), ils donnent naissance à une génération F1 entièrement constituée d'individus aux ailes longues et au corps gris : les allèles dominants sont donc les allèles codant pour « ailes longues » et « corps gris ».
- On écrira « vg+ » pour « long », et « n+ » pour « gris » et, pour les allèles récessifs, « vg » pour vestigial, et « n » pour noir.

Exploitation du document 2

- Pour le deuxième croisement, qui est un croisement-test ou test-cross (croisement entre un individu de F1 et un individu homozygote récessif), on observe pour les résultats obtenus des phénotypes parentaux et des phénotypes recombinés.
- Les proportions non équiprobables des phénotypes correspondent à un cas de gènes liés. C'est-à-dire des gènes portés par la même paire de chromosomes.
- On peut alors écrire les génotypes des parents du premier croisement :

- le génotype de l'individu aux ailes longues et corps gris est vg+ n+ // vg+ n+,
- le génotype de l'individu aux ailes vestigiales et corps noir est vg n//vg n,
- le génotype de l'individu F1, ailes longues et corps gris est vg+ n+// vg n.

- La génération F1 a produit quatre types de gamètes en quantités inégales ; on voit qu'il y a beaucoup plus de gamètes parentaux que de gamètes recombinés, ce qui correspond bien à un cas de gènes liés.

Exploitation du document 3

- On observe des chiasmas (zones d'enchevêtrement) entre les chromatides des chromosomes homologues.
- Au début de la première division de méiose, lors de l'appariement des chromosomes homologues, il y a des échanges de fragments de chromatides entre chromosomes homologues, donc des échanges d'allèles. C'est le crossing-over, responsable du brassage intrachromosomique.
- Celui-ci a eu lieu lors de la formation des gamètes de F1 et il explique donc l'apparition des phénotypes recombinés.
- Ainsi, la méiose conduit à une nouvelle association des allèles des gènes, ce qui contribue bien à la diversité génétique, et la fécondation, en associant au hasard deux gamètes ayant subi les brassages de la méiose, accroît la diversité génétique.

Interprétation chromosomique de la méiose et de la fécondation chez un individu F1

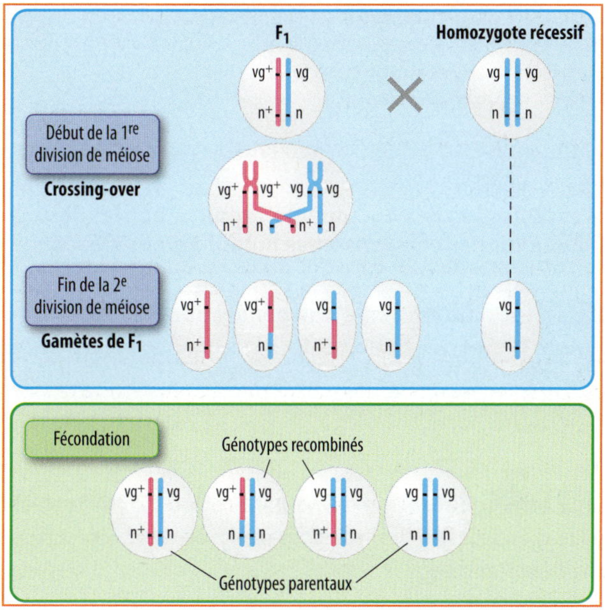

SUJET 5 | Brassage interchromosomique

EXERCICE DE TYPE 2

→ Fiche 1 Méiose et passage à l'haploïdie
→ Fiche 2 Brassages et diversité des gamètes (1)
→ Fiche 3 Brassages et diversité des gamètes (2)
→ Fiche 4 Analyse statistique des brassages génétiques

On étudie la transmission de deux caractères, « couleur du pelage » et « allure des moustaches », chez la souris.

À partir de l'exploitation des documents, montrer que les deux gènes considérés sont situés sur des chromosomes homologues différents.

DOCUMENT 1 Obtention d'une génération F1

On croise une souris de race pure à pelage brun et à moustaches raides avec une souris de race pure à pelage albinos (blanc) et à moustaches frisées.

On obtient une génération F1 constituée à 100 % de souris à pelage brun et à moustaches raides.

DOCUMENT 2 Obtention d'une génération F2 par test-cross

On croise ensuite une souris F1 avec une souris à pelage albinos et à moustaches frisées.

On obtient, en plusieurs portées :

- 20 souris à pelage brun et moustaches raides ;
- 18 souris à pelage brun et moustaches frisées ;
- 21 souris à pelage albinos et moustaches raides ;
- 22 souris à pelage albinos et moustaches frisées.

PISTES POUR RÉUSSIR

- Les résultats du premier croisement permettent de déterminer les allèles dominants et les allèles récessifs.
- L'analyse des résultats du deuxième croisement (test-cross) permet de déduire les différents types de gamètes produits par les individus F1.
- Dans le cas du brassage interchromosomique, on présente les proportions des phénotypes issus du test-cross à l'aide d'un échiquier de croisement des gamètes.

CORRIGÉ

On nous dit que deux caractères sont en jeu (« couleur du pelage » et « aspect des moustaches »), donc deux gènes, et quatre allèles (« brun », « albinos », « raide » et « frisé »).

Exploitation du document 1

- Pour le premier croisement, les parents étant homozygotes, ils donnent naissance à une génération F1 entièrement constituée d'individus au pelage brun et aux moustaches raides : les allèles dominants sont donc les allèles codant pour un pelage brun et des moustaches raides.
- On écrira « B » pour « brun », et « R » pour « raide », et pour les allèles récessifs, « a » pour albinos, et « f » pour frisé.

Exploitation du document 2

- Pour le deuxième croisement (test-cross), on observe, pour les résultats obtenus, quatre phénotypes équiprobables. La génération F1 a produit quatre types de gamètes différents avec une probabilité égale lors du brassage interchromosomique. Ces proportions correspondent à un cas de gènes indépendants, c'est-à-dire des gènes portés par des chromosomes homologues différents.
- On peut alors écrire les génotypes des parents du premier croisement :

- le génotype de l'individu au pelage brun et aux moustaches raides est (B//B ; R//R) ;

- le génotype de l'individu au pelage albinos et aux moustaches frisées est (a//a ; f//f).

- Ainsi, le parent au pelage brun et aux moustaches raides fabrique 100 % de gamètes de génotype (BR) et le parent au pelage albinos et aux moustaches frisées fabrique 100 % de gamètes de génotype (af).
- Le génotype de l'individu F1, au pelage brun et aux moustaches raides est (B//a ; R//f). Il a produit quatre types de gamètes en quantités égales : BR, Bf, aR et af.
- On peut réaliser un échiquier de croisement des gamètes afin de présenter les proportions des phénotypes issus du test-cross.

Gamètes de l'individu F1 / Gamète de l'homozygote récessif	B R	B f	a R	a f
a f	(B//a ; R//f) [B R]	(B//a ; f//f) [B f]	(a//a ; R//f) [a R]	(a//a ; f//f) [a f]
Pourcentages	25 %	25 %	25 %	25 %

On retrouve bien, grâce à l'échiquier de croisement, des résultats proches des résultats de l'expérience, ce qui confirme bien que les gènes sont **indépendants**, **portés par des chromosomes homologues différents**.

SUJET 6 | Les mécanismes chromosomiques de la méiose

EXERCICE DE TYPE 2

→ Fiche 1 Méiose et passage à l'haploïdie
→ Fiche 2 Brassages et diversité des gamètes (1)
→ Fiche 3 Brassages et diversité des gamètes (2)
→ Fiche 4 Analyse statistique des brassages génétiques
→ Fiche 5 Les anomalies de la méiose

Expliquer, en utilisant les informations apportées par les documents et vos connaissances, comment les mécanismes chromosomiques de la méiose peuvent être à l'origine des phénotypes obtenus dans les deux croisements proposés.

DOCUMENT 1 Localisation des principaux allèles mutés chez la drosophile femelle (d'après T. H. Morgan)

I, II, III et IV représentent un chromosome de chaque paire.

Les allèles des gènes en jeu dans les croisements réalisés sont représentés en couleur.

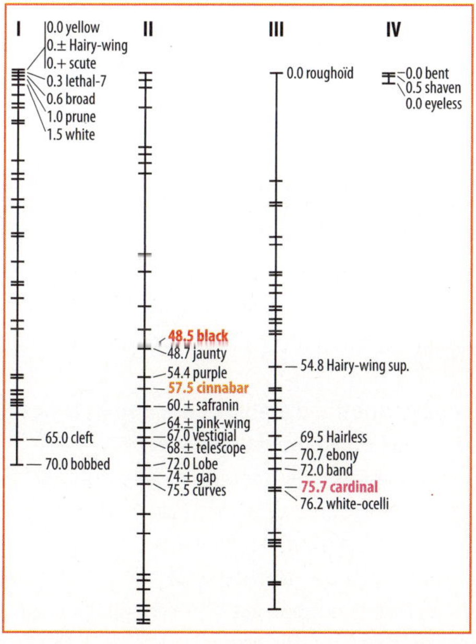

DOCUMENT 2 Premier croisement

a. Obtention d'une génération F1

On croise deux drosophiles de race pure, l'une à corps rayé et œil brun, l'autre à corps noir (mutation « black ») et œil rouge (mutation « cinnabar »).

Les individus F1 obtenus ont tous le corps rayé et l'œil brun.

b. Obtention d'une génération F2 par test-cross

On croise une femelle F1 avec un mâle au corps noir et œil rouge.

Les proportions des phénotypes dans la descendance obtenue sont données dans le tableau ci-dessous.

Phénotype	% obtenus
Corps noir et œil brun	4
Corps noir et œil rouge	46
Corps rayé et œil brun	46
Corps rayé et œil rouge	4

DOCUMENT 3 Deuxième croisement

a. Obtention d'une génération F1

Une autre mutation est à l'origine de la coloration de l'œil en rouge vif (mutation « cardinal »).

On croise alors des drosophiles de race pure à corps rayé et œil brun avec des drosophiles mutantes à corps noir et œil rouge vif (mutation « cardinal »).

On obtient une génération F1 entièrement constituée de drosophiles au corps rayé et œil brun.

b. Obtention d'une génération F2 par test-cross

On croise une femelle F1 avec un mâle au corps noir et œil rouge vif.

La descendance obtenue présente quatre phénotypes aux proportions équiprobables.

PISTES POUR RÉUSSIR

- Le document 1 vous permettra d'établir dès le départ la position des gènes sur les chromosomes pour les croisements considérés.
- Ce sont les proportions obtenues dans les croisements des documents 2b et 3b qui vous permettent de préciser le(s) brassage(s) intervenant ici.
- Des schémas sont attendus pour illustrer votre exposé : ils doivent être clairs et les allèles doivent être placés correctement sur les chromosomes. Il faut utiliser deux couleurs différentes pour les chromosomes si un brassage au sein même des chromosomes est à envisager.

CORRIGÉ

Les brassages ayant lieu au cours de la méiose sont le **brassage intrachromosomique**, qui consiste en des échanges de fragments de chromatides entre chromosomes homologues d'une même paire, et le **brassage interchromosomique,** résultant de la migration aléatoire des chromosomes remaniés.

Nous verrons ici comment ces mécanismes chromosomiques peuvent aboutir aux phénotypes que l'on peut observer dans les croisements proposés.

Exploitation du document 1

- Le premier document nous montre que les gènes impliqués dans le premier croisement sont des **gènes liés**, car les gènes « black » et « cinnabar » sont portés par le même chromosome (le chromosome II), alors que les gènes impliqués dans le deuxième croisement sont des **gènes indépendants**, portés par des chromosomes différents (les chromosomes II et III).
- Ainsi, nous étudierons tout d'abord le brassage intrachromosomique, qui correspond aux résultats du premier croisement, puis le brassage interchromosomique, à l'origine des résultats du deuxième croisement.

Exploitation du document 2

- Le document 2a nous montre que les allèles codant pour corps rayé et œil brun sont les allèles dominants, car en F1 on obtient 100 % de drosophiles au corps rayé et œil brun.
- On désigne les allèles par les lettres suivantes :

- n+ pour l'allèle codant pour corps rayé,
  n pour l'allèle codant pour corps noir,
- r + pour l'allèle codant pour œil brun,
- r pour l'allèle codant pour œil rouge.

- Les résultats du document 2b donnent beaucoup plus de phénotypes parentaux que de phénotypes recombinés, ce qui confirme bien que les gènes étudiés sont portés par la même paire de chromosomes : ce sont des gènes liés.
- On peut alors écrire les génotypes des parents à l'origine de la génération F1 : l'individu au corps rayé et œil brun est de génotype (n+r+//n+r+), l'individu au corps noir et œil rouge est (n r//n r), et l'individu F1 (n+r+//n r).
- Les phénotypes recombinés obtenus lors du test-cross s'expliquent par l'existence de crossing-over en début de division de méiose. Il y a eu échange de fragments de chromatides entre chromosomes homologues, donc échange

d'allèles lors de la formation des gamètes de la génération F1, à l'origine du brassage intrachromosomique.

■ Le faible nombre de phénotypes recombinés s'explique par le fait que le brassage intrachromosomique n'est pas systématique à chaque méiose pour les allèles considérés.

Le brassage intrachromosomique au cours de la méiose chez l'individu F1

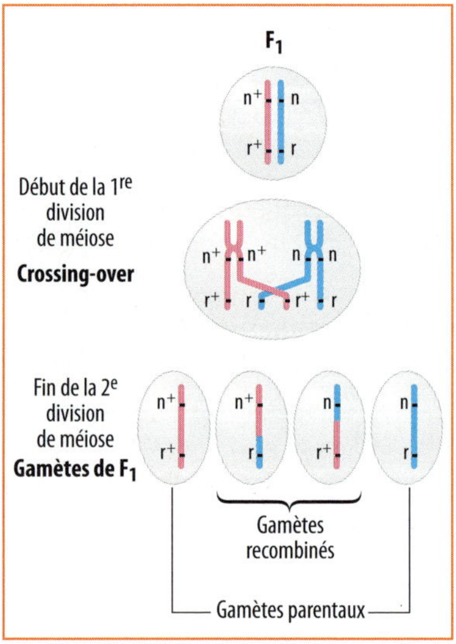

Exploitation du document 3

■ Le document 3a nous montre que les allèles codant pour corps rayé et œil brun sont les allèles dominants, car en F1 on obtient 100 % de drosophiles ayant le corps rayé et l'œil brun.

■ On désigne les allèles par les lettres suivantes :

- n+ pour l'allèle codant pour corps rayé,
- n pour l'allèle codant pour corps noir,
- v+ pour l'allèle codant pour œil brun,
- v pour l'allèle codant pour œil rouge vif.

■ Les résultats du document 3b donnent quatre phénotypes équiprobables, ce qui montre que la femelle F1 a produit quatre types de gamètes en quantité égale. On a ainsi la confirmation que les gènes étudiés sont des gènes indépendants, portés par des chromosomes homologues différents.

On peut alors écrire les génotypes des parents à l'origine de la génération F1 : l'individu au corps rayé et œil brun est de génotype (n+//v+ ; //n+//v+), l'individu au corps noir et œil rouge vif est (n //v ; n//v), et l'individu F1 (n+// v+// ; n//v).

Le brassage interchromosomique au cours de la méiose chez l'individu F1

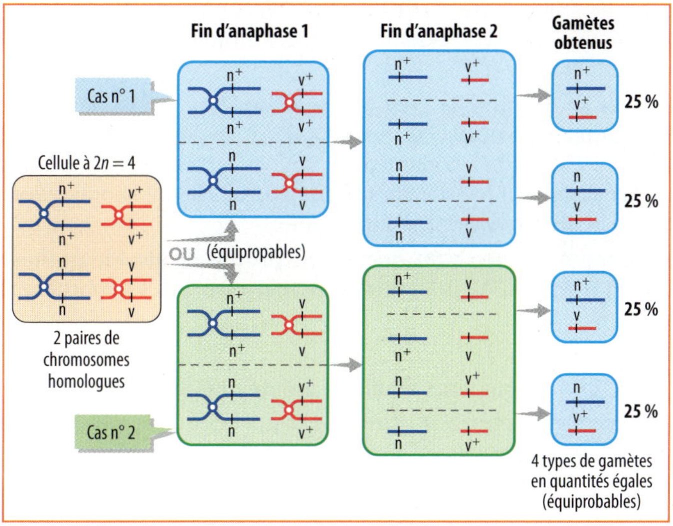

Synthèse

Les deux types de brassage, brassage intrachromosomique pour le premier croisement, et brassage interchromosomique pour le second, sont ici à l'origine des génotypes, et donc des phénotypes, obtenus lors des deux croisements.

SUJET 7 | Transfert de gènes par voie virale

EXERCICE DE TYPE 1

→ Fiche 6 Diversification des génomes par transfert de gènes

La réplication de l'ADN est assurée dans toutes les cellules eucaryotes par une enzyme, l'ADN polymérase. Cette protéine est composée de quatre domaines distincts dont deux ont leur séquence d'acides aminés présentée dans le document ci-dessous.

Pour certains chercheurs, le gène gouvernant la synthèse de cette enzyme dans les organismes eucaryotes est issu d'un transfert par voie virale d'un gène du virus *Feldmania* codant pour une polymérase virale. L'hypothèse admise précédemment par d'autres chercheurs était que la polymérase eucaryote provenait de la polymérase procaryote.

Montrer, grâce à l'analyse du document proposé, que l'hypothèse d'une origine virale de l'ADN polymérase eucaryote est l'hypothèse la plus probable.

DOCUMENT Séquences d'acides aminés de polymérases

Extrait des séquences des domaines 1 et 4 des polymérases du virus *Feldmania*, d'un organisme procaryote (*Pyococcus*) et d'un organisme eucaryote (*Chrysochromulina*).

	Domaine 1	Domaine 4
Feldmania (virus)	Thr-Val-Ile-Asp-Ala-Thr-Lys-Gly-Phe-His-Asn	Val-Ile-Tyr-Gly-Asp-Thr-Asp-Ser-Val-Asn
Pyrococcus (archéobactérie)	Tyr-Val-Lys-Glu-Pro-Arg-Gly-Leu-Sec-Glu-Asn	Val-Ile-Tyr-Ser-Asp-Thr-Asp-Gly-Phe-Phe
Chrysochromulina (algue)	Thr-Val-Leu-Asp-Ala-Thr-Pro-Gly-Ala-His-Phe	Val-Ile-Tyr-Gly-Asp-Thr-Asp-Ser-Val-Asn

PISTES POUR RÉUSSIR

- Il faut comparer les séquences des deux domaines de la protéine eucaryote à celles du virus et de la bactérie procaryote pour dénombrer les différences.
- Le nombre de différences entre les séquences protéiques renseigne sur les degrés de parenté entre les organismes auxquelles elles appartiennent.

CORRIGÉ

- Les deux domaines de la protéine représentent une chaîne de 21 acides aminés. Entre l'enzyme eucaryote et l'enzyme procaryote, on distingue 10 acides aminés différents dans le domaine 1, et 4 acides aminés différents dans le domaine 4. Il y a donc 7 acides aminés identiques sur 21.
- Entre l'enzyme eucaryote et l'enzyme virale, on distingue 4 acides aminés différents dans le domaine 1, et aucune différence dans le domaine 4. Il y a donc 17 acides aminés identiques sur 21.
- La polymérase eucaryote est bien plus proche de la polymérase virale que de la polymérase procaryote, car leurs séquences ont de grandes similitudes.
- Cela permet de valider l'hypothèse d'une origine virale de la polymérase eucaryote comme étant la plus probable.

SUJET 8 | La polyploïdisation chez les huîtres de culture

EXERCICE DE TYPE 2

→ **Fiche 7** Hybridation, polyploïdisation et diversification des génomes

L'ostréiculture (culture des huîtres) est un domaine économique important pour la façade ouest-atlantique en France. L'Ifremer a été mandaté pour des recherches de modifications génomiques des huîtres afin de pallier le défaut des huîtres actuelles. En effet, leur reproduction estivale (printemps-été) s'accompagne d'un développement des gonades aux dépens de leur croissance, ce qui fait chuter leurs qualités gustatives et les rend peu commercialisables. L'une des solutions envisagée est le développement d'huîtres polyploïdes.

Montrer, à l'aide des documents 1 à 3, comment le mécanisme de polyploïdisation permet d'obtenir des huîtres consommables toute l'année.

DOCUMENT 1 Obtention d'individus triploïdes chez l'huître

Les huîtres sauvages, qui sont diploïdes, ont leurs ovocytes bloqués au moment de leur émission au début de la première division de méiose. L'achèvement de la méiose est enclenché par la pénétration du spermatozoïde. Cela se traduit par l'expulsion d'un chromosome par paire de chromosomes homologues de l'ovocyte lors de la première division de méiose, puis d'une chromatide par chromosome restant lors de la deuxième division de méiose.

Un traitement chimique permet la rétention, lors de la deuxième division de méiose, des deux chromatides d'un chromosome homologue sans empêcher la séparation des chromatides. Cela conduit à des cellules triploïdes.

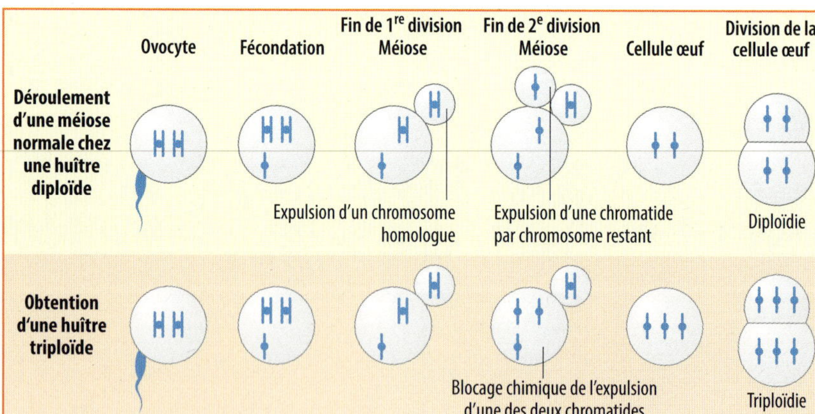

DOCUMENT 2 Évolution de la masse totale et de la masse de chair d'huîtres diploïdes ou triploïdes

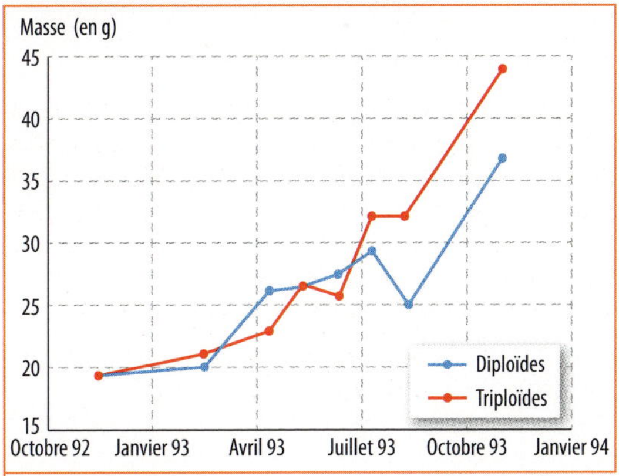

a. Masse totale

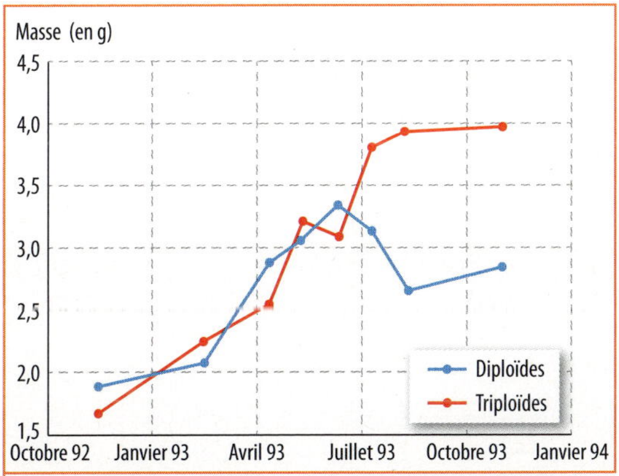

b. Masse de chair

DOCUMENT 3 Taux d'occupation des gonades par des gamètes

Ce taux correspond au pourcentage d'occupation de la gonade (organe producteur de gamètes) par des cellules sexuelles, il est donc proportionnel au volume occupé par les gonades.

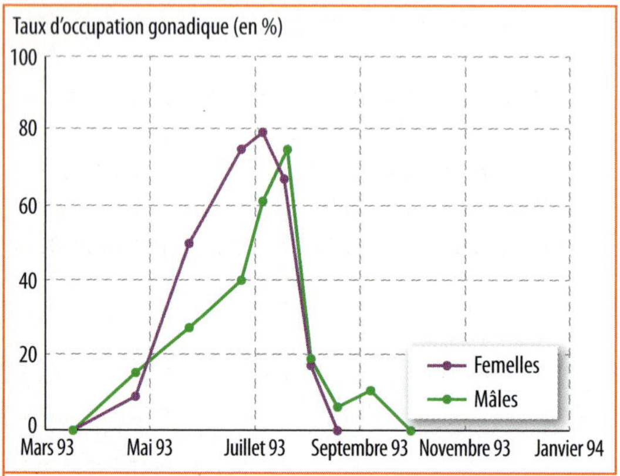

a. Huîtres diploïdes

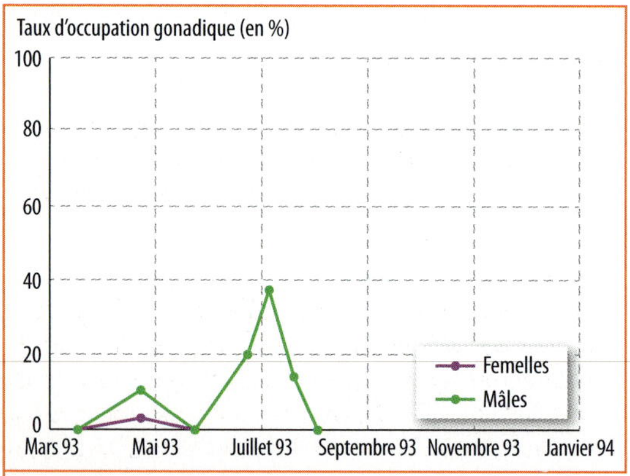

b. Huîtres triploïdes

PISTES POUR RÉUSSIR

- Ce sujet nécessite une analyse détaillée de chaque document pour trouver des éléments de réponses à la problématique posée.
Ici, il s'agit donc d'extraire des informations de chaque document prouvant que la triploïdie induite chez les huîtres constitue un avantage par rapport à la culture d'huîtres diploïdes pour leur commercialisation.
- Il est important de bien comprendre le mécanisme d'obtention de la triploïdie décrit dans le document 1, par modification de la méiose.
- Les documents 2 et 3 permettent de relier les caractéristiques de croissance et de reproduction à la diploïdie et à la triploïdie. Il faut porter une attention particulière à la croissance en volume des gonades lors des phases de reproduction.

CORRIGÉ

Les huîtres diploïdes, en période de reproduction, développent une forte activité des gonades, ce qui les rend impropres à la consommation. C'est pourquoi l'Ifremer a créé des huîtres triploïdes afin de permettre la production d'huîtres consommables toute l'année.

Exploitation du document 1

- Le document présente la chronologie des étapes de la méiose et de la fécondation chez l'huître. Cela permet de comprendre comment il est possible d'obtenir des huîtres triploïdes en modifiant le déroulement normal de certaines étapes.
- En effet, chez les huîtres diploïdes, c'est la pénétration du spermatozoïde qui déclenche l'achèvement de la méiose. Cela conduit à l'éjection d'un chromosome par paire de chromosomes homologues à la fin de la première division, suivie de l'éjection d'une chromatide par chromosome restant lors de la deuxième division. Il en résulte un ovocyte haploïde qui fusionne avec le matériel haploïde fourni par le spermatozoïde. Il se forme ainsi une cellule œuf diploïde.
- Afin d'obtenir des cellules œufs triploïdes, et donc des huîtres triploïdes, il est possible d'empêcher par traitement chimique, lors de la deuxième division de méiose, l'éjection des chromatides sans affecter leur séparation. Il en résulte la formation d'ovocytes diploïdes qui, fécondés par des spermatozoïdes, génèrent des cellules œufs triploïdes.

Exploitation du document 2

▪ Le **document 2a** s'intéresse à la croissance en masse totale des deux types d'huîtres. On observe une croissance en masse à peu près similaire de novembre 1992 à mai 1993, puisque les deux types d'huîtres passent d'une masse totale de 20 g à 27 g.

▪ Pour les huîtres diploïdes durant la période estivale (début en juin), la masse oscille entre 27 et 30 g, pour revenir à 25 g à la fin de la période estivale (septembre 1993). On observe donc un arrêt de la croissance en masse à la période estivale. À la fin de l'été, de septembre à décembre 1993, les huîtres ont leur masse qui croît de de 25 g à 36 g. Cela montre qu'à la période hivernale, la croissance se remet en place chez les huîtres diploïdes.

▪ Pour les huîtres triploïdes, durant la période estivale, on observe une croissance en masse de 26 à 33 g en septembre qui se prolonge à la période hivernale (44 g en décembre 1993). Elle perdure donc durant la période estivale.

▪ Le **document 2b** s'intéresse aux variations de masse de chair des huîtres, ce qui représente la partie consommée. De novembre 1993 à mai 1993, la masse des deux types d'huîtres croît d'environ 1,75 g à 3,7 g. Leur croissance en masse de chair est donc identique.

▪ Durant la période estivale (juin-septembre), la masse de chair chute à 2,75 g chez les huîtres diploïdes, alors que la croissance continue chez les huîtres triploïdes, qui atteignent une masse de 4 g.

▪ Durant la période hivernale suivante, la masse de chair reste constante à 4 g chez les huîtres triploïdes alors qu'elle croît légèrement pour les huîtres diploïdes à 2,7 g, mais demeure inférieure à la masse avant la période de reproduction.

Exploitation du document 3

▪ Ce document montre les variations de taux d'occupation des gonades (organes producteurs des gamètes) par des gamètes dans les deux sexes et pour les deux types d'huîtres. Le taux d'occupation des gamètes est un indicateur des phases de reproduction durant lesquelles les huîtres produisent des gamètes et donc de la croissance en volume des gonades.

▪ Dans le **document 3a**, qui concerne des huîtres diploïdes, on constate que, de mars à mai 1993 et de septembre 1993 à janvier 1994, le taux d'occupation des gonades oscille entre 0 et 10 %, et est complètement nul au-delà d'octobre 1993. Il n'y a donc pas ou peu de gamètes dans les gonades lors des périodes hivernales, et celles-ci sont de petite taille par rapport au reste de l'organisme.

■ Lors de la période estivale, de mai à septembre 1993, le taux d'occupation des gonades croît énormément en passant de 10 à 80 % (pic en juillet 1993). Il y a alors une très forte production de gamètes, c'est la période de reproduction. Les gonades sont de grosse taille et l'intérieur de l'huître est empli de gamètes.

■ Dans le **document 3b**, pour les organismes triploïdes, le taux d'occupation des gonades est inférieur à 10 % jusqu'en juin 1993, et nul à partir d'août 1993 puis durant la période hivernale. Par contre, il y a un pic de production de gamètes pour les mâles en juillet, avec un taux d'occupation des gonades de 40 %. Pour les femelles triploïdes, on observe une production de gamètes femelles nulle, y compris durant la période estivale.

■ On peut ainsi observer que les huîtres femelles ont une activité de reproduction quasi nulle. Pour les mâles, une production de gamètes demeure, sur une période estivale très resserrée, mais en bien moindre quantité que chez les huîtres diploïdes.

Synthèse

■ Nous avons pu voir qu'il est possible d'obtenir des individus triploïdes chez les huîtres en agissant sur la réalisation de la méiose grâce à un produit chimique. Ces huîtres triploïdes présentent une croissance continue en masse, y compris durant la période estivale, contrairement aux huîtres diploïdes. Cette croissance se fait notamment sur la masse de chair qui est la partie consommée. Cela constitue un très gros avantage, puisque les huîtres vont être commercialisables plus vite, et auront une masse de chair plus importante que leurs homologues diploïdes.

■ Cette croissance continue s'explique par une activité reproductrice très réduite chez les individus triploïdes. De plus, la production presque nulle de gamètes n'altère pas les qualités gustatives de la chair, qui reste consommable toute l'année, contrairement aux huîtres diploïdes.

■ Le mécanisme de polyploïdisation des huîtres constitue donc un réel avantage pour la filière ostréicole qui peut ainsi commercialiser des huîtres consommables toute l'année.

SUJET 9 | La formation des doigts chez les tétrapodes

EXERCICE DE TYPE 2

→ Fiche 8 Diversification des êtres vivants et gènes du développement

La mise en place des membres chez les vertébrés résulte d'une cascade d'expression des gènes du développement.

La différence entre un membre de type nageoire et un membre de tétrapode (membre de type patte) résulterait d'une différence dans l'expression de l'un des gènes impliqués dans le développement, le gène Hoxd-13.

À partir des documents fournis, montrer qu'une différence dans l'expression du gène Hoxd-13 est responsable de la différence de structure entre un membre de type nageoire (→ poisson-zèbre) et un membre de type patte (→ souris).

DOCUMENT 1 Anatomie comparée du membre d'un poisson-zèbre et d'une souris

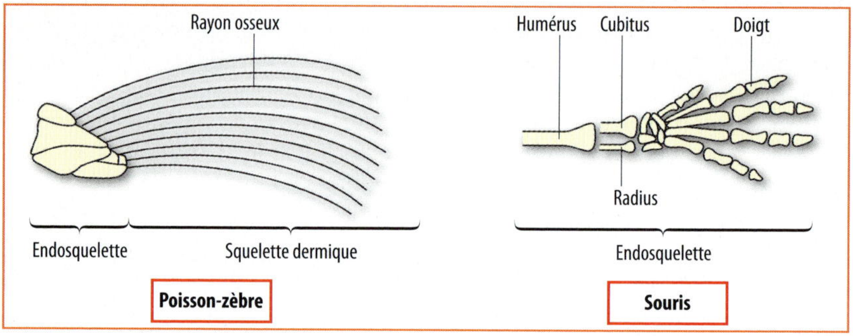

DOCUMENT 2 Expression temporelle du gène Hoxd-13 chez le poisson-zèbre et la souris

	Poisson-zèbre	Souris
Durée de l'expression	4 heures	2 jours
Phase d'activité	Phase II seulement	Phase II et surtout phase III

DOCUMENT 3 Développement comparé du membre antérieur et expression spatiale et temporelle des gènes du développement chez le poisson-zèbre et la souris

La formation des membres chez les vertébrés tétrapodes est réalisée en trois phases successives comme on le voit sur le tableau suivant :

	Poisson-zèbre	Souris
Phase I Mise en place de l'humérus	Présente	Présente
Phase II Mise en place du radius puis du cubitus	Présente	Présente
Phase III Mise en place de la main	Absente	Présente

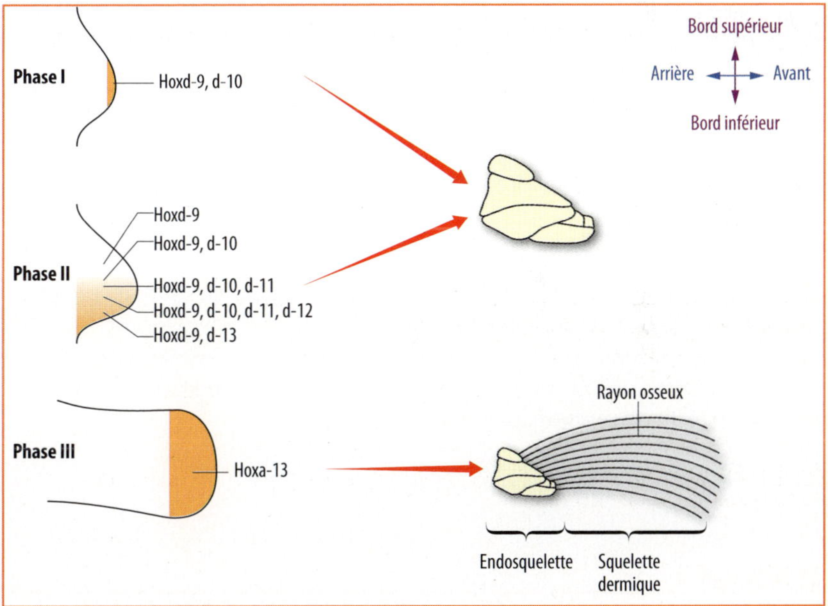

a. Développement du membre antérieur du poisson-zèbre

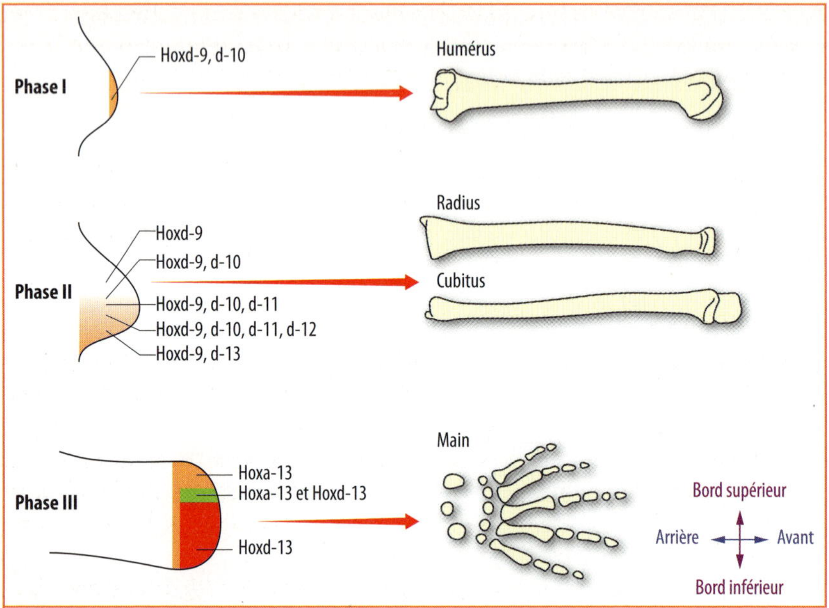

b. Développement du membre antérieur de la souris

PISTES POUR RÉUSSIR

- L'analyse du document 1 doit vous permettre d'identifier la différence de structure entre une nageoire et une patte.
- Les autres documents doivent permettre d'identifier l'origine de cette différence, et donc la différence d'expression spatiale et temporelle des gènes du développement à l'origine de la formation du membre.

CORRIGÉ

Exploitation du document 1

- Le document 1 correspond à une comparaison anatomique d'une nageoire et d'une patte. La nageoire de poisson-zèbre est formée de deux parties : un endosquelette (squelette interne) formé de cinq os et des grandes « tiges » dermiques qui vont armer la nageoire extérieure visible et lui donner sa forme.

- La patte de souris est formée uniquement d'un endosquelette osseux, qui contient trois os principaux, humérus, radius et cubitus, puis les os nombreux et de petite taille de la main. On note l'absence de rayon dermique.

Exploitation du document 2 (peut être faite après le doc. 3)

Le document 2 indique que l'expression du gène Hoxd-13 est limitée dans le temps chez le poisson-zèbre : 4 heures seulement, ce qui correspond aux phases I et II. Chez la souris, l'expression se prolonge jusqu'à 2 jours, ce qui englobe la phase III.

Exploitation du document 3

- Le document 3 nous informe que le développement du membre de souris implique trois phases, et qu'il n'y en a que deux pour la formation d'une nageoire (la phase III est absente).
- Or, durant ces phases-là, dans le membre de souris, se forment humérus, radius et cubitus alors que, chez le poisson, se forme l'intégralité de l'endosquelette. Donc l'endosquelette du poisson est l'équivalent de l'humérus, du radius et du cubitus. Seule la main manque.
- Les gènes du développement montrent une expression identique dans leur localisation lors des phases I et II, que ce soit chez le poisson-zèbre ou chez la souris. Par contre, lors de la phase III qui est absente chez le poisson-zèbre, on remarque que seul le gène Hoxa-13 continue son expression.
- Chez la souris, il y a expression du gène Hoxd-13 sur une importante partie du membre, et du gène Hoxa-13 sur une une faible partie du membre. Le gène Hoxd-13 serait donc responsable de la formation de la main chez la souris.

Synthèse

- Nageoire et patte diffèrent par leur structure osseuse, qui se met en place lors du développement. Les deux premières phases du développement du membre dans les deux types de membres sont identiques et contrôlées par les mêmes gènes du développement.
- En revanche, la phase III, qui se caractérise par la mise en place de la main, est absente chez le poisson-zèbre. Or, si on regarde l'expression du gène Hoxd-13 qui est présente lors de la phase II chez la souris, on constate qu'elle est absente chez le poisson-zèbre. C'est donc l'expression du gène Hoxd-13 qui est responsable de la mise en place de la main, et son absence qui explique l'arrêt du développement du membre chez le poisson-zèbre.
- Il est donc logique d'imaginer que l'expression du gène Hoxd-13 permet l'obtention d'une patte, alors que son absence engendre la formation d'une nageoire.

SUJET 10 | Les coraux, résultat d'une symbiose

EXERCICE DE TYPE 1

→ Fiche 9 Diversification des êtres vivants sans modification des génomes

Les coraux sont des animaux formés d'une partie appelée polype, dont l'étude microscopique montre qu'il renferme des algues unicellulaires, les xanthelles. L'association entre ces deux organismes engendre un fonctionnement différent que s'ils vivaient séparément, diversifiant ainsi leur métabolisme. Cette interaction permet aux coraux de se développer dans des milieux très pauvres en molécules organiques.

À partir des informations extraites des documents et de vos connaissances, montrer en quoi l'interaction xanthelles-polypes constitue bien une forme de diversification des êtres vivants, sans qu'il y ait modification des génomes respectifs.

DOCUMENT 1 Expérience de C. S. Rogers

Sur un récif corallien, à Puerto Rico, deux serres identiques, sous matière plastique transparente, sont installées à 4 m de profondeur et à 5 m de distance, parallèlement l'une à l'autre. Positionnées dans le sens du courant dominant, elles sont ouvertes aux extrémités et renferment une population dense et comparable de coraux. Pendant 5 semaines, on recouvre la serre A d'un voile de plastique noir. On mesure l'allongement des branches de coraux.

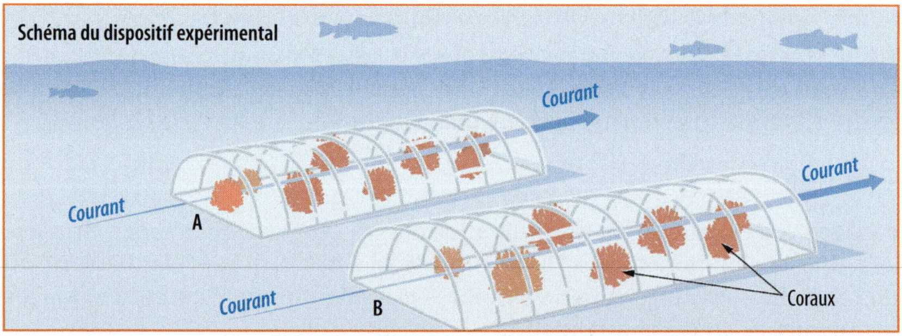

Les résultats sont présentés dans le tableau ci-dessous.

	Vitesse moyenne de croissance des branches en cm/an	
	Avant l'expérience	Après l'expérience
Serre A	8,3	0,5
Serre B	8,4	8,0

DOCUMENT 2 Détermination de la nature des relations entre cnidaires et zooxanthelles (algues)

Le tableau suivant est le résultat d'une expérience dont l'objectif est de comprendre la relation entre les cnidaires et leurs algues intracellulaires (xanthelles).

On isole la xanthelle d'un polype et on la met en culture *in vitro*. À l'aide d'un marquage effectué au $^{14}CO_2$, on étudie l'activité photosynthétique (quantité de ^{14}C fixé, en coups par minute) et le rejet de carbone organique par la xanthelle dans le milieu (^{14}C relâché, en pourcentage du total fixé). On fait varier le milieu où sont placées les xanthelles, en y ajoutant éventuellement un broyat de polype (jus d'animal broyé).

Traitement expérimental	^{14}C fixé	^{14}C relâché
Xanthelle dans l'eau de mer seulement	1,4	31 %
Xanthelle dans l'eau de mer, additionnée de broyat d'un polype pourvu de xanthelles	14,1	58 %

PISTES POUR RÉUSSIR

- Le sujet porte l'accent sur la diversification par association d'organismes : il faut travailler sur l'idée que l'association de deux organismes est un plus par rapport à une vie séparée.
- Les végétaux réalisent la photosynthèse à la lumière, ce qui leur permet de produire des molécules organiques, comme les glucides.
- L'analyse des documents repose ici sur la comparaison de résultats d'expérience où varie un seul facteur à la fois.

CORRIGÉ

En quoi l'association polype-xanthelle est-elle source de diversification sans toutefois qu'il y ait modification des génomes ?

Exploitation du document 1

- Dans l'expérience réalisée, la seule différence concerne la présence ou l'absence d'éclairement. Les deux lots de coraux montrent une vitesse de croissance identique dans les deux serres avant l'expérience (8,3 ou 8,4 cm/an). La serre B, dont les conditions de culture sont inchangées, sert de témoin.
- On constate qu'en l'absence de lumière, la croissance sous la serre A est considérablement réduite. On en déduit que la lumière est un facteur quasi-

ment indispensable à la croissance des coraux. Or, les algues qu'elles abritent sont des végétaux photosynthétiques.

Exploitation du document 2

- On constate que les xanthelles placées dans de l'eau de mer fixent une petite quantité du CO_2 alors qu'en présence d'un broyat de polypes elles en fixent dix fois plus. La fixation de carbone, appelée aussi photosynthèse, est donc multipliée par 10 en présence des polypes.
- 30 % du carbone fixé et transformé en molécules organiques est « relargué » dans le milieu. Par contre, en présence du broyat de polype, la quantité de carbone organique relâché s'élève à 60 %.

Synthèse

- Les algues xanthelles sont capables de fixer du carbone par photosynthèse. Cette fixation se traduit par la production de molécules organiques. Leur excès de production est libéré dans leur milieu de vie.
- Lorsque ces algues vivent en association avec des polypes, la photosynthèse, de même que la libération de molécules organiques, sont accrues. On peut donc supposer que ces molécules vont nourrir le polype.
- L'association cnidaire-xanthelle va donc permettre aux polypes de vivre dans un milieu pauvre en ressources organiques, là où normalement leur croissance serait très limitée. Les algues, quant à elles, se retrouvent protégées à l'intérieur du polype.
- On a ici une association à bénéfice réciproque, ou symbiose. Cette association permet donc bien une diversification des êtres vivants, alors qu'il n'y a pas de modification des génomes.

Interaction symbiotique entre un polype et une xanthelle

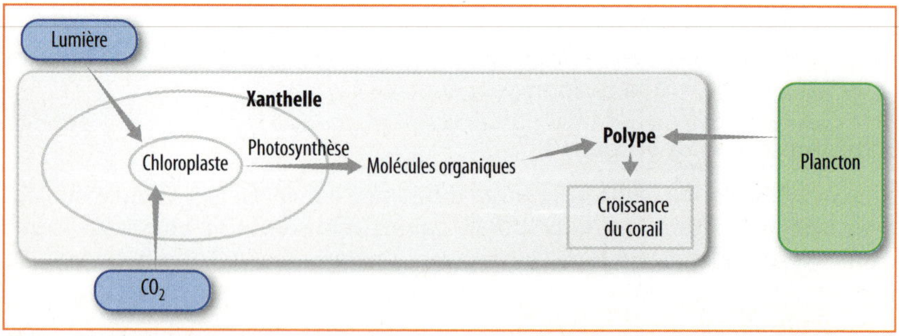

Évolution de la diversité

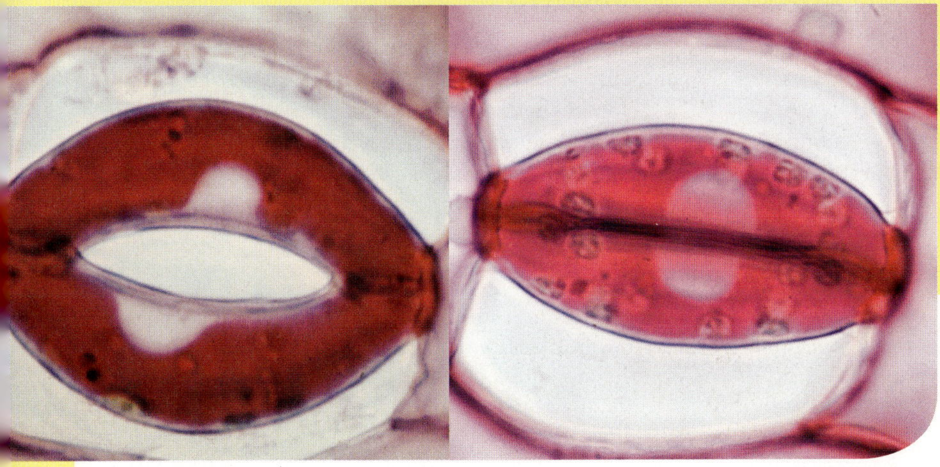

FICHES

BILAN

SUJETS CORRIGÉS

10 Origine de la diversification des populations

Les populations présentent une grande diversité génétique, entre autres par l'existence de nombreux allèles pour chaque gène résultant de mutations aléatoires. Une population correspond à un ensemble d'individus appartenant à la même espèce et occupant un même territoire géographique. Les différentes populations d'une même espèce sont, en des lieux différents, soumises à des contraintes distinctes, à l'origine de leur diversification.

I Influence de la pression du milieu

- Les conditions du milieu (risque de prédation, etc.) sont contraignantes pour les individus et, en fonction des caractères dont ils disposent, ceux-ci ont une plus ou moins grande capacité à survivre : on parle de **survie différentielle** qui modifie leur capacité à transmettre un caractère à la descendance ; il s'agit de **sélection naturelle.**
- Sous l'effet de la pression du milieu, la survie différentielle est à l'origine de la **modification de la diversité des populations au cours du temps** puisque l'allèle permettant de développer le caractère avantageux est davantage transmis.

Détermination de la survie relative de deux formes en fonction du milieu de vie.
La phalène du bouleau est un papillon qui existe sous une forme claire et une forme sombre.
Dans cette expérience, des phalènes sont capturées puis marquées avant d'être relâchées, soit dans la région non polluée de Dorset, soit dans la région polluée de Birmingham. Quelques jours après, les phalènes sont de nouveaux capturées et dénombrées.
Les formes sombres dominent en milieu pollué, car elles sont moins facilement détectables par les prédateurs, les troncs d'arbres étant assombris à cause de la pollution.

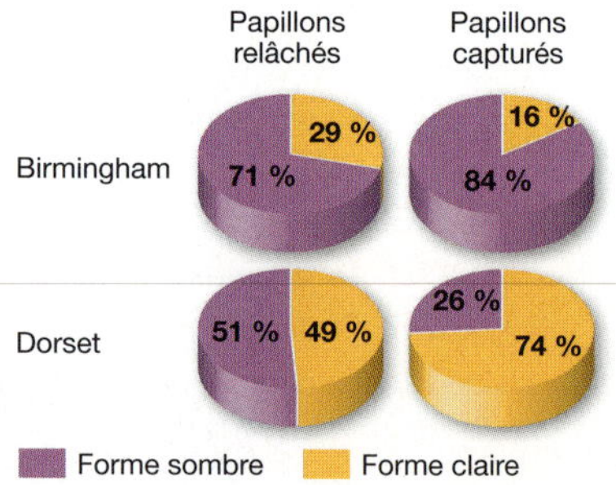

II Influence de la concurrence entre les êtres vivants

- En milieu naturel, les ressources, surtout alimentaires, sont souvent en quantités limitées, mettant alors certains individus en compétition. Cette **concurrence entre êtres vivants** génère des changements de la diversité des populations au cours des générations.

- Par exemple, dans les îles Galapagos, les pinsons Géospize fuligineux et Géospize à bec moyen ont des becs de longueurs similaires lorsqu'ils vivent sur des îles distinctes. Ils ne sont pas en compétition bien qu'ils consomment la même nourriture. Lorsqu'ils coexistent sur une même île, la taille de leur bec change au cours des générations: celui du «fuligineux», dont les individus, qui ont moins facilement accès à la nourriture, finissent par mourir de faim et ne plus générer de descendance, devient plus court que celui du «bec moyen», qui s'allonge.

On observe une **compétition** des plantes pour la lumière. Celles ayant une meilleure aptitude pour la croissance reçoivent des quantités optimales de lumière alors que les autres, à l'ombre des grands arbres, en reçoivent une quantité plus limitée.

III Influence du hasard

- La répartition des allèles lors de la formation des gamètes ou de la fécondation se fait au hasard. Ainsi, seule une partie du patrimoine génétique est transmise à la descendance. Cela engendre des variations aléatoires de la fréquence des allèles d'un même gène dans la population. Cette variation est appelée dérive génétique et a une action d'autant plus forte que la population contient peu d'individus.

- Tout allèle peut donc disparaître ou se répandre dans une population. La dérive accroît la diversité génétique entre les populations de petite taille.

Longtemps négligé, l'impact de la **dérive génétique** apparaît aujourd'hui comme très important au sein des populations isolées et de petite taille, notamment dans des petites îles où les reproductions se font au sein même de l'île.

IV Évolution et transformation des populations

- Sous l'action des **contraintes liées à la vie en milieu naturel**, les populations se transforment au cours du temps par modification de la viabilité et de la fertilité des individus.

- **L'évolution génétique** des populations va dépendre également du nombre de descendants par individu: plus un individu a une descendance viable et nombreuse, plus ses allèles se répandent dans la population.

11 Espèces et diversité du vivant

La biodiversité est souvent décrite comme une diversité d'espèces. Cela ne correspond qu'à un aspect de la biodiversité et implique de définir ce qu'est une espèce.

I La biodiversité, résultat de l'évolution

- La biodiversité est source de transformation des espèces existantes et de naissance de nouvelles espèces au cours du temps.
- Le concept d'**espèce** est complexe et délicat à définir. Il a ainsi connu de multiples définitions au cours de l'histoire de la biologie. La définition de l'espèce repose sur des critères variés et dépend des objectifs que l'on se fixe.

II La notion d'espèce dans l'histoire de la biologie

- Au début du XVIIIe siècle, Linné, en voulant réaliser un essai de classification, base la première définition de l'espèce sur des **critères phénotypiques héréditaires.** On regroupe alors au sein d'une espèce les individus qui se ressemblent, l'objectif étant de classer les espèces à un moment donné de l'histoire de la Terre.

> La définition de Linné est problématique, car des individus peuvent se ressembler sans toutefois appartenir à la même espèce.

- Par la suite, au milieu du XVIIIe siècle, Buffon considère comme fondamental le critère d'**interfécondité** pour définir l'espèce. Des individus appartiennent à une même espèce s'ils peuvent se reproduire et engendrer une descendance féconde.

Exemple : jument × âne → mulet (stérile). Le croisement est ici possible, mais le mulet étant stérile, on en déduit que la jument et l'âne forment deux espèces différentes.

- Ces deux définitions ont ensuite été réunies par Cuvier à la fin du XVIIIe siècle : « Une espèce est un ensemble d'individus nés les uns des autres et qui se ressemblent morphologiquement. »
- En 1942, Ernst Mayr définit l'espèce comme un ensemble de groupes de populations naturelles **capables de se reproduire**, mais **isolés** du point de vue reproductif des autres groupes. C'est cette définition qui est aujourd'hui utilisée.

> Cette dernière définition a l'avantage de mêler l'aspect reproductif tout en tenant compte de la notion de population, notion fondamentale puisque la sélection naturelle modifie les populations.

III L'espèce, une entité limitée dans le temps

- La notion d'**isolement reproductif** est essentielle puisque des individus qui se ressemblent ne sont pas forcément de la même espèce. Cet isolement, d'origine génétique, implique la rupture des échanges génétiques entres individus.
- Les **mécanismes d'isolement reproductif** sont variés: forme des organes reproducteurs non compatible, périodes de reproduction non synchronisées, milieux de vie différents...
- Une population d'individus identifiés comme formant une espèce n'est définie que durant un laps de temps fini car:

- si un nouveau groupe d'individus isolés de l'espèce initiale s'individualise, une **nouvelle espèce** est définie. Cela implique un processus de **spéciation** avec acquisition d'un isolement reproductif **(doc.)** ;

- si un ensemble d'individus cesse d'être isolé génétiquement ou qu'il ne comporte plus de représentants, l'espèce **disparaît**.

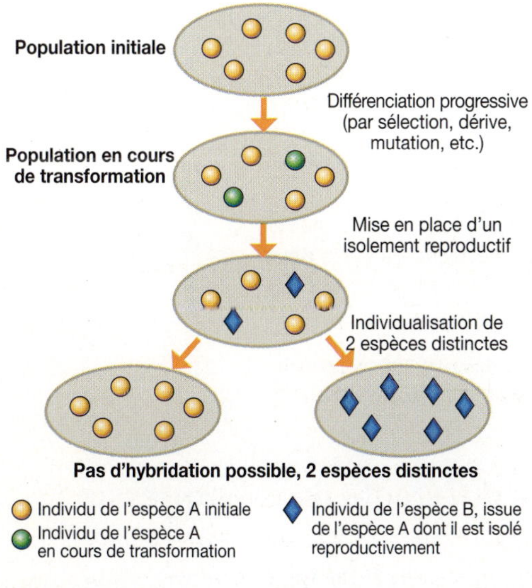

Doc. Naissance d'une nouvelle espèce par mise en place d'un isolement reproductif

12 L'Homme, un primate proche du chimpanzé

L'étude comparée des pigments rétiniens a permis de placer l'Homme parmi les primates, et en particulier parmi les « grands singes », groupe dont font partie le chimpanzé, le gorille, l'orang-outan et le gibbon.

I L'Homme est génétiquement proche du chimpanzé

La comparaison des séquences des gènes qui codent pour différentes enzymes chez les primates montre que les séquences de l'Homme et du chimpanzé ont la plus grande similitude. **Le plus proche parent de l'Homme** parmi les « grands singes » est donc **le chimpanzé**.

Au total, on admet actuellement que les génomes du chimpanzé et de l'Homme diffèrent de 1,2 % pour les gènes codant pour des protéines.

II Des positions différentes des gènes

La comparaison des chromosomes de ces deux espèces montre que le positionnement des gènes sur les chromosomes est souvent similaire. Cependant, des réarrangements chromosomiques ont modifié la position de certains gènes sans modification de leurs séquences.

Comparaison des chromosomes 18 de l'Homme et du chimpanzé (logiciel Cinteny).
Chaque couleur représente une zone dans laquelle les gènes se suivent de la même façon dans les deux espèces. Les zones blanches sont des zones n'ayant pas de correspondance dans l'autre chromosome.

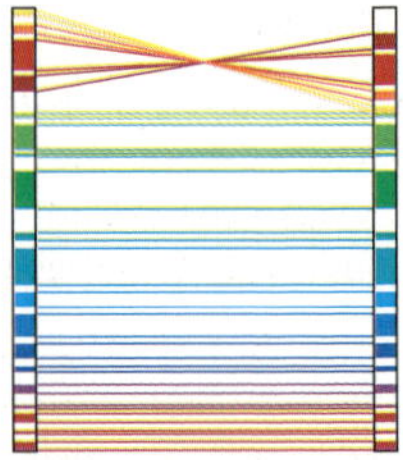

L'Homme et le chimpanzé, très proches génétiquement, **se distinguent** donc **par la position de certains gènes**.

III Une chronologie différente dans l'expression de certains gènes

Homme et chimpanzé sont différents sur le plan morphologique alors qu'ils sont proches génétiquement. Ce paradoxe s'explique par une **chronologie différente de l'expression de certains de leurs gènes**, en particulier au cours du développement.

■ Le développement pré- et postnatal de l'Homme est caractérisé, par rapport à celui du chimpanzé, par des phases embryonnaire, lactéale (jusqu'à l'apparition de la première molaire) et de croissance plus longues.

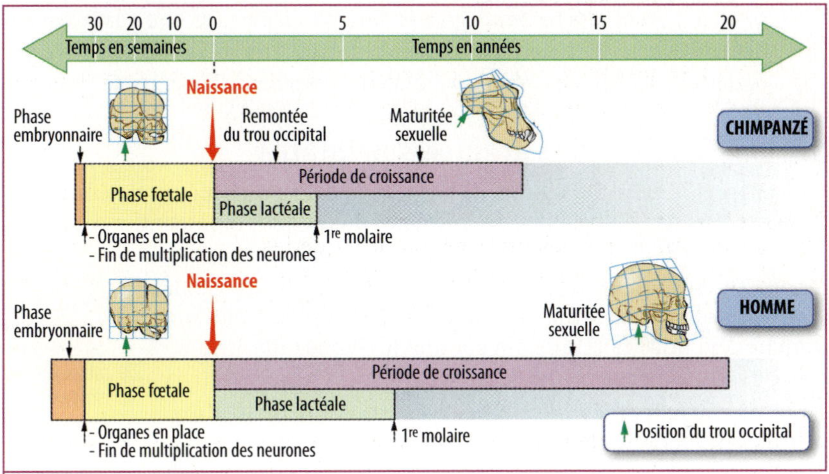

Doc. Chronologies du développement du chimpanzé et de l'Homme

■ Chez l'Homme, des mutations des gènes contrôlant le développement du crâne seraient responsables du blocage du développement de celui-ci, d'où une absence de prognathisme (face projetée vers l'avant). Contrairement à celui du chimpanzé, le crâne humain adulte conserve donc des caractères juvéniles : crâne arrondi, face verticale et un trou occipital centré.

■ De plus, le cerveau humain plus volumineux serait dû à une plus longue phase embryonnaire, au cours de laquelle les cellules nerveuses se multiplient activement, et à une croissance postnatale importante.

IV L'influence de l'environnement

■ Le phénotype humain et celui des « grands singes » n'est pas totalement génétiquement déterminé. L'environnement (dont la relation aux autres) intervient aussi : c'est le cas par exemple de la capacité à utiliser des outils. Certains comportements sont transmis de génération en génération par l'apprentissage et non par les gènes.

■ Le phénotype des humains, comme celui des « grands singes » proches d'eux, s'acquiert donc au cours du développement pré- et postnatal, sous l'effet de l'**interaction** entre l'**expression génétique** et l'**environnement**.

13 La diversité des primates fossiles

Comme toutes les autres espèces, *Homo sapiens* a une histoire évolutive. L'Homme étant proche des « grands singes », il partage une partie de son histoire avec celle, plus générale, des primates. L'étude des fossiles des primates est donc fondamentale pour mieux comprendre l'histoire de l'Homme.

I Les fossiles des premiers primates

- Juste après la crise biologique de la fin du Crétacé, marquée entre autres par la disparition des dinosaures, des primates archaïques émergent.
- Datés de – 65 à – 50 millions d'années, les premiers primates fossiles montrent que ces derniers étaient variés (une trentaine d'espèces ont été identifiées) : ils étaient de petite taille mais avaient déjà une vie arboricole comme la plupart des primates actuels.

Les premiers primates ne ressemblaient ni à l'Homme actuel ni aux autres singes.

- Les premiers fossiles ressemblant aux singes actuels n'apparaissent que vers – 35 millions d'années.

II La diversité des grands primates fossiles

- Les grands primates actuels, ainsi nommés à cause de leur grande taille, regroupent l'Homme et les « grands singes » suivants : orang-outan, gorille et chimpanzé. Aujourd'hui, la **diversité** des grands primates est **réduite** car la plupart d'entre eux ne sont représentés que par deux espèces, voire une seule (*Homo sapiens* pour l'Homme).
- En revanche, dans le passé, les grands primates ont été un groupe très diversifié : entre – 25 et – 5 millions d'années, une centaine d'espèces ont régné en Eurasie et en Afrique. Suite à un changement climatique, vers – 9 millions d'années, la grande majorité de ces espèces disparaissent, et seules les espèces tropicales essentiellement africaines survivent.
- C'est donc dans cette période charnière, située entre – 9 et – 5 millions d'années, et probablement en Afrique, que l'on peut situer l'ancêtre commun à l'Homme et au chimpanzé. Malheureusement, très peu de fossiles de cette époque ont été trouvés jusqu'à présent en Afrique : Toumaï (*Sahelanthropus tchadensis*), âgé de 6 à 7 millions d'années, ou *Orrorin tugenensis,* âgé de 6 millions d'années et *Ardipithecus kadabba,* âgé de 5,2 à 5,8 millions d'années.

- Ces espèces présentent un mélange (ou une mosaïque) de caractères que l'on retrouve actuellement :

– chez l'Homme, comme des signes de bipédie : trou occipital avancé pour Toumaï, grande taille du fémur et col du fémur développé pour Orrorin ;

– mais aussi chez le chimpanzé : un volume crânien de 360 cm^3 pour Toumaï et des canines développées pour Orrorin et Ardipithécus.

- Aucun de ces fossiles ne peut être à coup sûr considéré comme un ancêtre de l'Homme ou du chimpanzé. L'**ancêtre commun** à l'Homme et au chimpanzé, qui n'était ni un Homme ni un chimpanzé, reste donc **hypothétique**.

- Cet ancêtre commun devait posséder toutes les caractéristiques morphologiques, anatomiques et comportementales actuellement communes à l'Homme et au chimpanzé. À partir de la comparaison Homme-chimpanzé (→ rabat) il est possible d'en tracer le portrait-robot : il devait avoir une taille de 1 m pour 30 à 40 kg, une capacité crânienne de 300 à 400 cm^3, une bipédie occasionnelle, devait vivre en communauté et avait la capacité de confectionner et d'utiliser des outils rudimentaires.

III Les fossiles plus récents

- Les fossiles ne faisant pas partie du genre *Homo* et datés de – 4,2 à – 1 millions d'années, montrent l'existence de deux groupes très diversifiés : les **australopithèques** (8 espèces) et les **paranthropes** (3 espèces).

- Ces espèces possèdent toutes des indices d'une **bipédie** fondamentalement différente des « grands singes », mais pas aussi affirmée que celle de l'Homme. Leurs capacités crâniennes restent faibles : 380 à 450 cm^3 pour les australopithèques, 420 à 600 cm^3 pour les paranthropes. Des outils rudimentaires en pierre taillée (→ fiche 14) sont associés à certains paranthropes.

- Ces fossiles ne peuvent cependant pas être considérés comme des ancêtres du genre *Homo* (→ fiche 15) : les australopithèques possèdent avec ce genre un ancêtre commun, lui aussi hypothétique. Ils montrent en revanche que l'histoire évolutive de l'Homme a été **buissonnante** et comporte plusieurs rameaux.

14 Caractéristiques du genre *Homo*

Les premiers représentants du genre *Homo* apparaissent en Afrique avant la disparition des australopithèques et des paranthropes avec lesquels ils ont cohabité. Le genre *Homo* regroupe plusieurs espèces fossiles et l'Homme (*Homo sapiens*) est le seul représentant actuel de ce genre.

I Les primates fossiles du genre *Homo*

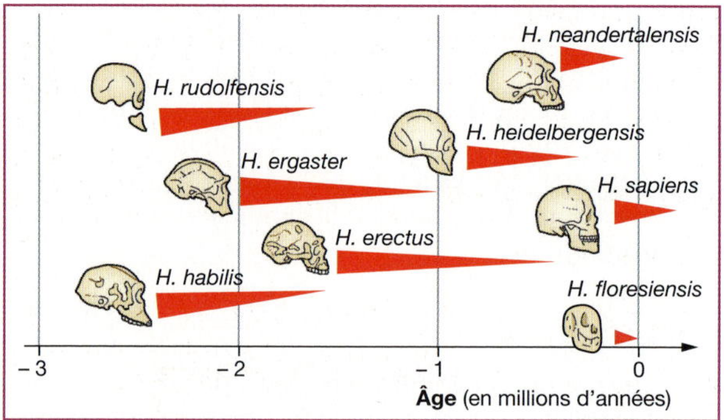

Doc. 1. Répartition dans le temps des différentes espèces du genre *Homo*.

■ À partir de – 2,5 millions d'années (**doc. 1**), on trouve, uniquement en Afrique, des restes fossiles des premiers représentants du genre *Homo* : *Homo habilis* et *Homo rudolfensis*. Ces deux espèces ont une capacité crânienne comprise entre 600 et 750 cm^3. Par rapport aux australopithèques, leur face est réduite (avec un prognathisme faible) et ils possèdent une bipédie plus affirmée mais encore différente des hommes modernes. Des outils rudimentaires, ou **galets aménagés** (**doc. 2**), sont associés à ces restes fossiles et sont attribués à ces deux espèces, même si les paranthropes qui coexistaient avec elles à cette époque ont été capables eux aussi de réaliser ces outils.

■ Avant la disparition des premiers représentants du genre *Homo*, deux nouvelles espèces apparaissent, *Homo ergaster*, vers – 2 millions d'années, et *Homo erectus*, vers – 1,7 millions d'années. Les restes fossiles correspondent à des individus plus grands (1,70 m en moyenne) avec une bipédie comparable à la nôtre et des crânes d'une capacité comprise entre 800 à 1 100 cm^3. Ces deux espèces devaient probablement déjà être

Leur maîtrise de la bipédie a contribué à leur migration hors du continent africain puisque des fossiles ont été trouvés en Europe du Sud, au Proche-Orient et en Asie orientale.

capables de langage articulé, **maîtrisaient le feu** et fabriquaient des outils taillés sur les deux faces, les **bifaces** (**doc. 2**).

- Avant la disparition d'*Homo erectus*, on trouve, il y a environ 600 000 ans, une nouvelle espèce : *Homo heidelbergensis*, qui annonce une évolution vers l'Homme actuel avec une capacité crânienne moyenne de 1 200 cm^3. Cette espèce s'est différenciée en Afrique, en Europe et en Asie jusqu'à l'apparition d'*Homo neanderthalensis* vers - 300 000 ans et d'*Homo sapiens* vers - 200 000 ans.
- *Homo neanderthalensis* possédait des caractères proches de l'Homme actuel avec une capacité crânienne en moyenne supérieure à *Homo sapiens* mais, en revanche, une charpente osseuse robuste et les os des membres légèrement incurvés, signe d'une forte musculature. Avant de disparaître vers - 30 000 ans, il va cohabiter avec *Homo sapiens* et partager des **pratiques culturelles diversifiées** comme la fabrication d'outils sophistiqués (**doc. 2**) ou les rites funéraires. C'est ensuite avec *Homo sapiens* qu'apparaissent les premières manifestations artistiques.

II Les caractéristiques des espèces du genre *Homo*

Bien que l'appartenance au genre *Homo* de certaines de ces espèces fossiles soient encore discutées (→ **fiche 15**), on peut affirmer que les espèces du genre *Homo* se distinguent par :

- des **caractères anatomiques**, notamment une face réduite, une mandibule parabolique, un dimorphisme sexuel peu marqué sur le squelette, un style de bipédie avec trou occipital avancé et une aptitude à la course à pied ;

- une production d'**outils complexes (doc. 2)** et une variété des **pratiques culturelles** (maîtrise du feu, rites funéraires…), mais de façon non exclusive.

Doc. 2. Des outils attribués à différentes espèces du genre *Homo*.
a. Galet aménagé (*H. habilis*). **b.** Biface (*H. erectus*). **c.** Perçoir (*H. neanderthalensis*)

15 Phylogénie du genre *Homo*

Un arbre phylogénétique est une représentation qui permet de rendre compte des relations de parentés entre les êtres vivants.

I Le principe de construction d'un arbre phylogénétique à partir de l'étude de caractères

- Les relations de parenté sont déduites de l'analyse de caractères morphologiques, anatomiques ou embryologiques.

- Pour chaque caractère étudié, il est essentiel de déterminer son état primitif ou dérivé car le seul fait de partager des états dérivés de caractères témoigne d'une étroite parenté.

- L'**état dérivé** d'un caractère apparaît dans le temps, après l'état ancestral ou primitif, il correspond à une **innovation évolutive**. Tous les individus qui possèdent un même état dérivé d'un caractère l'ont acquis d'un **ancêtre commun** chez qui il est apparu pour la première fois.

- Dans un arbre phylogénétique, chaque nœud correspond à un ancêtre commun. Les innovations évolutives sont placées entre chaque nœud.

Un **ancêtre commun** reste hypothétique et ne correspond pas à une espèce fossile précise.

II Plusieurs arbres phylogénétiques pour le genre *Homo*

- Suivant le caractère choisi pour établir une phylogénie, il est possible d'obtenir des arbres phylogénétiques différents.

- Par exemple, en choisissant les caractères « trou occipital » et « capacité cérébrale », il est possible de construire l'arbre 1 (**doc.**). Cet arbre montre qu'*Homo habilis* est plus apparenté avec *Paranthropus boisei* pour ces deux caractères, son appartenance au genre *Homo* est donc controversée.

- Le caractère « forme de la cage thoracique » permet de préciser la phylogénie du genre *Homo* avec deux espèces plus apparentées : *H. sapiens et H. neanderthalensis* car elles partagent le caractère dérivé « cage thoracique en forme de tonneau » (arbre 2, **doc.**).

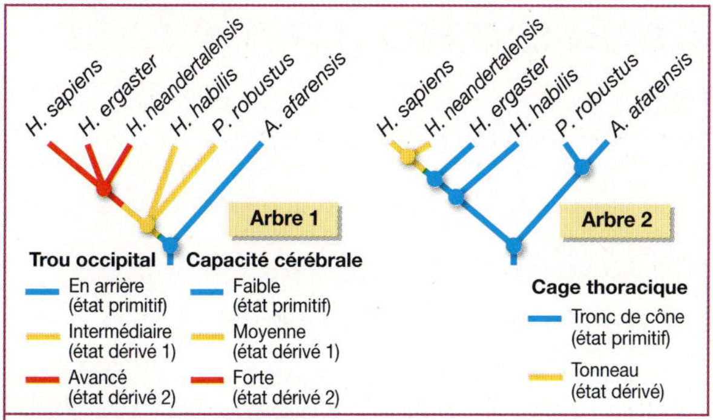

Doc. Deux arbres phylogénétiques possibles de certaines espèces du genre *Homo*.

III Les phylogénies établies à partir de caractères culturels

■ Le genre *Homo* a longtemps été caractérisé par son habileté à fabriquer des outils, d'où le nom d'*Homo habilis,* « l'Homme habile » donné à son premier représentant. L'attribution spécifique de cette capacité au genre *Homo* est aussi controversée.

■ En effet, plusieurs espèces (*H. habilis, H. rudolfensis* et deux espèces de paranthropes) ont été associées aux plus anciens outils de pierre taillée, sans que l'on soit capable de savoir laquelle de ces espèces a inventé l'outil de pierre taillée : l'invention de l'outil n'est donc pas un caractère dérivé du genre *Homo.*

■ En revanche, la fabrication des bifaces peut être associée à *Homo ergaster* (« l'Homme artisan ») et ce n'est qu'avec *H. sapiens* qu'apparaissent les premières manifestations artistiques.

■ Il n'y a donc **pas d'arbre phylogénétique consensuel** du genre *Homo* car la construction précise de cet arbre est controversée dans le détail, selon les caractères étudiés.

16 Caractéristiques liées à la vie fixée des plantes

Les plantes à fleurs (angiospermes) ont une vie dite fixée en raison de leurs racines qui les ancrent dans le sol. Leur organisation fonctionnelle est en relation avec les exigences de celle-ci.

I Les contraintes de la vie fixée

- Les plantes assurent leur vie à l'interface entre l'air et le sol. Le milieu aérien est un milieu **desséchant,** et le sol dispose de ressources nutritives diluées et dispersées. Ces milieux sont tous les deux **variables** dans le temps.
- Comme les plantes sont immobiles, elles doivent avoir des structures leur permettant de survivre dans ces conditions. Ainsi, au cours de l'évolution, différents **processus trophiques** (de nutrition), ainsi que des systèmes de **protection**, de **communication** et de **reproduction** se sont mis en place.

Ces **ressources nutritives** correspondent à des ions dissous comme les ions nitrates (NO_3^-), potassium (K^+), etc.

II Une organisation morphologique adaptée

- Une plante est divisible en **trois structures** adaptées à la vie fixée : les racines, la tige et les feuilles.
- **Les racines** ont un double rôle.

– Elles assurent l'ancrage de la plante et lui procurent une résistance au vent, mais elles sont aussi à l'origine de son **immobilité**. La plante est ainsi **dépendante** des variations de son milieu de vie dont elle ne peut fuir les contraintes.

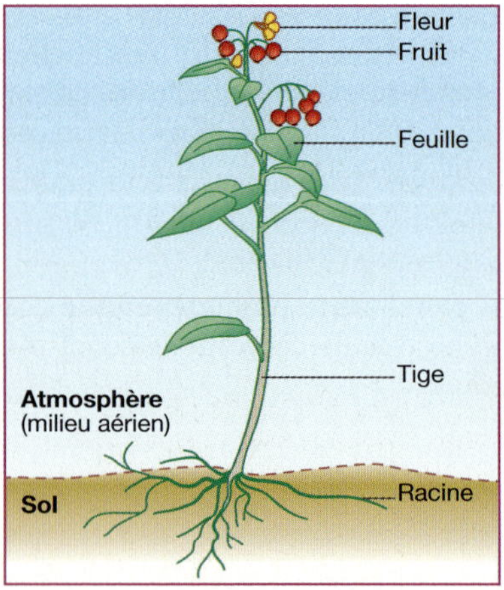

Les racines sont parfois de grande taille, notamment dans les sols friables. Cela assure à la plante son **ancrage** malgré des conditions peu optimales.

– Elles sont aussi l'interface de prélèvement de l'eau et des ions, assurant ainsi la **nutrition minérale** de la plante indispensable à sa vie et à la réalisation de la **photosynthèse**.

- La racine principale, ses ramifications et leurs poils absorbants accroissent considérablement la **surface d'échange** avec le sol et ainsi les **prélèvements** permettant de pallier la grande dilution des ressources.

- **Les feuilles** sont le siège d'échanges gazeux (prélèvement de CO_2 et rejet d'O_2). Leur très grand rapport surface/volume procure une **surface d'échanges** très importante avec le milieu, ce qui permet un intense échange de gaz et une réception de la lumière optimale.

Les **échanges gazeux** sont réalisés au niveau de structures particulières, les stomates.

- **La tige** comporte des tissus de soutien rigides, permettant à la plante de lutter contre la gravité, et assure la **circulation de matières** entre les racines et les feuilles.

III Des tissus conducteurs reliant les organes

- Tous les organes de la plante comportent des **tissus conducteurs** assurant le transport de deux types de sèves **(doc.).**

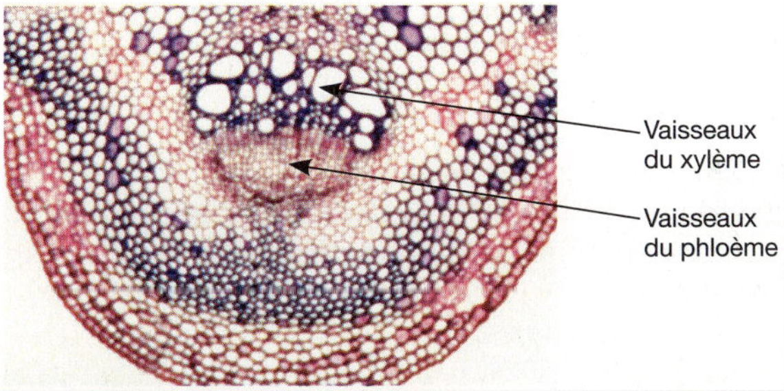

Doc. Coupe transversale dans une tige de clématite

- La sève brute, riche en ions et eau, est transportée vers le haut de la plante, dans les vaisseaux du **xylème.** La sève élaborée, riche en sucres, est transportée vers le bas de la plante, dans les vaisseaux du **phloème.**

La **sève brute** est issue de l'absorption des éléments du sol et de l'eau par les racines.
La **sève élaborée** résulte de l'activité photosynthétique productrice de sucres.

17 Structures et mécanismes de défense des plantes

Les plantes disposent de mécanismes de défense contre les agressions du milieu, les prédateurs et les variations saisonnières.

I Des mécanismes de protection contre les prédateurs et envahisseurs

■ Les **téguments,** qui recouvrent les surfaces en contact avec le milieu extérieur, constituent le premier rempart aux agresseurs et peuvent être munis d'épaisses **écorces** gênant la pénétration des parasites ou d'**épines** qui dissuadent les prédateurs.

■ Les plantes disposent également de **mécanismes de défense**.

– Des mécanismes de **défense passive** peu spécifiques de l'envahisseur. Ils consistent en la production de toxines, comme des sucres cyanogènes qui libèrent du cyanure mortel après ingestion (par exemple, le manioc) ou encore des neurotoxiques, comme la caféine et la morphine, qui peuvent perturber l'état du prédateur au point qu'il n'attaque plus la plante (par exemple, la nicotine libérée par le tabac déclenche la mort des chenilles qui mangent ses feuilles).

Ces substances sont des analogues de molécules intervenant dans la communication nerveuse. Elles peuvent se fixer au niveau de récepteurs, notamment dans le cerveau, et en perturber le fonctionnement.

– Des mécanismes de **défense active** plus spécifiques. La détection de protéines de l'envahisseur par des protéines de la plante déclenche une réaction de production d'antimicrobiens ou encore la mort de cellules infestées. Par exemple, l'attaque de la pomme de terre par le mildiou déclenche la libération de substances aux propriétés antifongiques.

II Des structures de résistance aux variations saisonnières

1. Résistance au manque d'eau à la saison sèche

■ La présence d'une **cuticule** au niveau des feuilles (couche de substances cireuses les recouvrant) ou de cutine au niveau des tiges les rend imperméables car ces substances de nature lipidique sont hydrophobes. Elles diminuent donc les pertes d'eau. Cette **imperméabilité** facilite la résistance de la plante en période ou en région sèche **(doc.)**.

Les plantes des régions sèches ont des cuticules souvent plus épaisses. Les feuilles peuvent être également réduites en taille et prendre des formes d'aiguilles, ce qui permet de diminuer la surface à l'origine des pertes d'eau.

■ La régulation de l'**ouverture des stomates** (lieu des échanges gazeux liés à la photosynthèse) permet la régulation des pertes d'eau au niveau des feuilles. Afin de limiter les pertes d'eau par évaporation, certaines espèces ont des stomates uniquement sur la face inférieure des feuilles ou enfermés au sein de cryptes les isolant du milieu aérien **(doc)**.

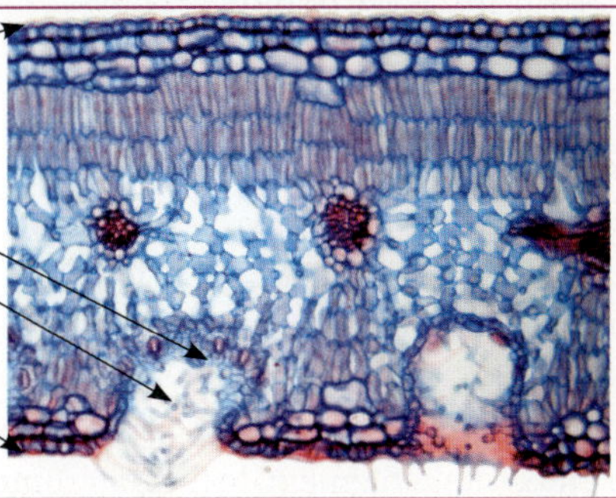

Doc. Coupe transversale dans une feuille de laurier-rose.

2. Résistance à l'excès d'eau à la saison humide

Les pluies abondantes saturent la porosité du sol en eau et l'appauvrissent en dioxygène, avec un risque d'asphyxie des racines. Les plantes soumises régulièrement à ces contraintes d'inondations saisonnières disposent de tissus racinaires riches en espaces intercellulaires, permettant de stocker de l'air, le temps que la décrue s'opère.

3. Synchronisation des cycles de développement et des saisons

■ La **germination** et le développement de la plupart des plantes interviennent essentiellement au printemps. Cela permet d'assurer une floraison, une reproduction et une fructification avant la période de sécheresse.

■ Les **graines** constituent des formes de résistance permettant le passage de l'hiver grâce à des réserves et une entrée en vie ralentie.

■ Le passage à une saison rude provoque la **production d'hormones** qui activent l'accumulation de réserves, la chute des feuilles et l'entrée en dormance des bourgeons.

Le cycle de développement des végétaux est guidé par la durée d'éclairement qui varie au cours des saisons. Des photorécepteurs (récepteurs sensibles à la lumière) ont ainsi été mis en évidence chez les végétaux.

18 La fleur, organe de reproduction des angiospermes

La fleur est la structure permettant d'assurer la pérennité des espèces chez les végétaux, malgré l'éloignement relatif des gamètes lié à la vie fixée des plantes.

I Morphologie de la fleur

■ La fleur est l'organe reproducteur des angiospermes **(doc. 1)**. Elle est composée de **pièces florales** disposées en cercles concentriques.

■ De l'extérieur vers l'intérieur de la fleur on distingue :

- des **pièces stériles** : les sépales et pétales ;
- des **pièces fertiles** : l'appareil reproducteur mâle, formé des **étamines** qui sont constituées d'un filament, le **filet**, au sommet duquel sont suspendues les **anthères** contenant les gamètes mâles, les **grains de pollen**.

Sépales et pétales, par leurs couleurs et leurs formes, peuvent être des éléments attractifs pour les insectes pollinisateurs.

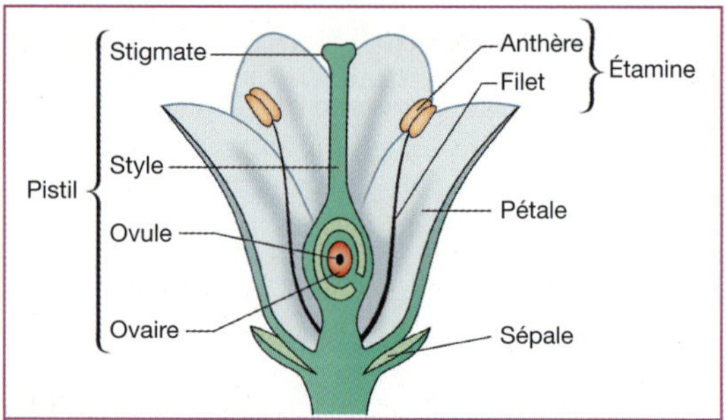

Doc. 1. Structure de la fleur d'angiosperme

■ L'appareil reproducteur femelle, le **pistil**, est situé au centre de la fleur et se compose à la base d'un ovaire contenant les gamètes femelles, les ovules, et surmonté d'un style.

■ L'étude anatomique d'une fleur conduit à la construction de son diagramme floral qui est une représentation schématique de la position et de la quantité des pièces florales **(doc. 2a)**.

Chaque famille de plantes à fleurs présente un **diagramme floral** différent.

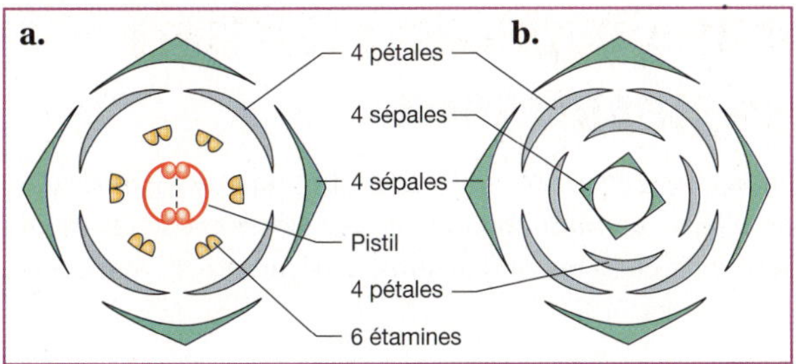

Doc. 2. Diagramme floral de la fleur d'arabette des dames (a) et de son mutant *agamous* (b).

II Contrôle génétique de la mise en place de la fleur

- Le nombre et la disposition des pièces florales sont constants au sein d'une espèce. En revanche, il a été observé que la mutation de certains gènes entraîne une anomalie de forme de la fleur **(doc. 2b)**. Il y a donc un **contrôle génétique** de la mise en place de la fleur.

- L'organisation florale est contrôlée par des gènes du développement. Chaque groupe de gènes ne s'exprime que sur une partie de la fleur : soit à la périphérie, soit au centre, soit dans la portion intermédiaire.

- Dans chaque portion de la fleur, les gènes s'exprimant déterminent ainsi le type de pièce florale qui va se développer. Ils ont une **expression séquentielle** dans l'espace qui conduit à la formation de la fleur **(doc. 3)**.

> Les **gènes du développement** existent également chez les animaux.

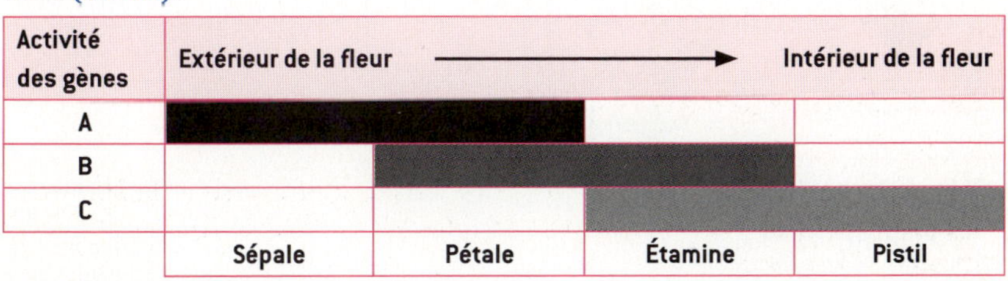

Doc. 3. Détermination des pièces florales par expression séquentielle des gènes du développement

Le gène A s'exprime à l'extérieur de la fleur, le gène C au centre de la fleur et le gène B en position intermédiaire. Les gènes A et C s'excluent, c'est-à-dire que si A s'exprime, le gène C ne s'exprime pas et vice versa.

19 Pérennité de l'espèce chez les angiospermes

La vie fixée des plantes est également une contrainte pour la reproduction. Des modalités particulières de reproduction se sont mises en place afin de permettre la rencontre des gamètes et d'assurer la pérennité de l'espèce.

I La pollinisation

■ La reproduction chez les végétaux est obtenue par dépôt du grain de pollen au sommet du style à la base duquel se situe le ou les ovule(s) au sein de l'ovaire. On parle de **pollinisation.**

Le **grain de pollen** est un gamète mâle.

■ Les plantes étant fixes, la pollinisation est facilitée par des **facteurs environnementaux**, comme l'action du **vent** qui permet le transport du grain de pollen d'une fleur à une autre. Certains dispositifs allégeant le grain de pollen peuvent également faciliter son transport entre deux plantes fixes.

■ La plupart des plantes à fleurs ont une pollinisation qui dépend d'**insectes pollinisateurs.** Leur frottement involontaire aux étamines lorsqu'ils viennent se nourrir du nectar d'une fleur fait tomber du pollen qui s'accroche à eux **(doc. 1)**. Le pollen est ensuite déposé de la même façon sur le pistil d'une autre fleur lorsqu'ils vont s'y nourrir.

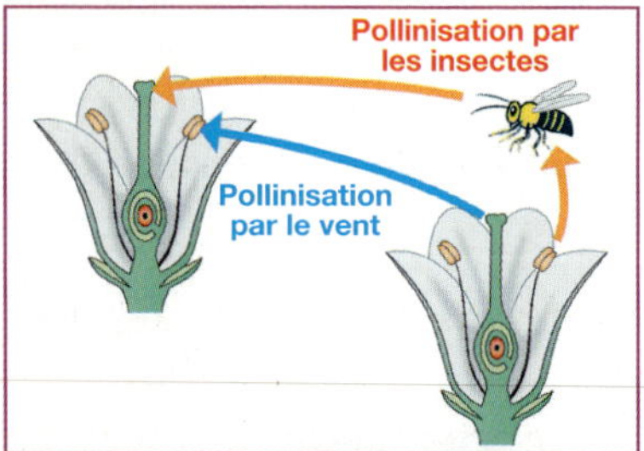

Doc. 1. **La pollinisation chez les angiospermes**

■ Ce mode de pollinisation est le fruit d'une lente **coévolution** permettant une adaptation à la vie fixée ; les plantes développent des couleurs, formes et odeurs, attractives pour les insectes qui, quant à eux, développent des appendices buccaux de prélèvement du nectar adaptés à une ou deux espèces spécifiques.

Les fleurs d'arum libèrent des substances ayant une **odeur** d'excréments et qui attirent des mouches participant à la pollinisation.

II La transformation de la fleur en fruit

■ L'ovule fécondé par le grain de pollen se transforme en **graine** qui contient la descendance de la plante dont elle devient le facteur de dispersion **(doc. 2)**. La graine assure ainsi la **survie de l'espèce**.

■ Cette dispersion peut se faire sur des distances importantes grâce à différents dispositifs.

Le pissenlit possède des **graines** avec un dispositif permettant leur transport par le vent.

■ **L'ovaire** après fécondation se transforme en **fruit** qui contient la ou les graines selon le nombre d'ovules présents. Le fruit peut avoir un **rôle protecteur** contre les milieux parfois très secs, mais il peut aussi avoir un **rôle attracteur** pour les animaux, notamment lorsqu'il est coloré.

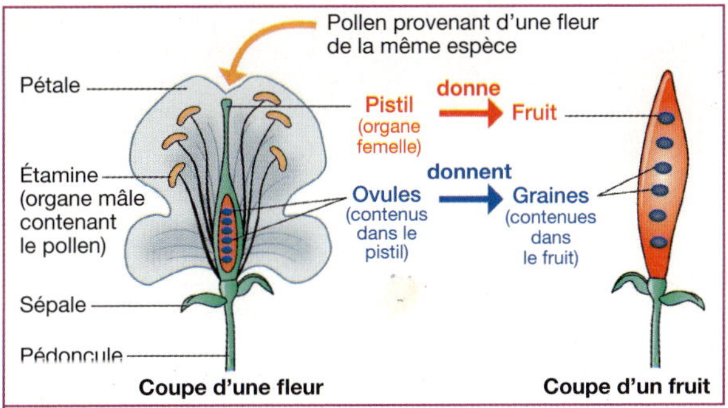

Doc. 2. La transformation de la fleur en fruit

III La dispersion des graines favorisée par la coévolution

Des mécanismes, résultats d'une lente coévolution, permettent la **dispersion des graines** et donc de l'espèce sur de larges territoires. Ils peuvent être :

- des **crochets** permettant aux graines de s'accrocher aux poils des animaux ;
- des **graines suffisamment résistantes** pour résister à un passage dans l'intestin d'un animal et pouvant germer très loin de leur lieu de consommation après rejet dans les déjections (cela est souvent couplé avec des fruits appétants et aux teintes attractives) ;
- des **formes attractives** pour des animaux faisant des réserves de graines qu'ils enterrent (l'attractivité est souvent couplée à la résistance des graines).

Schémas bilans

Vérifiez que vous avez bien retenu les points importants des **fiches 10 à 19**.

Un regard sur l'évolution de l'homme

Homme et chimpanzé, deux espèces génétiquement proches mais avec des phénotypes différents liés à un développement pré- et postnatal différent.

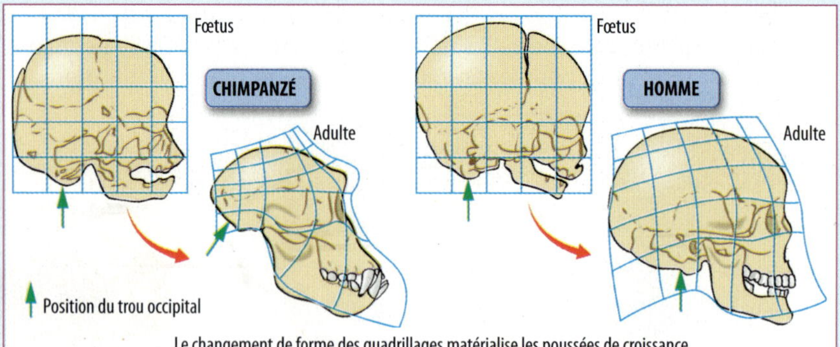

Le changement de forme des quadrillages matérialise les poussées de croissance

L'histoire évolutive de l'Homme fait partie de celle des primates.

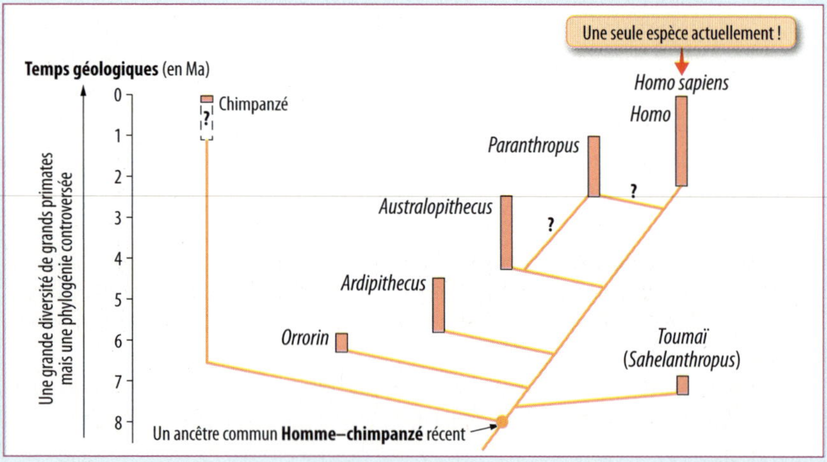

Organisation fonctionnelle d'une plante en relation avec les contraintes de la vie fixée

Contraintes (interface sol/air) — **Structures et mécanismes**

Milieu desséchant
- **Tissus externes imperméables** (cuticule)
- **Stomates** dont l'ouverture régule les pertes d'eau par transpiration

Luminosité variable Milieu pauvre en CO_2 (indispensable à la photosynthèse)
- **Grandes surfaces d'échanges gazeux et de réception de la lumière :** les feuilles.
- **Structures spécialisées dans les échanges gazeux :** les stomates.

Conditions physico-chimiques air/sol différentes
Systèmes conducteurs de matière entre systèmes aériens et souterrains permettant à chaque partie de la plante d'avoir les molécules et ions indispensables à sa vie

Milieu très dilué (avec des ions peu concentrés)
Grande surface d'absorption d'eau et d'ions

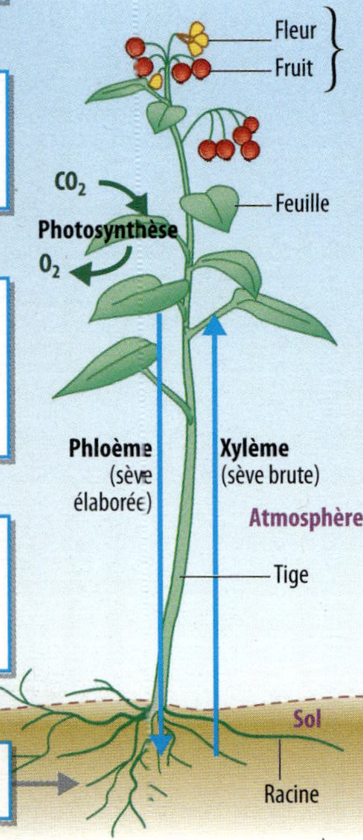

Structures et mécanismes — **Contraintes (immobilité)**

Pas de rapprochement possible pour la reproduction
- **Pollinisation** par le vent ou un animal pollinisateur (attractivité des fleurs - coévolution)
- Dispositifs de **dispersion des graines**

Des conditions climatiques variables
- **Tissus** permettant de **résister aux variations saisonnières** (cuticule épaisse, espaces intercellulaire emplis d'air...)
- **Développement et formation des fruits et des graines synchronisés aux variations saisonnières**

Pas de fuite possible vis-à-vis des agresseurs et des prédateurs
Développement de **systèmes de défenses :**
- **Structures** (cuticule, épines)
- **Mécanismes de défense** (productions de toxines) contre les agressions du milieu et les prédateurs

Quiz express

Vérifiez que vous avez bien retenu les points clés des **fiches 10 à 19**.

Diversification des êtres vivants et évolution de la biodiversité

1 La transformation des populations est :

- [x] a. entre autres liée au hasard
- [ ] b. uniquement liée au hasard
- [x] c. le résultat d'une survie différentielle des êtres vivants dans un milieu donné.

2 La notion d'espèce est basée :

- [ ] a. uniquement sur des ressemblances morphologiques
- [ ] b. uniquement sur un critère d'interfécondité
- [x] c. sur des critères de ressemblance et d'interfécondité.

FICHES 10 ET 11

L'Homme, un primate proche du chimpanzé

3 Le chimpanzé est le plus proche parent de l'Homme car :

- [ ] a. leurs caryotypes sont identiques
- [x] b. ils partagent plus de 90 % de leurs gènes
- [ ] c. leurs gènes communs occupent les mêmes positions sur les chromosomes.

4 Les différences morphologiques entre l'Homme et le chimpanzé :

- [ ] a. s'acquièrent pendant le seul développement prénatal
- [x] b. s'expliquent par l'existence de gènes de développement différents
- [x] c. s'expliquent par une modification de la chronologie de l'expression de gènes de développement.

FICHE 12

La diversité des primates fossiles

5 Les grands primates :

- [x] a. actuels regroupent l'Homme, le chimpanzé, le gorille et l'orang-outan
- [ ] b. fossiles étaient peu diversifiés
- [ ] c. fossiles n'ont été retrouvés que sur le continent africain.

6 L'ancêtre commun à l'Homme et au chimpanzé :

- [x] a. est daté entre – 9 à – 5 millions d'années
- [ ] b. est le fossile Toumaï, daté de – 7 millions d'années
- [x] c. est hypothétique, mais l'on peut établir son portrait-robot.

Les caractéristiques du genre *Homo*

7 Le genre *Homo* :

- **a.** a remplacé les genres *Australopithecus* et *Paranthropus* à partir de – 2,5 millions d'années
- **b.** n'a plus qu'un représentant actuel, *Homo sapiens*
- **c.** se distingue par une face réduite et une bipédie particulière
- **d.** *Homo sapiens* est le premier du genre à avoir migré hors du continent africain.

FICHE 14

La phylogénie du genre *Homo*

8 L'arbre phylogénétique du genre *Homo* :

- **a.** est construit exclusivement sur le partage de caractères dérivés anatomiques
- **b.** peut être différent selon les caractères étudiés
- **c.** peut être remis en cause par la découverte de nouveaux fossiles.

FICHE 15

Caractéristiques liées à la vie fixée des plantes

9 Les surfaces d'échanges des plantes (feuilles et racines) :

- **a.** assurent le prélèvement d'eau dans le sol et dans l'air
- **b.** sont imperméables
- **c.** sont en communication par des tissus conducteurs.

10 Les téguments des plantes peuvent :

- **a.** empêcher la pénétration des envahisseurs
- **b.** repousser les prédateurs
- **c.** limiter des pertes d'eau grâce à certaines molécules hydrophiles.

FICHES 16 ET 17

Les fleurs et la reproduction des angiospermes

11 La fleur :

- **a.** est un organe stérile
- **b.** a une structure contrôlée par des gènes du développement
- **c.** peut être pollinisée grâce à des animaux.

12 La pollinisation :

- **a.** n'engendre pas de modification de la fleur
- **b.** est une fécondation
- **c.** engendre la formation d'une graine.

FICHES 18 ET 19

RÉPONSES

1. a et c • **2.** c • **3.** b • **4.** c • **5.** a • **6.** a et c • **7.** b et c • **8.** b et c • **9.** c • **10.** a et b • **11.** b et c • **12.** b et c

SUJET 11 | La résistance des moustiques aux insecticides

EXERCICE DE TYPE 2

→ Fiche 10 Origine de la diversification des populations

DOCUMENT 1 Mode d'action des insecticides organophosphorés

Les insecticides organophosphorés agissent en inhibant une enzyme, l'acétylcholinestérase, dont l'action est indispensable au bon fonctionnement du système nerveux. Les insecticides, en la bloquant, génèrent une paralysie du moustique qui finit par mourir.

DOCUMENT 2 Proportion de moustiques résistants après traitement aux insecticides

Nature de la zone traitée	% de résistants (survivants)
Zone intensément traitée aux insecticides organophosphorés depuis 1968	De l'ordre de 85 %
Zone non traitée par les insecticides avant le test	De l'ordre de 10 %

Le traitement est effectué avec une dose d'insecticides organophosphorés jugée comme efficace en 1968, dans deux zones.

DOCUMENT 3 Résultats d'électrophorèse pour deux types d'estérases produites (A et B)

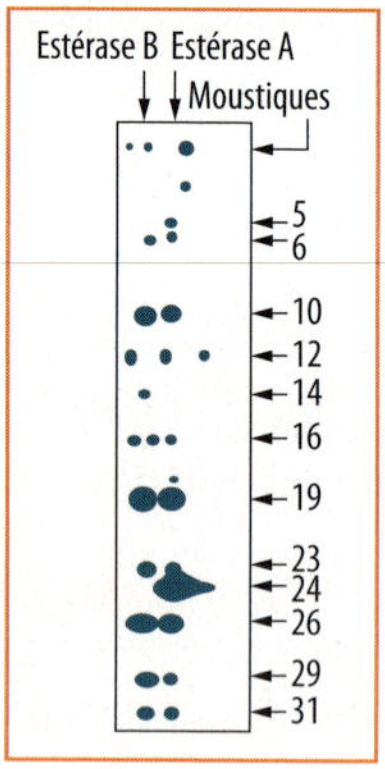

L'électrophorèse est une technique de séparation des protéines.
Les estérases sont des enzymes naturellement produites par tous les moustiques et qui dégradent les insecticides organophosphorés.
L'intensité de la tache de détection est proportionnelle à la quantité d'estérase produite. Les moustiques 10, 19, 23, 24, 26, 29 et 31 sont résistants.

DOCUMENT 4 **Gènes codant pour l'estérase A et l'estérase B**

Les moustiques 5 et 19 correspondent aux moustiques du document 3.

Souche de moustique	Gènes A et B portés par une portion du chromosome	Sensibilité aux insecticides organosphosphorés
5	A B	sensible
19	A B A B A B A B A B	résistant

Afin de lutter contre les invasions de moustiques dans le sud-est de la France, et notamment la région camarguaise, des insecticides organophosphorés sont utilisés en abondance. Malgré l'utilisation de doses croissantes, ils apparaissent de moins en moins efficaces.

Pour comprendre la chute de l'efficacité de cette gamme d'insecticides, une analyse des génomes des moustiques a été réalisée.

À partir de l'exploitation des documents fournis et de vos connaissances, montrer que le développement de la résistance des moustiques aux insecticides résulte d'un phénomène de sélection naturelle.

PISTES POUR RÉUSSIR

- Il est important de se rappeler que la sélection naturelle engendre la survie différentielle des individus les plus adaptés dans un milieu donné.
- Le document 3 permet de révéler les différences de quantités de protéines produites entre des individus résistants et des individus non résistants.
- Le document 4 est à mettre en relation directe avec le document 3.

CORRIGÉ

On cherche à prouver que le phénomène de résistance chez les moustiques résulte d'une sélection naturelle.

Exploitation du document 1

Ce document indique que les insecticides tuent les moustiques en bloquant l'action d'une enzyme indispensable au bon fonctionnement du système nerveux.

Exploitation du document 2

- Ce document montre que la quantité de moustiques résistants est différente selon la zone considérée.
- Peu de moustiques résistants (moins de 10 %) sont détectés dans les zones jamais traitées par les insecticides. Par contre, plus de 85 % des moustiques sont résistants dans les zones où il y a eu énormément d'insecticides déversés.
- Ainsi, il y a une relation directe entre le taux de résistance et le taux d'exposition aux insecticides. Plus une zone reçoit d'insecticides, plus le nombre d'insectes résistants est élevé.

Exploitation du document 3

- Les estérases sont des molécules produites par les moustiques capables de dégrader les insecticides. On peut imaginer que plus un moustique produit d'estérases, plus il sera résistant aux insecticides.
- Cela est confirmé par l'électrophorèse qui montre que les taches sont bien plus intenses pour les deux estérases quand il s'agit d'insectes résistants.
- Donc les moustiques résistants ont une plus grande capacité à produire des estérases. Ces protéines résultent de l'expression de gènes.

Exploitation du document 4

- On remarque sur ce document que le nombre de gènes codant pour les estérases est différent chez les moustiques résistants et chez les moustiques sensibles aux insecticides.
- Les moustiques de la souche 19 présentent de nombreuses répétitions des gènes A et B. Ils produisent donc davantage d'estérases que les moustiques de la souche 5, ce qui explique leur résistance aux insecticides.

Synthèse

- Les traitements répétés d'insecticides ont provoqué la mort des moustiques sensibles. Seuls les moustiques présentant des répétitions des gènes A et B ont résisté aux traitements insecticides et se sont reproduits car ils disposaient d'une meilleure aptitude à la survie.
- Cette survie différentielle modifie peu à peu la quantité de moustiques résistants, qui s'accroît. Cela correspond à un processus de sélection naturelle qui génère une augmentation de la fréquence des individus résistants car plus avantagés dans un milieu soumis aux insecticides.

SUJET 12 | La mise en place d'un isolement reproductif

EXERCICE DE TYPE 1

→ Fiche 11 Espèces et diversité du vivant

Montrer, grâce aux informations tirées du document, que les trois groupes d'individus sont en réalité trois espèces distinctes.

DOCUMENT **Enregistrements de chants de chrysopes**

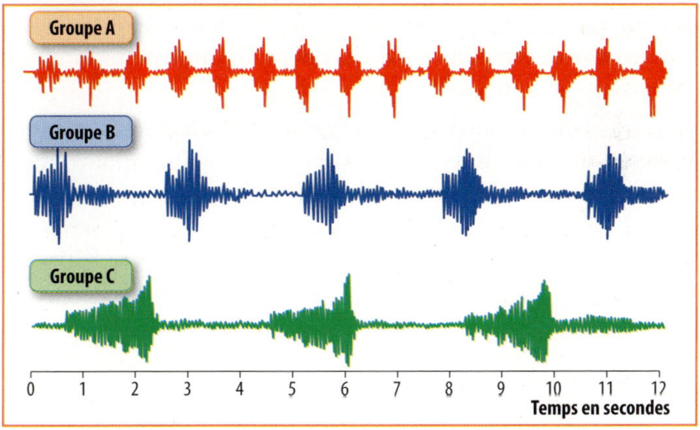

Le chrysope vert, un insecte commun, a un chant particulier lui permettant de détecter ses congénères et qui est indispensable à sa reproduction. Trois groupes de chrysopes (A, B et C) morphologiquement identiques ont eu leur chant enregistré.

PISTES POUR RÉUSSIR

Une espèce est isolée reproductivement d'une autre espèce. Il s'agit donc ici d'identifier l'existence d'un isolement reproducteur.

CORRIGÉ

- Les trois groupes d'individus qui se ressemblent morphologiquement ont un chant très différent. Ainsi, entre les groupes, ils ne pourront pas s'identifier comme appartenant à la même espèce et ne pourront donc pas se reproduire entre eux. Il y a bien un isolement reproducteur entre les groupes A, B et C.
- On peut en conclure qu'il s'agit de trois espèces distinctes bien que morphologiquement identiques.

SUJET 13 | Les gènes du développement

EXERCICE DE TYPE 2

→ Fiche 12 L'Homme, un primate proche du chimpanzé

L'Homme et le chimpanzé partagent un ancêtre commun. Bien que très proches génétiquement, ils présentent, en particulier au niveau du crâne, des caractères différents. Ces caractères sont acquis lors du développement (pré- et postnatal), en partie contrôlé par des gènes du développement.

À partir de l'analyse des documents et de vos connaissances, montrer comment les gènes du développement permettent d'expliquer les différences de caractères crâniens observés chez l'Homme et le chimpanzé.

DOCUMENT 1 Comparaison de crânes d'Homme et de chimpanzé aux stades fœtal et adulte

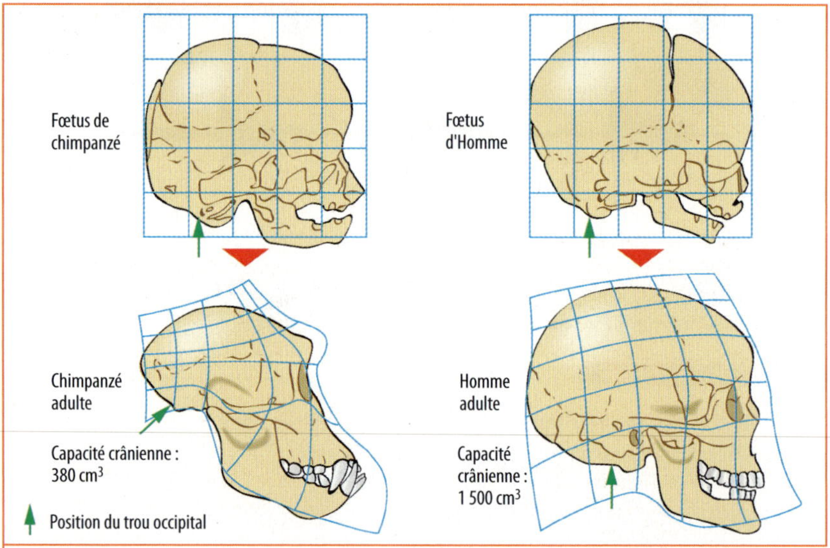

Le développement du crâne est sous le contrôle de gènes du développement chez ces deux espèces.
Le changement de forme du quadrillage matérialise les poussées de croissance.

DOCUMENT 2 Comparaison d'une étape du développement de l'Homme et du chimpanzé

C'est au cours de la phase embryonnaire que les neurones se multiplient, à raison de 5 000 cellules par seconde.

La phase embryonnaire dure 2 semaines chez le chimpanzé et 8 semaines chez l'Homme.

DOCUMENT 3 Effet d'une mutation du gène Hoxd-13 chez la souris

Les étapes du développement qui permettent la construction de l'organisme sont contrôlées par un ensemble de gènes du développement.

Pour mieux comprendre le fonctionnement de ces gènes, des chercheurs ont étudié, chez la souris, le gène de développement Hoxd-13.

Nous voyons ci-dessous des photos de squelette de l'extrémité du membre antérieur de souriceaux nouveau-nés dans deux cas.

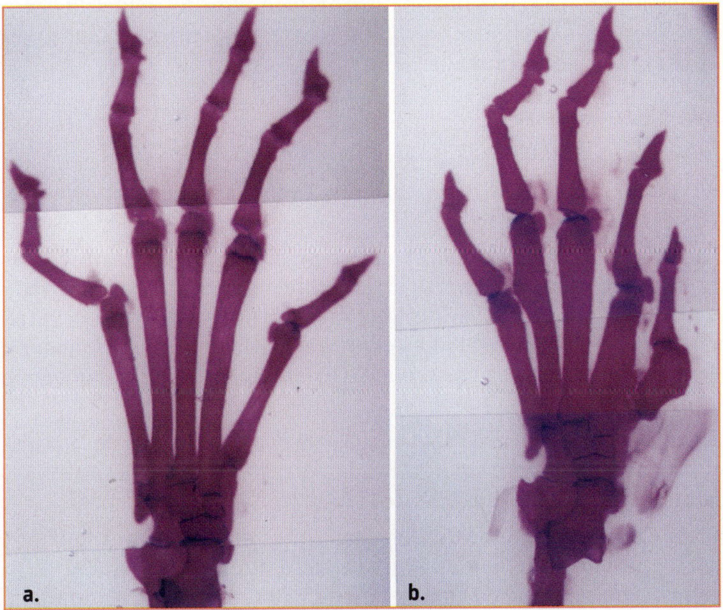

a. Souriceau nouveau-né normal pour le gène du développement Hoxd-13
b. Souriceau nouveau-né muté pour le gène du développement Hoxd-13

PISTES POUR RÉUSSIR

- Le document 1 permet de retrouver les caractères du crâne propres à chaque espèce. Utiliser le quadrillage pour comparer la croissance des différentes zones du crâne chez ces deux espèces.
- Le document 3 permet d'expliquer comment un gène du développement, chez la souris, peut modifier la croissance de certaines zones de l'extrémité du membre.
- Utiliser vos analyses du document 3 pour expliquer les variations de croissance du crâne observées chez l'Homme et le chimpanzé.

CORRIGÉ

On montrera, à partir de l'analyse des documents, comment les gènes du développement permettent d'expliquer les différences de caractères au niveau du crâne chez l'Homme et le chimpanzé.

Exploitation du document 1

- Au stade fœtal, la morphologie des crânes du chimpanzé et de l'Homme est très ressemblante : crâne arrondi, trou occipital centré, absence de bourrelets sus-orbitaires et face réduite.
- Au stade adulte, les crânes des deux espèces présentent des caractères distinctifs. Chez le chimpanzé, on observe une modification de la forme du crâne par rapport à celle du fœtus, avec une migration vers l'arrière du trou occipital, l'apparition de bourrelets sus-orbitaires et un prognathisme bien marqué. En revanche, le crâne de l'Homme conserve chez l'adulte les mêmes caractères qu'au stade fœtal.
- Les modifications de forme des quadrillages observées au cours de la croissance du chimpanzé indiquent un développement hétérogène de son crâne, contrairement à celui, plus homogène, de l'Homme.
- Cette croissance hétérogène des différentes zones du crâne chez le chimpanzé est à l'origine du basculement vers l'arrière du trou occipital et de la moindre capacité crânienne (380 cm^3 au lieu de 1 500 cm^3 chez l'Homme). La croissance différentielle de certaines zones du crâne serait donc responsable des différences de caractères observées chez les deux espèces.
- Le développement du crâne étant sous contrôle de gènes du développement, on peut formuler l'hypothèse qu'ils sont à l'origine des différences observées.

Exploitation du document 2

L'allongement de la phase embryonnaire chez l'Homme (8 semaines au lieu de 2) est à mettre en relation avec sa capacité cérébrale beaucoup plus importante que celle du chimpanzé (1 500 cm^3 au lieu de 380 cm^3).

Exploitation du document 3

- On observe, au niveau de l'extrémité du membre antérieur du souriceau mutant, un raccourcissement des doigts dû à l'absence d'une ou deux phalanges sur certains doigts, ou une réduction de leur taille sur les autres doigts.
- La mutation du gène de développement Hoxd-13 a donc ralenti la croissance de l'extrémité du membre antérieur de la souris.
- Ce document permet de confirmer le rôle des gènes du développement dans la mise en place des caractères chez les organismes.

Synthèse

- Les gènes du développement contrôlent la mise en place des caractères comme, par exemple, le crâne chez l'Homme et le chimpanzé.
- Le document 3 a montré qu'une mutation d'un gène du développement pouvait modifier la durée de la croissance et expliquer les modifications d'un caractère, comme l'extrémité du membre antérieur chez la souris.
- Des mutations des gènes du développement du crâne auraient pu modifier la durée de leur expression dans les différentes zones du crâne :

- chez le chimpanzé, des mutations des gènes contrôlant le développement du crâne sont probablement à l'origine d'une croissance hétérogène des différentes zones du crâne et donc des caractères simiens de l'adulte ;

- chez l'Homme, les gènes contrôlant le développement du crâne déterminent une croissance homogène des différentes zones du crâne. Cela explique le maintien des caractères observés au stade fœtal.

SUJET 14 | Des traces fossiles de bipédie

EXERCICE DE TYPE 1

→ Fiche 13 La diversité des primates fossiles
→ Fiche 14 Caractéristiques du genre *Homo*

En 1978, Mary Leakey découvre à Laetoli (Tanzanie) des empreintes de pas dans des cendres volcaniques datées de 3,6 millions d'années. Ces traces sont aujourd'hui considérées, par tous les spécialistes, comme celles d'individus pratiquant une bipédie particulière.

À partir de la seule exploitation du document 1, montrer que les empreintes de Laetoli sont attribuables à celles d'individus bipèdes qui possédaient à la fois des caractéristiques d'*Homo sapiens* et du chimpanzé.

DOCUMENT 1 Les empreintes de Laetoli

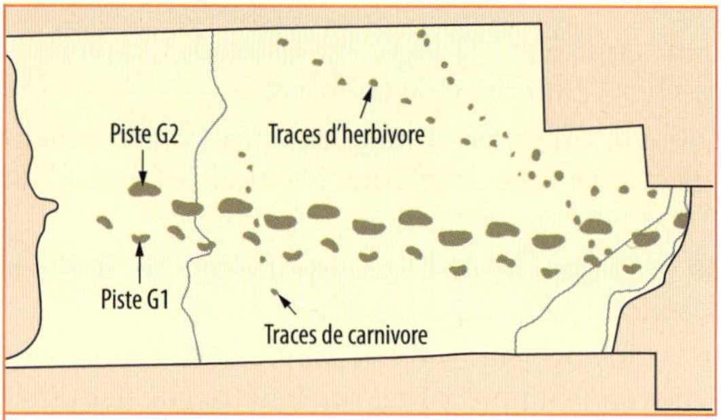

a.

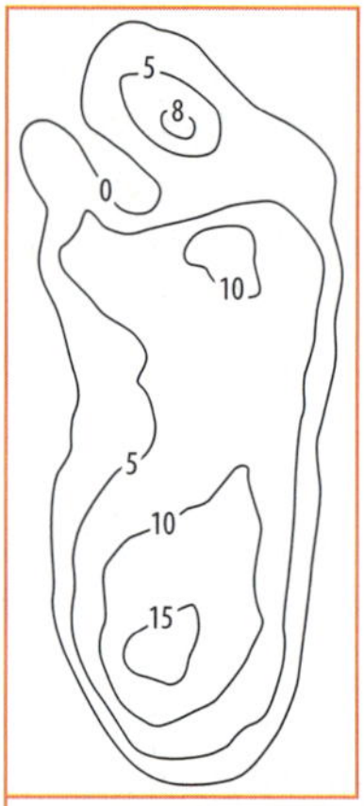

b.

Sur une distance de 25 mètres, on peut suivre les pistes laissées par deux individus bipèdes marchant côte à côte **(a)**.
L'empreinte **(b)** appartient à la piste G2. L'enfoncement est mesuré par rapport à la surface des cendres (mesures exprimées en mm).

DOCUMENT DE RÉFÉRENCE **Empreinte et squelette du pied de deux primates actuels**

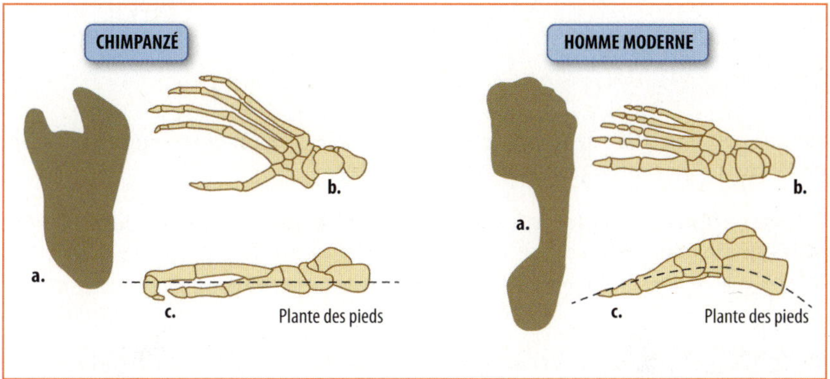

a. contour de l'empreinte **b.** squelette vu de dessus **c.** squelette vu de côté

PISTES POUR RÉUSSIR

- Le document de référence n'a pas à être analysé. Il montre les caractéristiques du pied chez l'Homme et chez le chimpanzé.
- Il faut retrouver dans le document à analyser des caractères appartenant à chacune de ces deux espèces.

CORRIGÉ

- Sur le document 1a, les pistes G1 et G2 comportent des empreintes de pieds, mais pas de traces d'appui sur les mains.
- Ces empreintes sont donc attribuables à des individus bipèdes, c'est-à-dire des individus capables de se déplacer sur une assez longue distance (25 mètres) en utilisant uniquement leurs membres inférieurs.
- L'empreinte du document 1b montre deux zones d'enfoncement plus important, au niveau du talon et de la partie antérieure du pied. Ces deux zones traduisent les appuis caractéristiques d'une bipédie. La zone centrale, de très faible appui, révèle l'existence d'une voûte plantaire, comme chez *Homo sapiens*.
- L'empreinte suggère aussi l'existence d'un gros orteil écarté des autres, comme chez le chimpanzé.
- Les empreintes de Laetoli peuvent bien être attribuées à un individu bipède possédant un squelette de pied avec des caractéristiques du chimpanzé et des caractéristiques d'*Homo sapiens*.

SUJET 15 | Relations de parenté entre quelques primates fossiles

EXERCICE DE TYPE 1

→ **Fiche 13** La diversité des primates fossiles
→ **Fiche 15** Phylogénie du genre *Homo*

L'arbre présenté dans le document 1 ci-après illustre une phylogénie possible entre trois espèces de grands primates fossiles.

En vous appuyant sur les informations du tableau (document 2), justifier la phylogénie proposée.

Votre réponse inclura le placement des innovations évolutives sur l'arbre que vous aurez recopié.

DOCUMENT 1 Arbre phylogénétique de trois grands primates fossiles

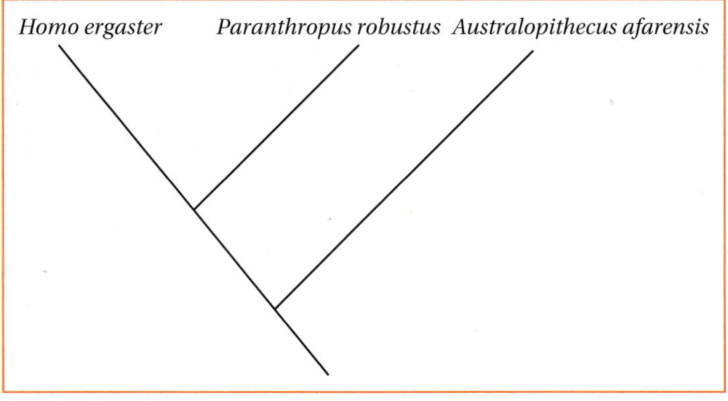

DOCUMENT 2 Tableau des caractères pour les trois Homininés

	Arcade dentaire	Canines	Première phalange	Épaisseur de l'émail des dents
Australopithecus afarensis	En U	Développés	Incurvée	**Épais**
Paranthropus robustus	En U	**Réduites**	**Droite**	**Épais**
Homo ergaster	**Parabolique**	**Réduites**	**Droite**	**Épais**

NB : Les caractères en gras sont à l'état dérivé, ils correspondent à des innovations évolutives. Un caractère à l'état dérivé correspond à la transformation d'un caractère à l'état primitif. Le seul partage des caractères à l'état dérivé témoigne d'une étroite parenté.

PISTES POUR RÉUSSIR

- Les innovations évolutives correspondent aux caractères à l'état dérivé.
- Justifier l'arbre phylogénétique proposé consiste à justifier les ancêtres communs, situés aux nœuds des branches.

CORRIGÉ

- On utilisera les données du tableau (document 2) pour justifier la phylogénie proposée dans le document 1.
- Les trois fossiles partagent l'innovation évolutive « émail épais » qu'ils ont héritée d'un ancêtre commun, que l'on nommera AC_1.
- Seuls les fossiles *Parenthropus robustus* et *Homo ergaster* partagent les innovations évolutives « première phalange droite » et « canines réduites », qu'ils ont héritées d'un deuxième ancêtre commun, que l'on nommera AC_2.
- Seul le fossile *Homo ergaster* possède l'innovation évolutive « arcade dentaire parabolique », apparue après l'ancêtre commun AC_2.
- Les données du tableau permettent bien de justifier la phylogénie proposée.

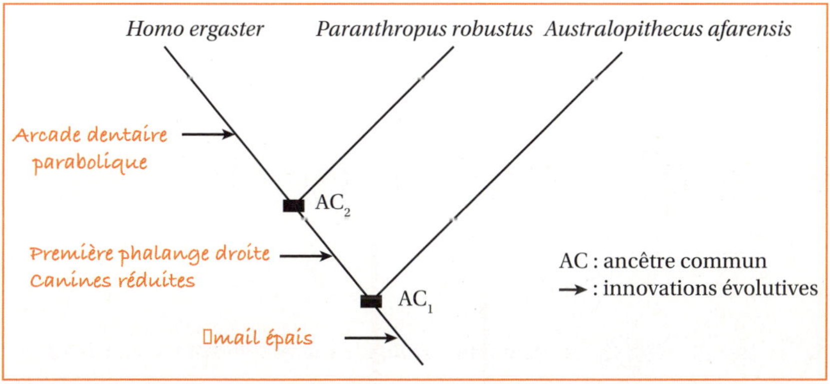

SUJET 16 | Histoire évolutive de l'Homme

EXERCICE DE TYPE 1

→ **Fiche 13** La diversité des primates fossiles
→ **Fiche 15** Phylogénie du genre *Homo*

DOCUMENT Chronologie de différents représentants primates

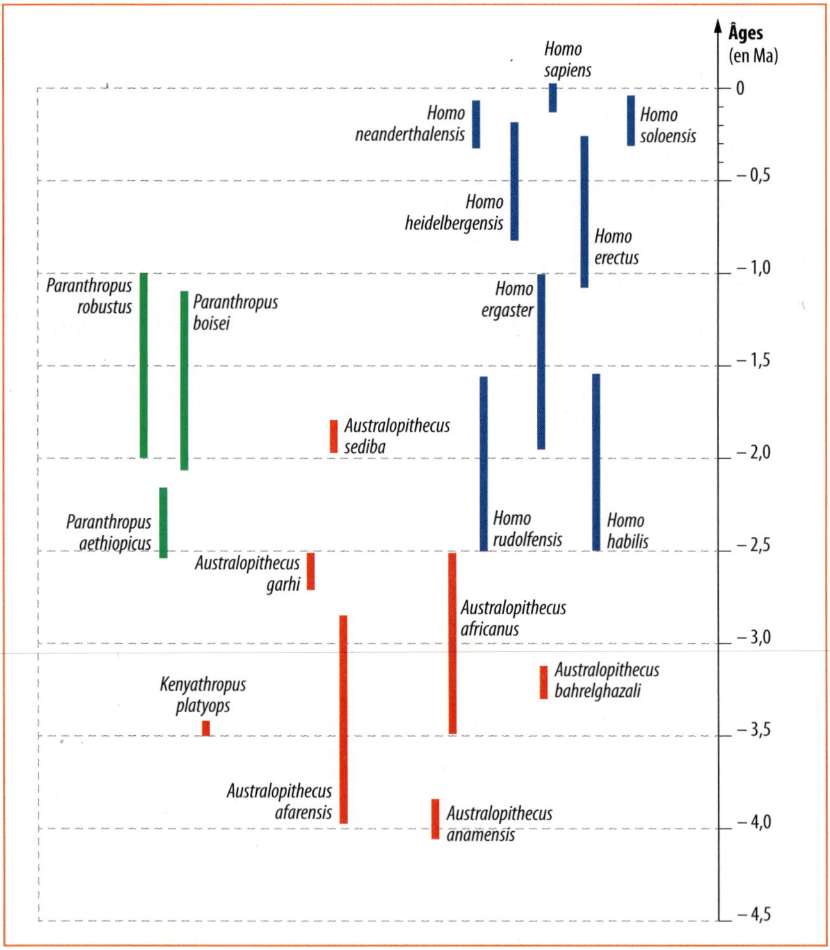

À partir du document ci-dessus, trouver la réponse incontestablement exacte parmi les différentes propositions et justifier votre choix.

Le document montre que :

a. *Australopithecus garhi* est l'ancêtre commun aux trois espèces du genre *Parenthropus*.

b. Le genre *Australopithecus* n'a coexisté avec aucune espèce du genre *Homo*.

c. L'histoire évolutive de l'Homme est buissonnante.

d. *Homo sapiens* a remplacé *Homo neanderthalensis* il y a 200 000 ans.

PISTES POUR RÉUSSIR

- Le terme « buisson » désigne l'existence de plusieurs rameaux, c'est-à-dire d'espèces différentes, à un moment donné.

CORRIGÉ

- La bonne réponse est la réponse **c**.

Plusieurs rameaux, c'est-à-dire plusieurs espèces différentes, ont coexisté jusqu'à il y a 30 000 ans.

- Une espèce fossile ne peut jamais être considérée comme un ancêtre commun, la réponse **a** est fausse.

- *Australopithecus sediba* a cohabité avec trois espèces du genre *Homo*, il y a environ 2 millions d'années. La réponse **b** est fausse.

- *Homo sapiens* et *Homo neanderthalensis* ont cohabité entre - 200 000 et - 50 000 ans. La réponse **d** est fausse.

SUJET 17 | L'Homme, dernier représentant de son genre

QUESTION DE SYNTHÈSE

→ Fiche 12 L'Homme, un primate proche du chimpanzé
→ Fiche 13 La diversité des primates fossiles
→ Fiche 14 Caractéristiques du genre *Homo*

Homo sapiens est aujourd'hui la seule espèce du genre *Homo* sur la Terre.

Comme toute autre espèce, il possède une histoire évolutive qui fait partie de celle, plus générale, des primates.

Montrer que l'histoire de l'Homme s'inscrit dans l'histoire évolutive des primates, et montrer comment, à partir de l'étude des primates fossiles, il est possible de donner les caractéristiques du genre *Homo* et de son seul représentant actuel.

Votre réponse comportera une introduction, un développement structuré et une conclusion.

PISTES POUR RÉUSSIR

- Le sujet propose de façon implicite le plan de l'exposé.
- Aucun nom d'espèce n'est exigible, mais vous pouvez illustrer votre réponse avec des noms de primates fossiles, notamment ceux habituellement classés dans le genre *Homo*.

CORRIGÉ

[INTRODUCTION]

L'Homme fait partie des grands primates actuels, qui regroupent les grands singes : orangs-outans, gorilles et chimpanzés (dont les bonobos). Notre espèce, *Homo sapiens*, partage plus de 99 % de son génome avec le chimpanzé, notre plus proche parent.

Qui étaient les premiers primates, et connaît-on un fossile qui puisse être l'ancêtre commun à l'Homme et au chimpanzé ? Quels sont les représentants du genre *Homo* ? Quelles sont les caractéristiques de ce genre ?

I Histoire évolutive des primates

A. La diversité des primates fossiles

- Les premiers primates fossiles sont datés de – 65 à – 50 millions d'années, ils étaient de petite taille, et ne ressemblaient ni à l'Homme, ni aux singes actuels.

- On en a dénombré une trentaine d'espèces, ce qui montre une grande diversité de ces premiers primates.
- Les premiers « grands » primates fossiles sont apparus plus tard, il y a 25 millions d'années environ , et regroupaient une centaine d'espèces réparties entre l'Afrique et l'Eurasie.
- La diversité des grands primates était donc, elle aussi, très importante à l'époque, alors qu'elle est réduite actuellement à une petite dizaine d'espèces.

B. L'ancêtre commun à l'Homme et au chimpanzé

- Aucun fossile ne peut être considéré à coup sûr comme un ancêtre commun à l'Homme et au chimpanzé.
- L'ancêtre commun à ces deux espèces est hypothétique, et il devait posséder des caractéristiques morphologiques, anatomiques et comportementales actuellement communes aux deux espèces.
- Il devait, par exemple, avoir une bipédie occasionnelle, vivre en communauté, et était certainement capable de fabriquer des outils rudimentaires, dont il apprenait l'usage.

C. Les fossiles de primates plus récents, ne faisant pas partie du genre *Homo*

- Les fossiles plus récents, datés entre - 4,2 et - 1 millions d'années, comportent deux groupes : les australopithèques, qui comprennent huit espèces, et les paranthropes, qui en comprennent trois.
- Leur bipédie n'est pas aussi affirmée que celle du genre *Homo*, mais déjà très différente de celle des grands singes.

II Les caractéristiques du genre *Homo*

- Ce genre regroupe plusieurs espèces fossiles ainsi que l'Homme actuel, *Homo sapiens.* Le genre *Homo* regroupe huit espèces, dont *Homo sapiens*, et plusieurs espèces ont cohabité à différentes époques.
- Les premières espèces du genre *Homo* sont apparues en Afrique il y a 2,5 millions d'années, avant la disparition des australopithèques.
- Ces espèces sont caractérisées par une face réduite, un style de bipédie avec un trou occipital avancé, et une aptitude à la course à pied.
- La production d'outils complexes et les pratiques culturelles variées (maîtrise du feu, rites funéraires) sont associées au genre *Homo*. En revanche, c'est avec *Homo sapiens* qu'apparaissent les premières manifestations artistiques.

■ L'homme de Neandertal, disparu il y a 30 000 ans, possédait les caractères les plus proches de l'Homme actuel, avec notamment une capacité crânienne légèrement supérieure à *Homo sapiens*. C'est la dernière espèce du genre *Homo* à avoir disparu. Actuellement, seul demeure *Homo sapiens*.

[CONCLUSION]

L'Homme est une espèce qui a évolué comme toutes les autres espèces, et toutes les données génétiques montrent qu'il est en perpétuelle évolution.

Cependant, toutes les autres espèces du genre *Homo* ont disparu : après la grande diversité qu'a connue ce genre depuis – 2, 5 millions d'années, on pourrait penser que nous sommes actuellement en train de devenir une espèce en voie d'extinction.

SUJET 18 | Une espèce naine : l'homme de Florès

EXERCICE DE TYPE 2

→ Fiche 12 L'Homme, un primate proche du chimpanzé
→ Fiche 13 La diversité des primates fossiles
→ Fiche 14 Caractéristiques du genre *Homo*
→ Fiche 15 Phylogénie du genre *Homo*

En Indonésie, sur l'île de Florès, des chercheurs ont trouvé en septembre 2003 les restes de sept individus dont ils ont estimé l'âge aux alentours de - 18 000 ans.

Pour certains scientifiques, les hommes de Florès ont des caractéristiques proches des australopithèques, pour d'autres, ils sont à rapprocher d'*Homo erectus*.

À partir des informations extraites des documents et de vos connaissances, discuter de l'appartenance de l'homme de Florès au genre *Homo*.

DOCUMENT 1 Volume endocrânien de quelques primates

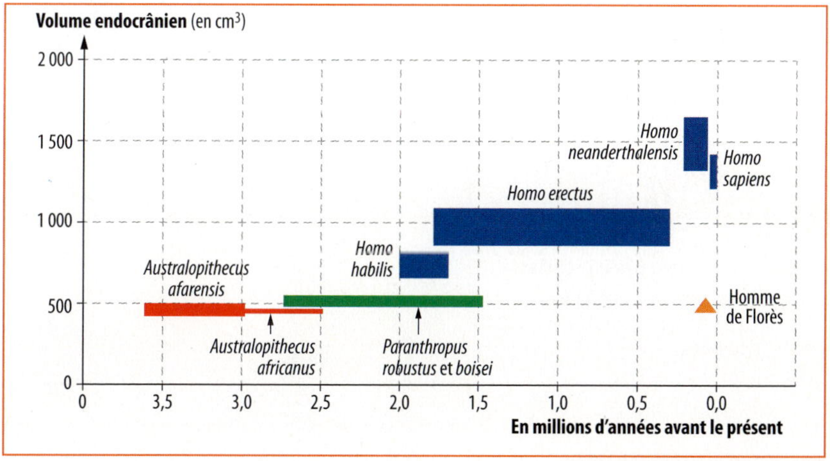

DOCUMENT 2 Quelques caractéristiques de trois primates

	Australopithèques	Homme de Florès	*Homo erectus*
Dents	Moyennes	Petites	Petites
Face	Prognathe (avancée)	Non prognathe	Non prognathe
Outils	Rudimentaires	Élaborés	Élaborés
Activités culturelles et artistiques	Non	Oui	Oui

DOCUMENT 3 L'homme de Florès et *Homo sapiens*

	Homme de Florès	*Homo sapiens* (Homme actuel)
Les différents individus sont représentés à la même échelle 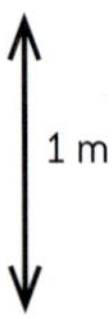	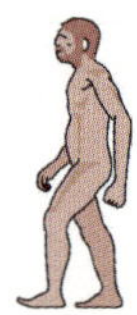	
Crâne Les crânes ne sont pas à l'échelle. La position du trou occipital est indiquée par des flèches, les canines sont encadrées	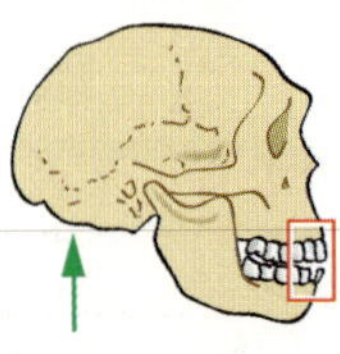	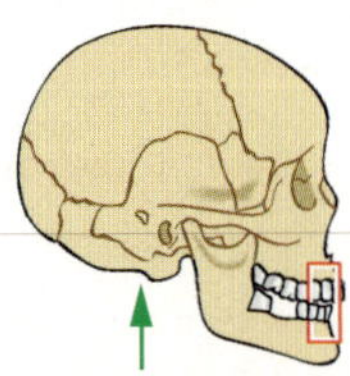

PISTES POUR RÉUSSIR

Pour situer l'homme de Florès, il faut comparer ses caractéristiques avec celles des australopithèques (ne faisant pas partie du genre *Homo*) et celles des deux représentants du genre *Homo*.

CORRIGÉ

Exploitation du document 1

- On voit que le volume endocrânien de l'homme de Florès est comparable à celui des australopithèques et des paranthropes (aux alentours de 500 cm^3).
- Cependant, l'homme de Florès vivait à la même époque qu'*Homo sapiens* qui existait il y a environ 18 000 ans, c'est-à-dire bien après l'extinction des australopithèques.

Exploitation du document 2

- L'homme de Florès possède de petites dents, et sa face est non prognathe, comme l'espèce du genre *Homo* (ici *Homo erectus*), alors que les australopithèques ont des dents plus importantes et une face prognathe.
- De plus, contrairement aux australopithèques, l'homme de Florès conçoit des outils élaborés et il a des activités culturelles et artistiques, tout comme *Homo erectus*.

Exploitation du document 3

- L'homme de Florès est petit, d'une taille comparable à celle des australopithèques, il ne dépasse pas un mètre de hauteur.
- La position du trou occipital, centrée, est en accord avec une bipédie comparable à celle d'*Homo sapiens*.

Synthèse

- L'homme de Florès est de petite taille et il a un volume endocrânien comparable à celui des australopithèques, mais il possède en revanche des caractéristiques que l'on retrouve chez le genre *Homo*, comme par exemple une face non prognathe, un trou occipital centré et la capacité à concevoir des outils élaborés. De plus, des activités culturelles et artistiques lui sont attribuées.
- L'homme de Florès appartient bien au genre *Homo*.

SUJET 19 | L'homme de Denisova : une nouvelle espèce du genre *Homo* ?

EXERCICE DE TYPE 1

→ Fiche 12 L'Homme, un primate proche du chimpanzé
→ Fiche 13 La diversité des primates fossiles
→ Fiche 14 Caractéristiques du genre *Homo*
→ Fiche 15 Phylogénie du genre *Homo*

En Sibérie, dans la grotte de Denisova, des paléontologues russes ont trouvé, comme seule trace fossile, un os appartenant à un doigt daté d'environ – 40 000 ans. L'ADN extrait de cet os montre que son propriétaire n'était ni un *Homo sapiens* ni un homme de Neandertal, qui vivaient à l'époque dans cet endroit sauvage de l'Altaï de Sibérie.

À partir des trois arbres phylogénétiques proposés, trouver celui qui est en accord avec les résultats de l'analyse de l'ADN et justifier votre raisonnement.

DOCUMENT 1 Analyse de l'ADN de l'homme de Denisova

L'ADN des mitochondries (ADNmt) de l'os trouvé dans la grotte en Sibérie a été analysé et comparé avec de l'ADN mitochondrial de *Homo sapiens* et avec de l'ADN mitochondrial de néandertaliens.

L'ADNmt de l'homme de Denisova possède 385 sites qui diffèrent avec l'ADNmt de *Homo sapiens*, alors que la différence entre l'ADNmt de l'homme de Neandertal et l'ADNmt de *Homo sapiens* porte sur 202 sites.

DOCUMENT 2 Trois possibilités d'arbre phylogénétique

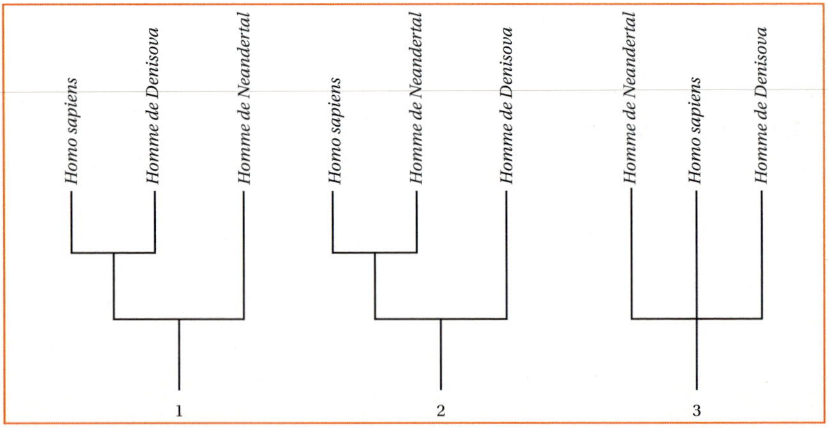

PISTES POUR RÉUSSIR

- Les espèces sont d'autant plus proches que les molécules qu'elles possèdent ont plus de similitudes dans leur séquence.
- Dans un arbre phylogénétique, les espèces les plus proches sont celles qui partagent un même ancêtre commun exclusif.

CORRIGÉ

- L'arbre 3 suggère que les trois espèces présentées partagent un ancêtre commun, ce qui est vrai, mais ne donne pas davantage de précisions car il ne montre pas, contrairement aux deux autres arbres, si une espèce est plus proche d'une autre.

Cet arbre signifierait qu'il y a le même nombre de différences entre ces trois espèces, ce qui n'est pas en accord avec les données moléculaires.

- L'arbre 1 suggère que les deux espèces les plus proches seraient *Homo sapiens* et l'homme de Denisova, or les données moléculaires de l'énoncé nous apprennent que l'ADN mitochondrial d'*Homo sapiens* diffère de celui de l'homme de Denisova sur 385 sites, alors qu'il ne diffère de celui de l'homme de Neandertal que sur 202 sites.
- L'homme de Neandertal est donc plus proche d'*Homo sapiens* que de l'homme de Denisova : il partage avec *Homo sapiens* un ancêtre commun exclusif qu'il ne partage pas avec l'homme de Denisova.
- Sachant que, plus des séquences nucléotidiques sont proches, plus les espèces qui les possèdent sont apparentées, c'est donc l'arbre 2 qui est en accord avec les données moléculaires.

SUJET 20 | Relations de parenté chez quelques primates

EXERCICE DE TYPE 1

→ Fiche 12 L'Homme, un primate proche du chimpanzé
→ Fiche 13 La diversité des primates fossiles
→ Fiche 14 Caractéristiques du genre *Homo*
→ Fiche 15 Phylogénie du genre *Homo*

On cherche à préciser les relations de parenté entre quelques primates à partir de données anatomiques. Un arbre phylogénétique a été construit à partir des états dérivés de caractères présents dans le tableau ci-dessous.

	Bourrelet sus-orbitaire	Cage thoracique	Front	Bassin
Homo neanderthalensis	Développé	En tonneau	Fuyant	Court et large
Homo sapiens	Absent	En tonneau	Haut	Court et large
Chimpanzé	Développé	En tronc de cône	Fuyant	Long et étroit
Homo erectus	Développé	En tronc de cône	Fuyant	Court et large

État ancestral : case grisée
État dérivé : case non grisée

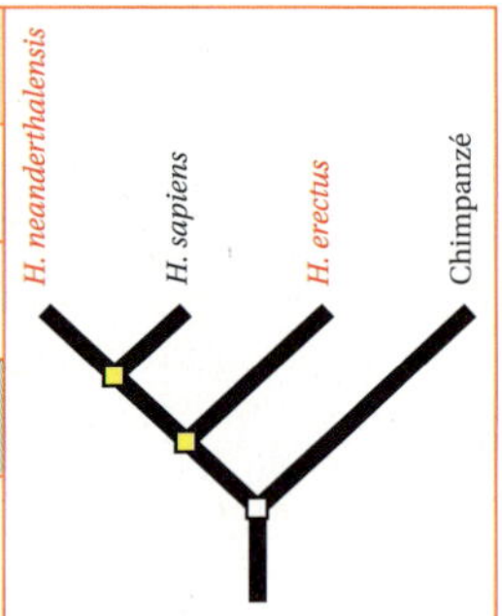

Arbre construit d'après ces données

À partir des informations extraites du tableau, cocher parmi les affirmations ci-dessous celles qui sont exactes et celles qui sont fausses. Dans ce dernier cas, justifier la réponse.

	vrai	faux
a. *Homo neanderthalensis* et *Homo sapiens* ont un ancêtre commun qu'ils ne partagent pas avec *Homo erectus*.	☐	☐
b. *Homo erectus* est plus apparenté avec le chimpanzé qu'il ne l'est avec *Homo neanderthalensis*.	☐	☐
c. L'ancêtre commun exclusif aux trois espèces du genre *Homo* possède une cage thoracique en tonneau.	☐	☐
d. Le chimpanzé ne possède aucun des états dérivés de caractères présentés ici.	☐	☐
e. *Homo sapiens* et *Homo neanderthalensis* sont les plus proches parents car ils possèdent tous deux un front haut.	☐	☐
f. *Homo sapiens* est la seule espèce sur cet arbre à ne pas posséder de bourrelet sus-orbitaire.	☐	☐

PISTES POUR RÉUSSIR

- Chaque nœud représente un ancêtre commun exclusif à deux espèces au moins.
- Les liens de parenté sont établis sur le partage de caractères à l'état dérivé.

CORRIGÉ

Les réponses vraies sont : **a**, **d** et **f**.

Les réponses fausses sont : **b**, **c** et **e**.

- La réponse **b** est fausse car *Homo erectus* ne partage aucun caractère à l'état dérivé avec le chimpanzé alors qu'il en partage un avec *Homo neanderthalensis* (le bassin court et large).

- La réponse **c** est fausse car l'ancêtre commun exclusif aux trois espèces du genre *Homo* possède uniquement le caractère « bassin court et large ».
La cage thoracique en tonneau est possédée par l'ancêtre commun à *Homo neanderthalensis* et *Homo sapiens*.

- La réponse **e** est fausse car si *Homo neanderthalensis* et *Homo sapiens* sont les plus apparentés, c'est parce qu'ils sont les seuls sur cet arbre à posséder une cage thoracique en tonneau et un bassin large et court. Seul *Homo sapiens* possède un front haut.

SUJET 21 | La nutrition minérale des plantes

EXERCICE DE TYPE 2

→ **Fiche 16** Caractéristiques liées à la vie fixée des plantes
→ **Fiche 17** Structures et mécanismes de défense des plantes

Grâce à l'étude des documents, et à l'aide de vos connaissances, montrer comment les mycorhizes permettent d'améliorer la vie fixée des plantes sur des sols pauvres en minéraux.

DOCUMENT 1 Une symbiose entre une racine et un champignon : la mycorhize

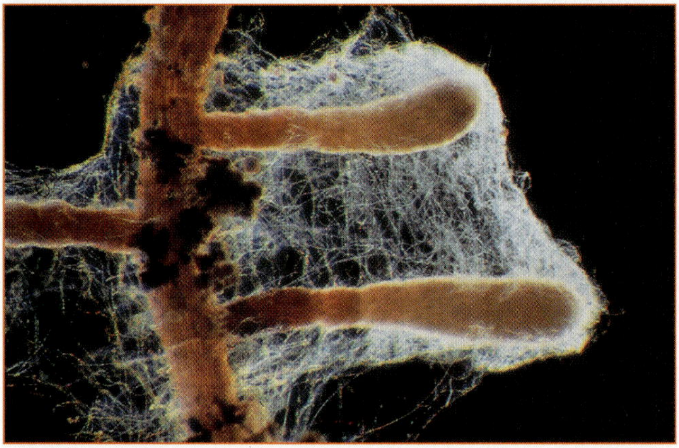

Une mycorhize est une association symbiotique entre un champignon et les racines d'un végétal. Les filaments mycéliens du champignon enrobent la racine et engendrent une augmentation de la surface de contact avec le sol.

DOCUMENT 2 Effet de la présence de mycorhizes sur la croissance en hauteur du pin (*Pinus pinaster*)

Des pins maritimes âgés de 3,5 mois sont inoculés ou non avec des cultures de champignons micorhyziens, *Hebeloma cylindrosporum*.
La croissance est évaluée après 10 mois d'expérience en sol landais (sol très pauvre car très sablonneux et avec des ions dissous très dispersés).

	Témoins (sans mycorhize)	Avec mycorhize
Croissance (en cm)	1,4	13,5

DOCUMENT 3 Influence de la mycorhization sur la teneur en phosphore et en azote des systèmes aériens de Pinus pinaster

Les valeurs sont exprimées en pourcentage de matière sèche absorbée, après 10 mois d'expérience sur sable dunaire (sol sableux ne contenant quasiment aucun élément minéral dissous).

Éléments	Témoins (sans mycorhize)	Avec mycorhize (*Hebeloma cylindrosporum*)
N (azote)	1,79	2,77
P (phosphore)	0,09	0,32

PISTES POUR RÉUSSIR

Il faut se rappeler que la croissance végétale nécessite des nutriments minéraux.

CORRIGÉ

Une plante fixée puise dans le sol les éléments minéraux nécessaires à sa croissance. On montrera comment les mycorhizes permettent la vie fixée de plantes sur des sols pauvres en minéraux.

Exploitation du document 1

- Une mycorhize correspond à l'association entre des filaments blanchâtres (champignons) et les racines d'une plante.
- En augmentant la surface de contact entre la racine et le sol, les mycorhizes contribuent sans doute à optimiser les prélèvements d'éléments minéraux.

Exploitation du document 2

- Ce document montre l'importante différence de croissance entre un pin non mycorhizé et un pin mycorhizé, alors que le sol est très pauvre dans les deux cas.
- La croissance est alors beaucoup plus forte avec les mycorhizes (multipliée par 10 environ).

Exploitation du document 3

- Les pins sont cultivés dans des sols très pauvres. Le pin, végétal fixé dans le sol, absorbe les nutriments minéraux grâce à ses racines.

- Pour compenser la pauvreté du sol, il devra augmenter considérablement ses prélèvements pour subvenir à ses besoins.
- En l'absence de mycorhizes, les prélèvements demeurent faibles.
- Par contre, en présence de racines mycorhizées et malgré un sol hostile à la vie végétale, les prélèvements d'azote et de phosphore sont bien plus importants.

Synthèse

En augmentant la surface de contact avec le sol, les mycorhizes permettent d'accroître les prélèvements d'éléments nutritifs indispensables à la croissance dans le sol. Normalement, en sol pauvre, des prélèvements racinaires faibles ne permettraient qu'une très faible croissance.

Grâce aux mycorhizes, et malgré une vie fixée, les pins peuvent avoir une croissance importante car la surface de prélèvements est accrue.

SUJET 22 | La régulation des pertes d'eau grâce aux stomates

EXERCICE DE TYPE 2

→ Fiche 16 Caractéristiques liées à la vie fixée des plantes
→ Fiche 17 Structures et mécanismes de défense des plantes

Montrer, à l'aide des documents et de vos connaissances, que les stomates sont des structures permettant de limiter les pertes d'eau chez les plantes.

DOCUMENT 1 Les stomates, zones d'échanges

Les stomates sont des structures situées dans l'épiderme des feuilles, qui peuvent s'ouvrir et se fermer. Ils contrôlent les échanges gazeux de CO_2, O_2 et vapeur d'eau entre les feuilles et l'atmosphère.

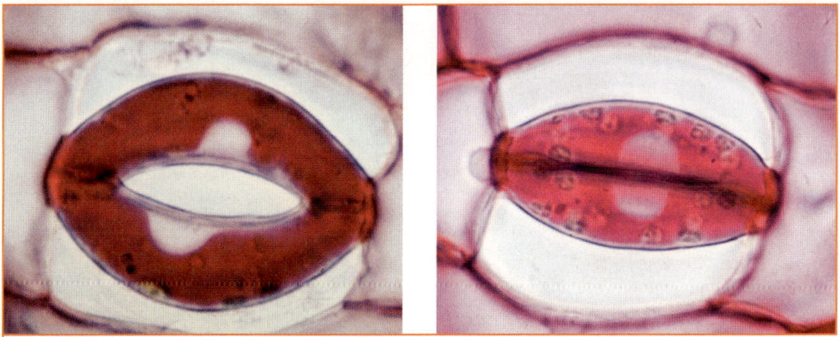

a. Observation au microscope optique de stomates ouverts (à gauche) et fermés (à droite)

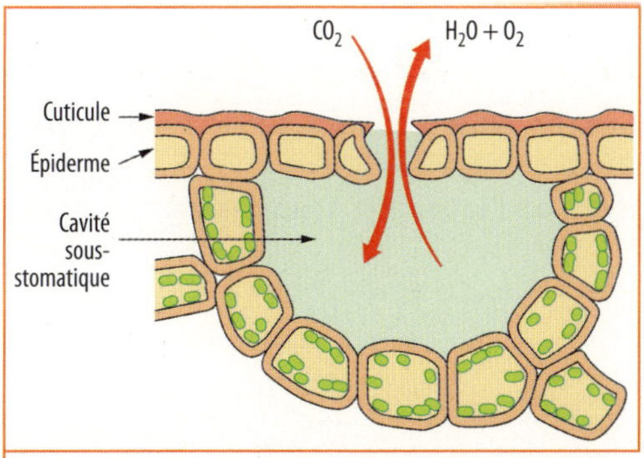

b. Schéma d'une coupe transversale dans une feuille, au niveau d'une zone stomatique

DOCUMENT 2 Pertes d'eau par transpiration au niveau des stomates

La transpiration correspond à des pertes d'eau sous forme de vapeur par les feuilles.

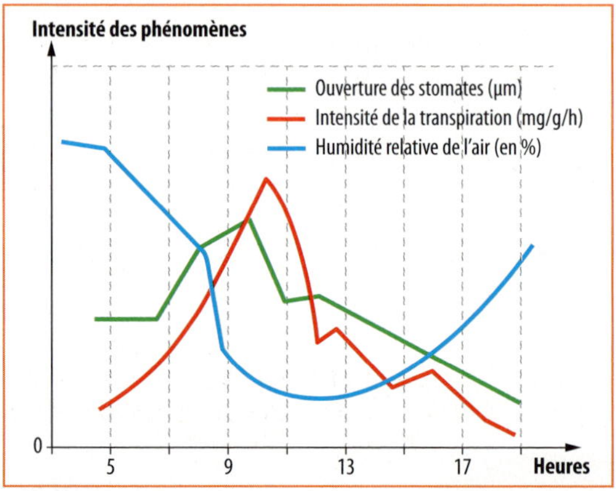

DOCUMENT 3 Densité de stomates et quantité d'eau rejetée par les stomates

Espèce	Localisation	Densité au mm²	Eau rejetée (par jour et par feuille)
Dahlia	Face supérieure Face inférieure	110 150	2 500 mg 3 000 mg
Lierre	Face supérieure Face inférieure	0 400	 1 000 mg

PISTES POUR RÉUSSIR

- L'analyse du document 1 doit vous conduire à établir le lien entre ouverture des stomates et pertes d'eau.
- Le document 3 permet de relier la localisation des stomates aux quantités d'eau perdues.

CORRIGÉ

Exploitation du document 1

- Les stomates, situés dans l'épiderme des feuilles, sont délimités par deux cellules de grande taille créant une ouverture autorisant les échanges entre l'intérieur et l'extérieur de la feuille.
- Des échanges gazeux ont lieu au niveau des stomates : du dioxygène et de la vapeur d'eau peuvent entrer par les stomates, et du dioxyde de carbone peut en sortir.
- Aucun échange ne peut avoir lieu si les stomates sont fermés.

Exploitation du document 2

- Ce document montre les variations de perte d'eau par transpiration, d'ouverture des stomates, et d'humidité de l'air au cours d'une journée.
- L'humidité relative de l'air varie au cours d'une journée. Elle diminue de 5 h jusqu'à 13 h, où l'humidité est au plus bas. Cela s'explique par l'insolation qui est alors importante. Puis, en milieu d'après-midi, l'humidité relative augmente régulièrement.
- L'ouverture des stomates varie au cours d'une journée ; elle augmente en milieu de matinée pour être maximale vers 10 h du matin. Au-delà, leur ouverture décroît régulièrement.
- En parallèle, on constate des variations similaires pour la transpiration. Les stomates permettent des pertes d'eau par transpiration foliaire, proportionnelles à leur degré d'ouverture.
- Ces pertes d'eau diminuent donc en milieu de journée, moment où l'humidité de l'air est la plus faible, et donc au moment où les risques de déshydratation sont les plus importants.

Exploitation du document 3

- Le document met en relation la répartition des stomates à la surface des feuilles et l'eau rejetée (ou les pertes en eau) par deux plantes différentes. Chez ces deux plantes, la face supérieure des feuilles est la plus exposée au soleil, source de chaleur.
- Pour le dahlia, le nombre de stomates est assez peu différent sur les deux faces des feuilles.

- On observe cependant que les pertes en eau sont plus faibles sur la face supérieure des feuilles, qui compte un peu moins de stomates.
- Pour le lierre, seule la face inférieure des feuilles présente des stomates.
- Pour ces deux plantes, l'absence, ou le nombre moins important, de stomates sur la face supérieure des feuilles exposée au soleil contribue à limiter les pertes en eau.

Synthèse

En fonction de la chaleur, donc du moment de la journée, les stomates vont plus ou moins s'ouvrir, limitant les pertes d'eau.

Lorsque l'humidité de l'air diminue, ils se ferment ; lorsqu'elle augmente, ils s'ouvrent.

La disposition et la densité des stomates sur les différentes faces des feuilles permettent aussi de limiter les pertes d'eau.

Les stomates constituent bien des structures capables de limiter les pertes en eau chez les végétaux.

SUJET 23 | Des « antibiotiques » chez les végétaux

EXERCICE DE TYPE 2

→ Fiche 17 Structures et mécanismes de défense des plantes

Certains champignons, comme *Alternaria brassicicola*, produisent des spores qui se développent sur des végétaux angiospermes et occasionnent de graves lésions, visibles sur les feuilles contaminées.

Les nouveaux champignons formés produisent à leur tour de nouvelles spores transportées par le vent et susceptibles de contaminer l'ensemble de la plante ou les plantes voisines.

Toutefois, certaines plantes peuvent résister à ce champignon parasite en libérant des substances chimiques, les phytoalexines, sortes d'antibiotiques végétaux.

À partir de l'étude des documents et à l'aide de vos connaissances, montrer que la capacité à lutter contre ce champignon est sous la dépendance d'un gène intervenant dans la production de phytoalexine.

DOCUMENT 1 Observation de lésions sur de jeunes feuilles d'angiospermes

Deux types de plants sont étudiés : un plant sauvage, dont l'allèle du gène pad-3 est actif, et un plant muté disposant d'un allèle muté peu actif du gène pad-3.
Les plants ont été inoculés, 8 jours avant l'observation, par des spores d'*Alternaria brassicicola*.

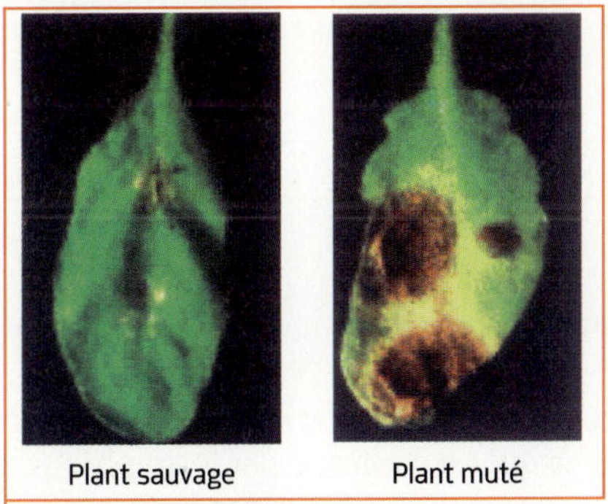

a. Photos des feuilles

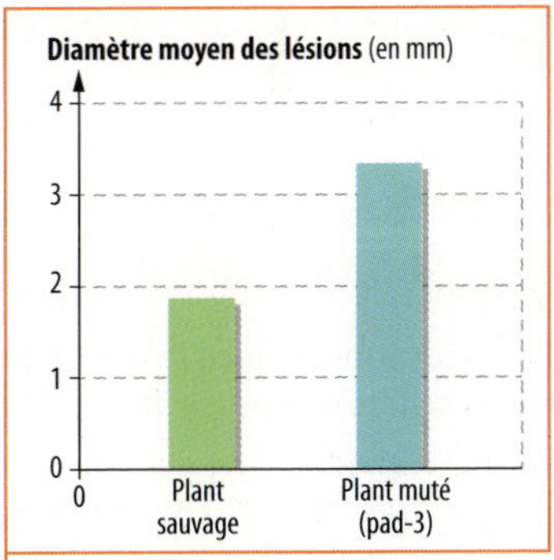

b. Taille moyenne des lésions mesurées

DOCUMENT 2 Production de spores de dissémination d'*Alternaria brassicicola* pour les deux types de plant d'angiospermes étudiés

Les spores peuvent contaminer d'autres feuilles ou les plantes voisines.

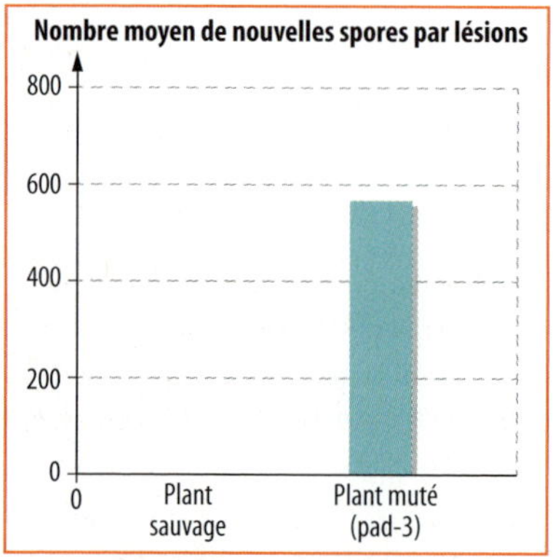

DOCUMENT 3 Production d'une phytoalexine pour les deux types de plant d'angiospermes étudiés en présence d'*Alternaria brassicicola*

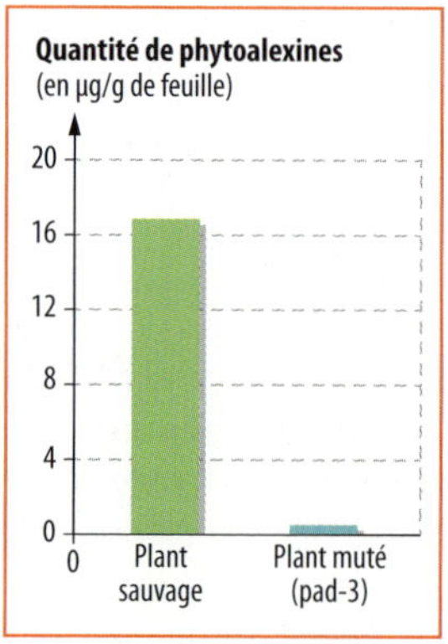

PISTES POUR RÉUSSIR

- L'objectif est de prouver l'existence d'un contrôle génétique de la synthèse des phytoalexines dans la réaction de défense mise ici en œuvre.
- L'analyse des résultats nécessite de comparer les mutants à l'individu sauvage.

CORRIGÉ

Exploitation du document 1

- Ce document montre le résultat d'une attaque par le champignon, huit jours après son dépôt sur de jeunes feuilles, pour deux types de plants différents.
- Pour l'individu sauvage, dont l'allèle du gène pad-3 est actif, on observe des taches jaunes (lésions) de petite taille, ce qui est confirmé par le graphique du document 1b, puisque leur taille moyenne est de 2 mm de diamètre.
- Pour le plant disposant d'un allèle muté très peu actif du gène pad-3, on constate que les lésions sur la feuille sont très importantes et d'un diamètre moyen de 3,5 mm.

Exploitation du document 2

- On observe ici la capacité d'*Alternaria brassicicola* à produire des spores, et donc la capacité de propagation de la maladie sur la plante ou aux plantes voisines.
- On voit que le plant sauvage, disposant d'un allèle actif du gène pad-3, ne produit pas ou peu de spores. Ainsi, une fois une feuille touchée, la maladie ne peut se propager.
- Par contre, chez le plant disposant d'un allèle muté peu actif pour le gène pad-3, les feuilles atteintes produisent de très grandes quantités de spores. La maladie peut se propager au reste de la plante et aux plantes voisines.

Exploitation du document 3

- On observe dans ce document la capacité des plants à produire des phytoalexines qui vont protéger la plante en agissant comme un antibiotique.
- Pour le plant sauvage, dont l'allèle du gène pad-3 est actif, les productions de phytoalexine sont importantes (16 µg/g de feuilles en présence du champignon).
- Pour le plant disposant d'un allèle muté, et donc peu actif, du gène pad-3, la production de phytoalexine est presque nulle en présence du champignon. On peut donc dire que la mutation du gène pad-3 est à l'origine de cette incapacité à produire des phytoalexines.

Synthèse

- Le plant disposant d'un allèle muté du gène pad-3 présente une bien moindre résistance au champignon. Les lésions développées sont de plus grande taille sur ses feuilles.
- La présence de l'allèle actif du gène pad-3 chez le plant sauvage limite la taille des lésions et la production de nouvelles spores, responsables de la propagation de la maladie au reste de la plante ou des plantes voisines.
- L'allèle actif du gène pad-3 est responsable d'une production importante de phytoalexines qui bloquent le développement d'*Alternaria brassicicola* en agissant comme un antibiotique. La défense de la plante est bien sous le contrôle d'un gène (pad-3) à l'origine de la production de phytoalexines.

SUJET 24 | L'organisation florale chez le melon

EXERCICE DE TYPE 1

→ Fiche 18 La fleur, organe de reproduction des angiospermes

On peut observer trois types de fleurs chez le melon sur des plantes différentes : des fleurs contenant uniquement des pièces reproductrices femelles, des fleurs contenant uniquement des pièces reproductrices mâles, ou des fleurs hermaphrodites (pièces reproductrices mâles et femelles).

La mise en place de la fleur est contrôlée par des gènes du développement. Des chercheurs ont essayé d'identifier les gènes responsables de ces trois types de fleurs.

Les études se sont intéressées aux gènes du développement G et A que chaque plante peut posséder sous forme d'allèle actif ou inactif. L'activité des allèles actifs de ces gènes ont ici une action inhibitrice, c'est-à-dire que leur activité empêche la formation d'une partie de la fleur.

	Résultats au niveau de la fleur	
Expérience	**Organes femelles**	**Organes mâles**
Gène G inactif + gène A actif	Fleurs avec organes reproducteurs femelles	Inhibition de la formation des organes reproducteurs mâles
Gène A inactif et gène G actif	Inhibition de la formation des organes reproducteurs femelles	Fleurs avec organes reproducteurs mâles
Gène G inactif et gène A muté dont la mutation provoque une action opposée (activatrice)	Fleurs avec organes reproducteurs femelles	Fleurs avec organes reproducteurs femelles

À partir de l'analyse des résultats expérimentaux ci-dessus, identifier l'intervention des gènes G et A dans la formation des trois types de fleurs.

PISTES POUR RÉUSSIR

Les gènes du développement étudiés ici ont une action inhibitrice, c'est-à-dire que leur activité va empêcher la formation de certains organes.

CORRIGÉ

Exploitation de l'expérience 1

- Les deux gènes ont une action inhibitrice lorsqu'il s'agit d'allèles actifs.
- Comme ici l'allèle G est inactif, il y a levée d'inhibition et les pièces florales dont l'expression était bloquée vont pouvoir se former : le gène G est donc inhibiteur de la formation des pièces femelles, puisqu'ici l'allèle inactif autorise leur formation.
- Dans ce cas, comme les pièces mâles ne se forment pas et que le gène A est actif, on peut supposer qu'un allèle actif du gène A inhibe la formation des pièces mâles.

Exploitation de l'expérience 2

- Quand l'allèle A est inactif, il y a levé d'inhibition et les organes mâles se forment.
- Comme l'allèle G est actif, les organes femelles ne se forment pas.

Exploitation de l'expérience 3

- Ici, on a un allèle inactif du gène G, les pièces femelles se forment, et l'allèle muté du gène A a une action stimulatrice de la formation des pièces mâles.
- La fleur sera hermaphrodite.

Synthèse

Les fleurs femelles résultent de l'inactivité du gène G couplée à l'activité du gène A.

Les fleurs mâles résultent de l'inactivité du gène A et de l'activité du gène G.

Les fleurs hermaphrodites résultent de l'inactivité du gène G couplée à la mutation du gène A qui stimule alors la formation des pièces mâles.

SUJET 25 | La pollinisation chez le figuier

EXERCICE DE TYPE 2

→ Fiche 19 Pérennité de l'espèce chez les angiospermes

On distingue deux types de figuier, différant par leurs dates de floraison, mais tous deux hébergent des blastophages (insectes).

À partir de l'analyse des documents proposés, montrer que la coévolution entre le figuier et le blastophage permet à chacun d'assurer la pérennité de son espèce.

DOCUMENT 1 L'inflorescence du figuier

Le figuier est un arbre aux petites fleurs, nombreuses et regroupées en une inflorescence (amas de fleurs) appelée figue après transformation de l'inflorescence en fruit.

On observe dans l'inflorescence deux types de fleurs :

– des fleurs mâles au sommet de l'inflorescence ;

– des fleurs femelles à la base.

Ces fleurs, mâles et femelles, n'arrivent pas à maturité en même temps et ne peuvent donc pas s'autoféconder au sein de la même inflorescence.

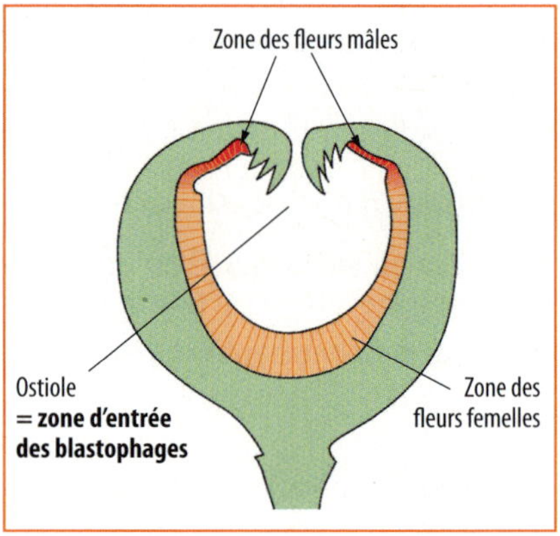

DOCUMENT 2 Cycle de vie du blastophage

		Figuier de type 1	Figuier de type 2
Blastophage	Ponte	Possible, dans fleurs femelles avant l'été	Impossible
	Stade adulte	Atteint fin juin-juillet	–

DOCUMENT 3 Pollinisation chez le figuier

		Figuier de type 1	Figuier de type 2 (figuier domestique)
Fleurs femelles	Longueur du pistil des fleurs femelles	Court et complémentaire de l'appareil de ponte du blastophage	Très long et non complémentaire de l'appareil de ponte du blastophage
	Fécondation	Impossible	Possible mais par un pollen extérieur
	Substances attractives pour le blastophage émises	Non	Oui
Fleurs mâles	Maturité	Émission de pollen : fin juin-juillet	Émission de pollen postérieure à la fécondation des fleurs femelles
Production de fruit comestible		Non	Oui

PISTES POUR RÉUSSIR

- Le sujet consiste à rechercher les preuves que la survie des deux espèces en présence dépend d'une évolution conjointe, c'est-à-dire d'une coévolution.
- Le document 2 montre les différences entre les fleurs des deux types de figuiers. Il est important de bien les observer afin de comprendre le lien avec le cycle de vie du blastophage.
- Faites bien attention aux époques de l'année où interviennent les différents événements.

CORRIGÉ

Exploitation du document 1

- Ce document montre que le figuier dispose de structures appelées inflorescences, où de nombreuses fleurs unisexuées (soit mâles soit femelles) sont regroupées. Les deux types de fleurs n'arrivent pas à maturité en même temps.
- Comme aucune des fleurs ne produit les gamètes simultanément, l'autofécondation ne sera pas possible. La reproduction du figuier va donc nécessiter un autre individu pour assurer la pérennité de l'espèce.
- La forme du fruit, dont l'ouverture vers le milieu extérieur est très étroite, ne permet pas de libération aisée du pollen. La pollinisation par le vent est donc peu envisageable.

Exploitation du document 2

- Le blastophage peut pondre dans les fleurs du figuier de type 1. Les larves se transforment ensuite en adulte et sortent de l'inflorescence fin juin-juillet.
- Ces adultes-là vont ensuite gagner le figuier de type 2, où ils ne peuvent pas pondre.

Exploitation du document 3

Ce document montre qu'il existe deux types de figuiers.

- Le figuier de type 1 a des fleurs femelles avec un style court et compatible avec l'appareil de ponte d'un insecte. Les fleurs mâles et femelles n'arrivent pas à maturité en même temps (elles émettent le pollen fin juin-juillet), donc ces fleurs ne peuvent pas s'autoféconder et produire de fruit.
- Le figuier de type 2 est différent, la fécondation y est possible, mais par un pollen venant de l'extérieur. La fructification est donc possible. De plus, le blastophage ne peut pas y pondre.

Synthèse

- Le blastophage ayant un appareil de ponte compatible avec les fleurs femelles du figuier de type 1, il pourra y déposer ses œufs qui seront protégés. Cela lui permet d'assure son cycle de vie correctement.
- À maturité, le blastophage sort des inflorescences des figuiers de type 1 au moment où les fleurs mâles arrivent à maturité. Ils vont donc être couverts de pollen.
- Le blastophage va alors être attiré par les inflorescences odorantes des figuiers de type 2. Mais ce dernier ne pourra pas y pondre. Par contre, lors de son passage, il va déposer le pollen du figuier de type 1 qu'il porte sur son dos. Les fleurs femelles du figuier de type 2 étant à maturité à ce moment-là, cela enclenche la fructification du figuier permettant ainsi d'assurer la survie de l'espèce « figuier ».

Le domaine continental et sa dynamique

FICHES

BILAN

SUJETS CORRIGÉS

20 Les caractéristiques du domaine continental

Une vision rapide de la Terre pourrait laisser penser que les continents se limitent aux régions émergées. Pour les géologues, le domaine continental correspond à la croûte continentale, et celle-ci ne se limite pas aux régions émergées.

I Une croûte continentale plus épaisse que la croûte océanique

- Si la profondeur moyenne des océans est de – 3 800 m, l'altitude moyenne des continents est de + 840 m et peut atteindre près de 9 000 m dans les chaînes de montagnes les plus hautes **(doc. 1)**.

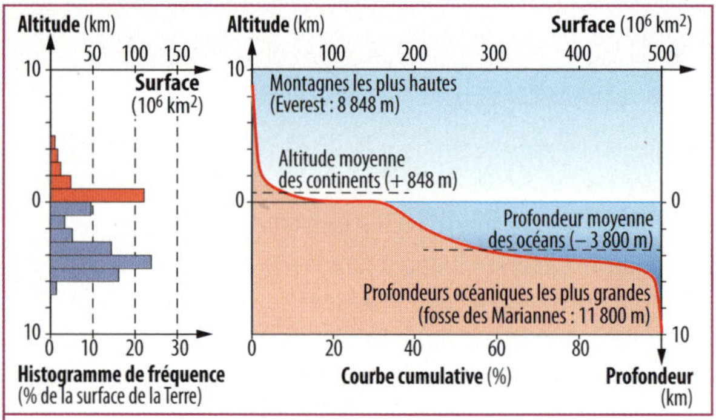

Doc. 1. Répartition des altitudes et des profondeurs à la surface du globe

Cette courbe n'est pas un profil de la surface de la Terre ; elle représente les pourcentages de la surface situés au-dessus d'un niveau donné.

- Les limites géographiques océans – continents ne se superposent pas exactement aux limites géologiques entre croûtes continentale et océanique car au niveau des marges continentales, zones de transition, une partie de la croûte continentale est immergée **(doc. 2)**.
- En profondeur, la limite inférieure des croûtes terrestres est marquée par une surface de discontinuité, responsable de la réflexion des ondes sismiques et mise en évidence par Mohorovičic en 1909, le Moho.
- Le Moho est situé en moyenne entre 30 et 40 km de profondeur au niveau des continents mais sa profondeur peut atteindre 60 km sous les chaînes de montagnes. La croûte continentale est donc plus épaisse (35 km en moyenne) que la croûte océanique (7 km en moyenne).

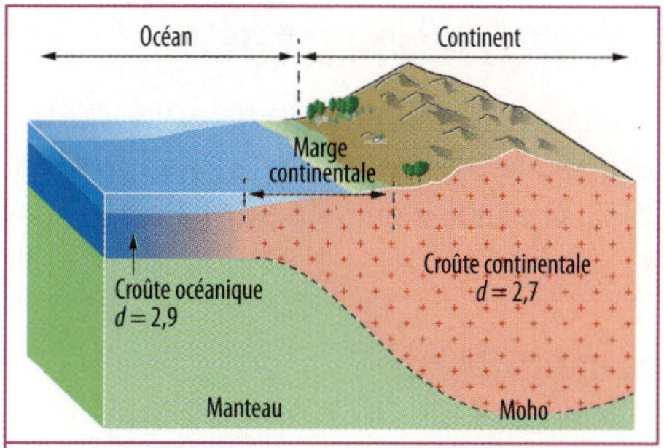

Doc. 2. Passage croûte continentale – croûte océanique au niveau d'une marge passive

II Une croûte continentale de plus faible densité que la croûte océanique

- Contrairement à la croûte océanique formée essentiellement de basaltes et de gabbros, la croûte continentale renferme une grande diversité de roches :

Roches	Volume (%)	Densités
Sédimentaires Argiles, calcaires, sables, grès	7	1,8 à 3,2
Métamorphiques Gneiss, schistes	48	2,7 à 2,9
Magmatiques Granites, granodiorites	45	2,4 à 2,8

Densité moyenne : 2,7

- Cependant, les roches formant la croûte continentale (gneiss, granites et granodiorites) ont des compositions voisines du granite. **La croûte continentale peut donc être qualifiée de « granitique »** alors que la croûte océanique est « basaltique ».

- La densité moyenne de la croûte continentale, estimée à partir des différentes roches qui la constitue, est de 2,7. **La croûte continentale a donc une densité plus faible** que celle la croûte océanique, de densité 2,9 en moyenne.

- Les différences d'altitude entre continents et océans s'expliquent donc par des différences dans la nature et la densité des roches qui constituent la croûte océanique et la croûte continentale.

21 L'âge de la croûte continentale

L'âge de la plus vieille croûte océanique ne dépasse pas 200 millions d'années (Ma) alors que la croûte continentale date par endroit de plus de 4 milliards d'années (Ga) : c'est le cas par exemple au nord du Québec, où des roches ont été datées à 4,28 Ga.

I Le principe de la radiochronologie

- La **radiochronologie** est fondée sur la décroissance radioactive naturelle de certains éléments chimiques incorporés dans les minéraux des roches lors de leur formation.

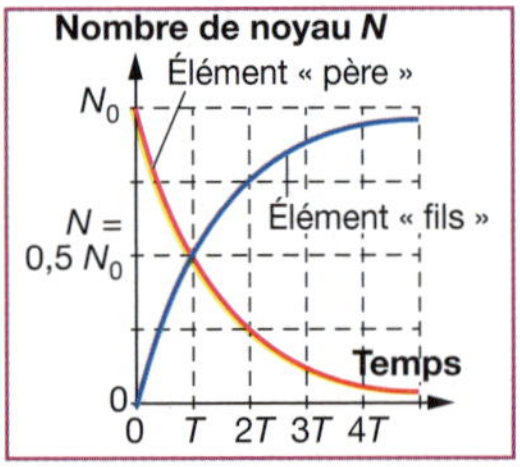

- L'élément « père », radioactif, se désintègre au cours du temps en un élément « fils », radiogénique. Il en résulte qu'au fur et à mesure que le temps s'écoule, le nombre d'atomes de l'élément père diminue et celui de l'élément fils augmente : la décroissance d'un élément radioactif est donc fonction du temps.
- Chaque élément est caractérisé par sa période *T* de demi-vie, c'est-à-dire le temps au bout duquel 50 % de l'élément radioactif s'est désintégré.

II Des roches datées par radiochronologie

- Le rubidium (Rb) et le strontium (Sr) sont deux isotopes que l'on trouve dans les roches de la croûte continentale. La méthode rubidium/strontium est donc une méthode fréquemment utilisée pour les dater, d'autant plus que la période du rubidium est particulièrement longue ($T = 49$ Ga).

Deux atomes sont **isotopes** si leurs noyaux possèdent un nombre différent de neutrons.

- Le strontium possède deux isotopes :

– le ^{87}Sr, dont la quantité augmente au cours du temps par désintégration du ^{87}Rb (isotope radioactif) ;

– le ^{86}Sr, dont la quantité reste stable au cours du temps car il n'est ni radioactif ni radiogénique.

- À t_0, c'est-à-dire au moment de leur cristallisation, les minéraux incorporent ces trois isotopes mais dans des proportions différentes **(doc. 1)**.
- À t_0, les minéraux incorporant des quantités variables de ^{87}Rb ont donc des rapports ^{87}Rb/^{86}Sr initialement différents. En revanche, les rapports ^{87}Sr/^{86}Sr sont les mêmes pour tous.

■ Au cours du temps, le ^{87}Rb se désintégrant en ^{87}Sr, le rapport ^{87}Sr/^{86}Sr de chaque échantillon augmente et celui de ^{87}Rb/^{86}Sr diminue.

Les quantités indiquées sont arbitraires.

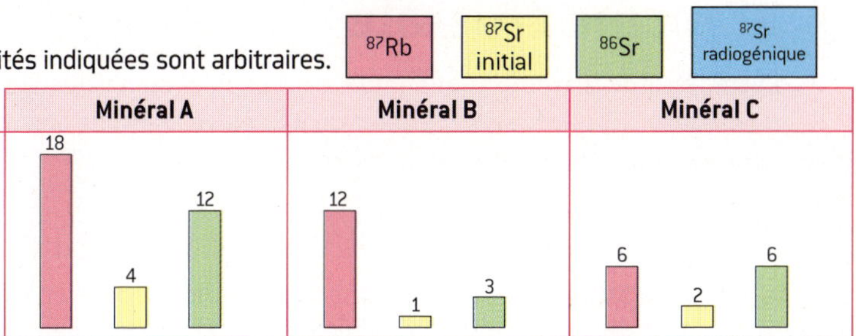

	Minéral A	Minéral B	Minéral C
^{87}Sr/^{86}Sr	4/12 soit 1/3	1/3	2/6 soit 1/3
^{87}Rb/^{86}Sr	18/12 soit 1,5	12/3 soit 4	6/6 soit 1

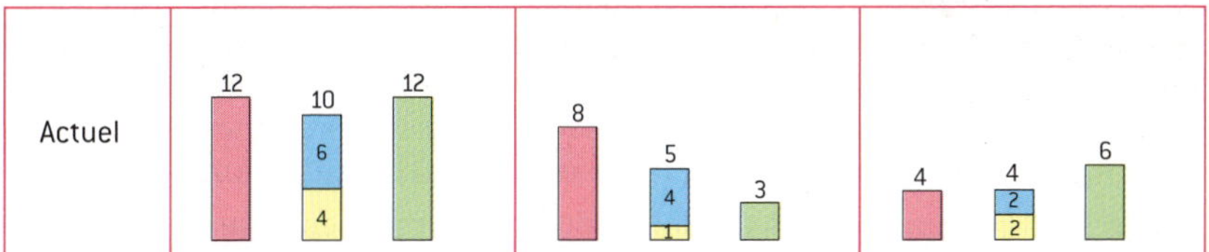

	Minéral A	Minéral B	Minéral C
^{87}Sr/^{86}Sr	10/12 soit 5/6	5/3	4/6 soit 2/3
^{87}Rb/^{86}Sr	12/12 soit 1	8/3	4/6 soit 2/3

Doc. 1. Modélisation de l'évolution des rapports isotopiques au cours du temps

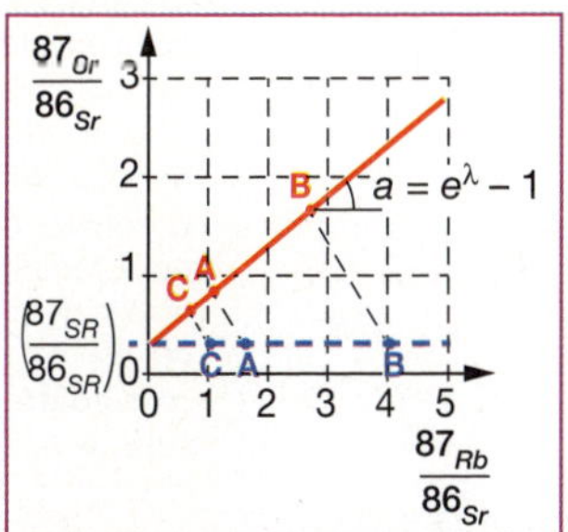

Doc. 2. Droite isochrone obtenue à partir de trois minéraux

■ Les points représentant les rapports ^{87}Rb/^{86}Sr et ^{87}Sr/^{86}Sr s'alignent dans un graphique et permettent de tracer une **droite isochrone.**

■ Cette droite, de type $y = ax + b$, a un coefficient directeur qui peut être déterminé graphiquement (doc. 2) et dont la valeur, qui augmente avec le temps, permet de déterminer l'âge de la roche.

Plus le **coefficient directeur** est important, plus l'âge de la roche est élevé.

22 Chaîne de montagnes, isostasie et racine crustale

L'épaisseur de la croûte continentale peut doubler au niveau des chaînes de montagnes : il semble donc exister un lien entre l'altitude des reliefs continentaux et l'épaisseur de la croûte continentale.

I Principe d'isostasie et altitude des continents

- En raison de sa faible densité, la croûte continentale repose en équilibre sur le manteau, plus dense. Cet état d'équilibre ou **isostasie** est réalisé en profondeur, au niveau d'une surface virtuelle dite **surface de compensation** où la masse des roches, situées au-dessus, est la même en tout point.
- Bien que les roches de la croûte et du manteau soient beaucoup plus rigides que l'eau, cet équilibre est de type hydrostatique, c'est-à-dire que la croûte continentale « flotte » sur le manteau. La charge excédentaire due à une chaîne de montagnes est donc compensée, en vertu du principe d'Archimède, par une force opposée induite par **une racine crustale** en profondeur.
- Airy, en 1855, a proposé un modèle **(doc.)** où la croûte continentale de faible densité (d_c = 2,7 en moyenne) « flotte » sur un manteau plus dense (d_m = 3,3) : les reliefs élevés (d'une hauteur *h*) présentent une croûte plus épaisse que la normale (*e*) associée à une racine crustale (*r*) profonde à l'intérieur du manteau plus dense.

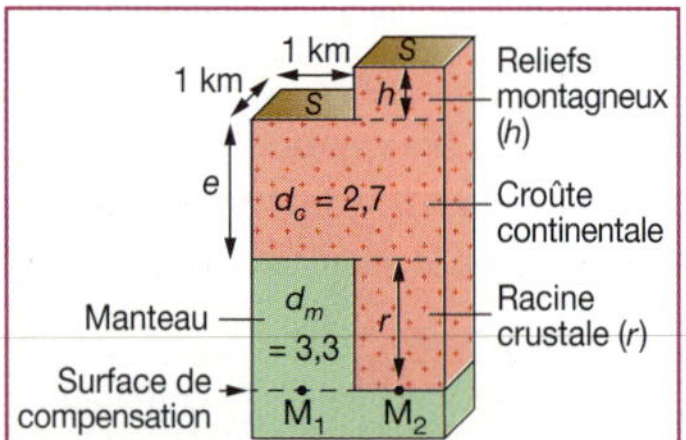

Doc. Un modèle numérique de l'isostasie à l'échelle de la croûte continentale

La surface de compensation est, en toute rigueur, située dans l'asthénosphère. Mais, pour simplifier le calcul, elle a été placée, dans ce **modèle**, à la base de la racine crustale.

■ À partir de ce modèle et en choisissant de manière arbitraire une surface de compensation située au niveau de la racine crustale, il est possible de calculer la masse de chaque colonne de roches au-dessus des points M_1 et M_2. La masse des deux colonnes est égale au produit de leur volume (surface × hauteur) par leur masse volumique (ou densité) :

$$M_1 = Sed_c + Srd_m \qquad M_2 = S(h + e + r)d_c$$

Considérant des colonnes de 1 km² de surface :

$$M_1 = ed_c + rd_m \qquad M_2 = (h + e + r)d_c$$

D'après la définition de l'isostasie, les masses des colonnes de roches situées au-dessus de M_1 et M_2 sont identiques :

$$ed_c + rd_m = (h + e + r)d_c$$

D'où la valeur de la racine crustale :

$$r = \frac{hd_c}{d_m - d_c}$$

Soit, pour **un relief de 4 km d'altitude, une racine crustale de 18 km** et une croûte épaisse de 4 + 35 + 18 = 57 km.

II Isostasie à l'échelle de la lithosphère

■ Le modèle d'Airy est cohérent avec les mesures réalisées par les méthodes sismiques sur la profondeur du Moho au niveau des chaînes de montagnes et rend bien compte des **variations locales** d'épaisseur de la croûte continentale.

Le **modèle d'Airy** est une situation simplifiée par rapport à la réalité. Il ne prend pas en compte l'origine de l'épaississement.

■ La lithosphère continentale, en raison de la faible densité de sa croûte, repose sur une asthénosphère plus dense mais aussi moins visqueuse : **la lithosphère continentale est donc aussi en équilibre sur l'asthénosphère**.

■ En revanche, et en raison de sa rigidité importante, la lithosphère présente un fléchissement sous le poids de la chaîne de montagnes en répartissant la charge sur une étendue beaucoup plus vaste.

À l'échelle de la lithosphère, **l'isostasie est donc régionale**.

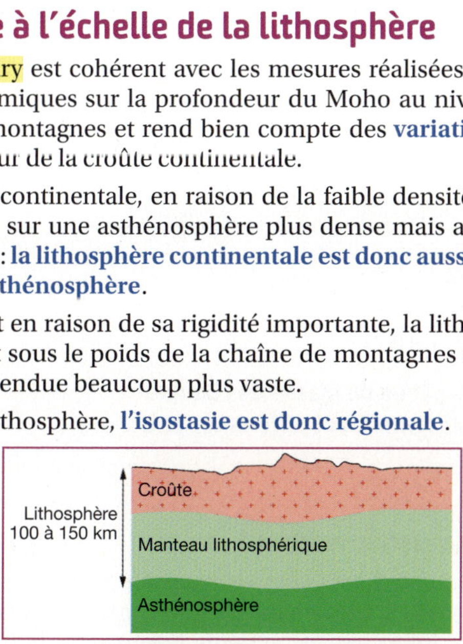

23 L'origine tectonique de l'épaississement crustal

De nombreux indices géologiques, à différentes échelles, montrent que l'épaississement de la croûte continentale au niveau des chaînes de montagnes est lié à un raccourcissement latéral.

I Des indices tectoniques à l'échelle de l'affleurement

De nombreuses structures tectoniques témoignent de l'existence de forces compressives et d'un raccourcissement dans les chaînes de montagnes **(doc. 1)** :

- des déformations souples, **les plis**, ou cassantes, **les failles inverses** ;
- **des chevauchements,** lorsqu'un des deux blocs recoupé par une faille passe au-dessus de l'autre bloc ;
- **des nappes de chevauchement** ou charriages, structures chevauchantes où des terrains anciens ont été déplacés, parfois sur plusieurs dizaines de kilomètres, et venant recouvrir des terrains plus récents.

Un **charriage** est un chevauchement avec un déplacement de grande ampleur pouvant aller jusqu'à une centaine de kilomètres.

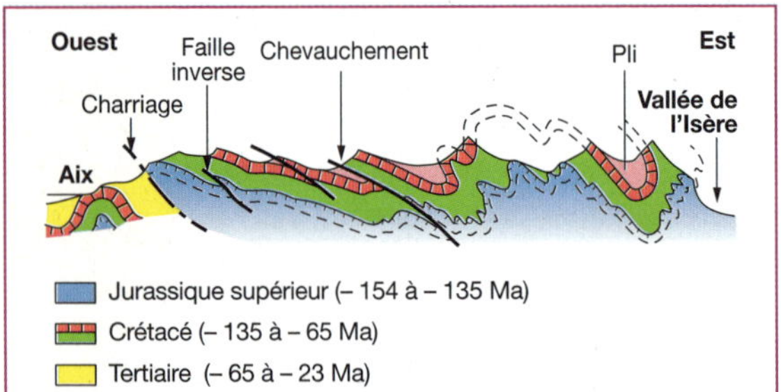

Doc. 1. Coupe simplifiée du massif des Bauges (chaînes subalpines) montrant différentes structures tectoniques

II Structures profondes et raccourcissement

■ Les profils sismiques réalisés au niveau des Alpes **(doc. 2)** montrent qu'une chaîne de montagnes est formée par la **superposition de nappes** de roches, séparées par de grands chevauchements traversant à la fois la croûte et le manteau.

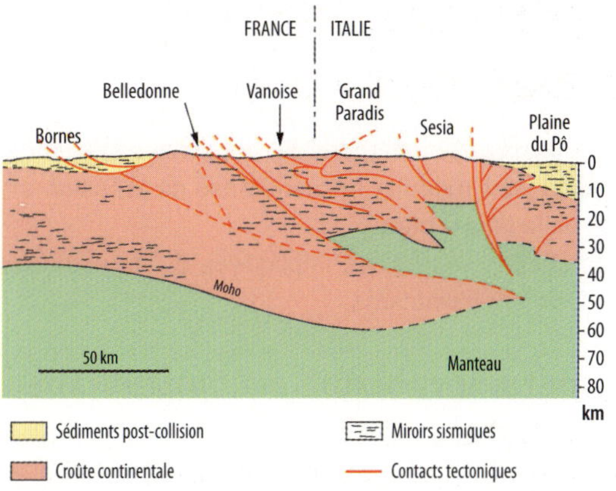

Doc. 2. Profil sismique ECORS à travers les Alpes occidentales et son interprétation

ECORS signifie « Étude de la croûte continentale et océanique par réfraction et réflexion sismiques ».

- Cet empilement de nappes est à l'origine de l'épaississement de la croûte continentale et **de la formation de la racine crustale.**
- Le raccourcissement horizontal au niveau des chaînes de montagnes est la **conséquence de la convergence de deux plaques continentales** : sous l'effet d'énormes contraintes compressives, des nappes lithosphériques se forment. Leur empilement est à l'origine des reliefs élevés.

Le **raccourcissement** latéral a été de l'ordre de 300 à 400 km en une cinquantaine de millions d'années dans le cas des Alpes.

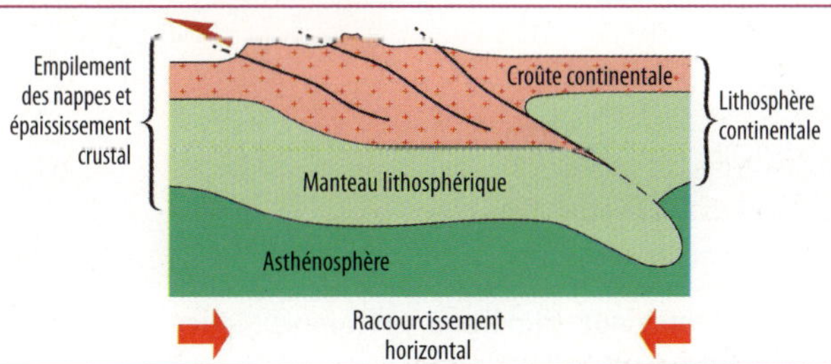

24 Les indices pétrographiques du raccourcissement

Lors de la formation d'une chaîne de montagnes, le raccourcissement latéral et l'empilement des nappes vont modifier les conditions de pression et de température à l'intérieur de la lithosphère.
Suite à ces nouvelles conditions, les roches impliquées dans l'épaississement crustal vont subir des transformations.

I Les indices d'un métamorphisme accompagnant l'épaississement crustal

- Les roches, entraînées en profondeur par les grands chevauchements, vont subir, sous l'effet de la variation de la pression et de la température, des transformations à l'état solide que l'on regroupe sous le terme de **métamorphisme**.
- Les transformations métamorphiques s'accompagnent :
  - de la formation de nouveaux minéraux, plus stables dans les nouvelles conditions de pression et de température qui règnent en profondeur ;
  - d'une **déshydratation** suite à ces transformations minéralogiques.
- De telles roches sont visibles dans l'Himalaya par exemple **(doc. 1)**. Elles ont été remontées à la surface par l'intermédiaire des grands chevauchements qui accompagnent le raccourcissement.

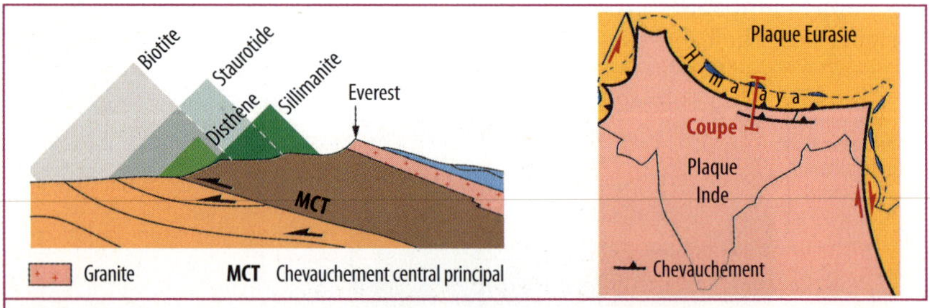

Doc. 1. Répartition des principaux minéraux métamorphiques au niveau d'une coupe de l'Himalaya passant par l'Everest

Le doc. 1 est à mettre en relation avec le doc. 3.

II Les traces de fusion

■ La déshydratation des roches métamorphiques peut être à l'origine de roches issues de la **fusion** partielle, les migmatites **(doc. 2)**, ou totale, les granites, de la croûte continentale.

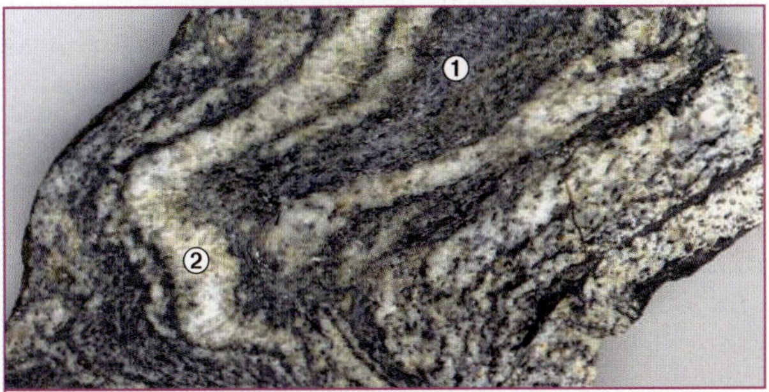

Doc. 2. Échantillon de migmatite
Ces roches, constituées par le mélange d'une roche métamorphique déformée (1) et d'une roche magmatique de composition granitique (2) sont les témoins d'une fusion partielle de la croûte continentale.

■ Les travaux réalisés en laboratoire **(doc. 3)** suggèrent que ces roches se sont formées à des températures comprises entre 550 et 650 °C et à une profondeur comprise entre 10 et 30 km.

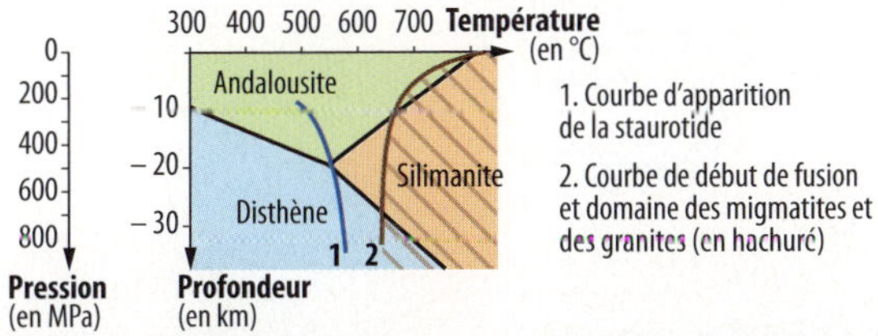

Doc. 3. Domaine de stabilité de quelques minéraux trouvés dans les roches métamorphiques de l'Himalaya
Les trois minéraux andalousite, disthène et sillimanite sont stables dans les domaines de pression et de température correspondant à leurs couleurs respectives.

L'association disthène, sillimanite et staurotide dans les roches du doc. 1 permet de retrouver les conditions du métamorphisme et de la fusion liés au raccourcissement.

25 Traces d'un domaine océanique dans les chaînes de montagnes

Les chaînes de montagnes de collision résultent de la convergence de deux lithosphères continentales, séparées auparavant par un océan : des témoins géologiques d'un domaine océanique doivent donc s'y trouver.

I Des roches témoins d'un océan disparu

- Dans les chaînes de montagnes affleurent souvent des ophiolites ou **complexes ophiolitiques** constitués par une association de plusieurs roches comprenant, de haut en bas : des sédiments océaniques comme les radiolarites, des basaltes en coussins, des gabbros et des péridotites plus ou moins métamorphisées.
- Cette association de roches est caractéristique d'une lithosphère océanique formée à l'axe d'une dorsale océanique.

Ne pas confondre **ophiolites** et péridotites : les ophiolites sont une association de plusieurs roches dont les péridotites font partie.

- La présence d'un alignement d'ophiolites ou « suture ophiolitique » **(doc. 1)** témoigne de l'existence d'un océan aujourd'hui disparu et dont des lambeaux de la lithosphère ont été incorporés à la chaîne de montagnes.

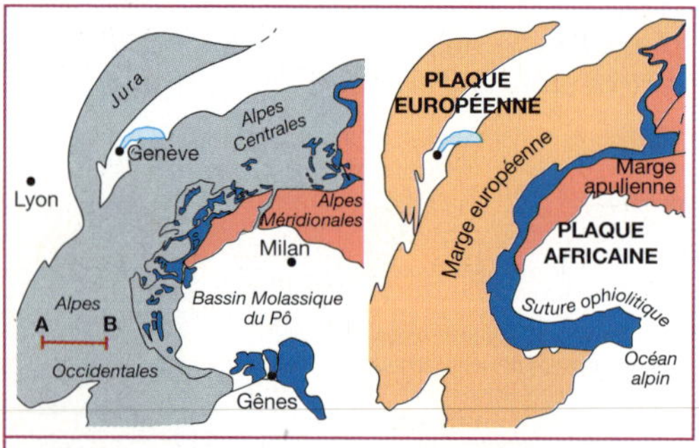

Doc. 1. Localisation des ophiolites dans les Alpes et son interprétation dans le cadre de la tectonique des plaques
Pour la coupe A – B, voir le doc. 2.

- La « suture ophiolitique » résulte donc de l'affrontement ou de **la collision** de deux plaques lithosphériques continentales autrefois séparées par un océan.

II Les marges continentales passives de l'océan aujourd'hui disparu

■ Dans les Alpes occidentales, certains massifs présentent des affleurements de roches continentales fracturées par une série de **failles normales** plus ou moins parallèles.

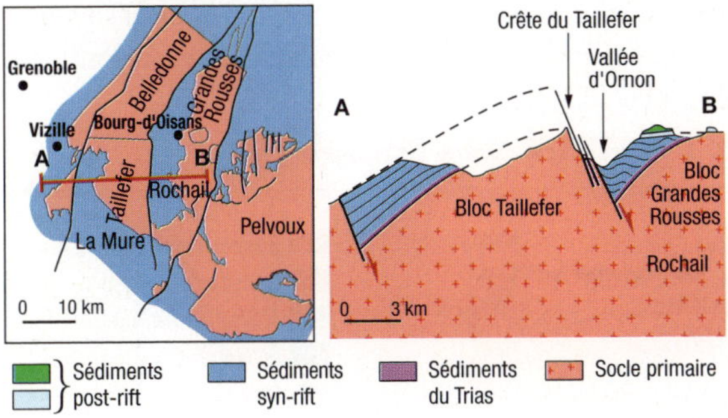

Doc. 2. Blocs basculés de Taillefer et de Rochail
Coupe géologique selon A – B (localisation sur le doc. 1).

L'âge des sédiments syn-rift permet de dater la période de formation de la marge européenne.

■ Ces failles délimitent des **blocs basculés**, larges de plusieurs kilomètres, ménageant entre eux des zones où des sédiments océaniques se sont accumulés **(doc. 2)**.

■ Failles normales et blocs basculés sont des structures caractéristiques des **marges continentales passives** actuelles, zones de transition vers la croûte océanique où la croûte continentale s'amincit progressivement **(doc. 3)**.

■ Cette région des Alpes est donc le témoin de l'ancienne marge de la plaque européenne.

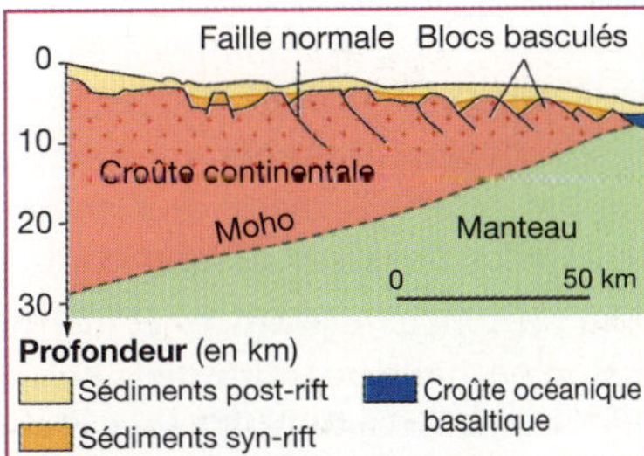

Doc. 3. Coupe schématique d'une marge continentale passive actuelle

26 Un scénario type de l'histoire d'une chaîne de montagnes

Les mécanismes de formation des chaînes de montagnes sont complexes. Cependant, les résultats conjugués des études sismique, tectonique et pétrographique permettent de reconstituer un scénario type de l'histoire d'une chaîne de montagnes, comme celle de l'Himalaya par exemple.

I Les indices de l'histoire de l'Himalaya

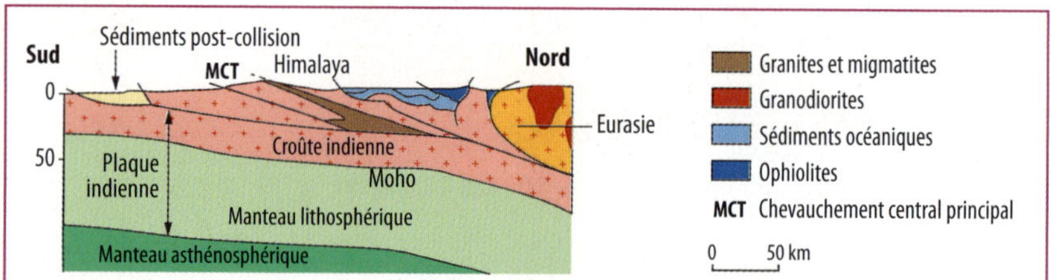

Doc. 1. Coupe géologique schématique de la chaîne Himalayenne

- Les **ophiolites** témoignent d'un océan qui séparait deux plaques continentales : la plaque indienne au sud et la plaque eurasienne au nord.
- Des roches plutoniques, les **granodiorites**, sont les témoins d'une activité magmatique liée à la subduction de l'océan qui séparait ces deux plaques.
- Les **chevauchements**, marqueurs tectoniques du raccourcissement, sont à l'origine de l'épaississement de la croûte lors de la collision des deux marges continentales.
- La présence de **granites** et de **migmatites** est un indice d'une fusion partielle ou totale de la croûte en profondeur lors de l'empilement de nappes de roches lors de la collision.

Ces indices ne sont pas tous visibles dans les autres chaînes de montagnes. Dans les Alpes, par exemple, il n'y a pas de granodiorites.

II Une succession possible d'événements

- La convergence de deux plaques continentales (dans l'exemple choisi, Inde et Eurasie) entraîne la **subduction** de la lithosphère océanique qui les séparait, au niveau d'une marge continentale active, sous la plaque Eurasie. Cette subduction est accompagnée d'un magmatisme caractéristique, volcanisme en surface et plutonisme en profondeur.

Ce scénario type peut présenter des variantes pour d'autres chaînes de collision.

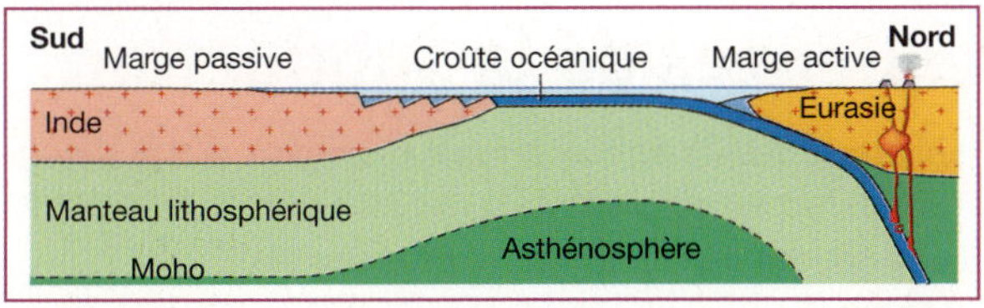

C'est l'ouverture de l'océan Indien qui est responsable de la migration vers le nord de la plaque indienne.

- Lorsque toute la lithosphère océanique a disparu par subduction, les deux lithosphères continentales entrent en contact. Une partie des matériaux de la croûte continentale est entrainée dans le plan de subduction, on parle de subduction continentale.

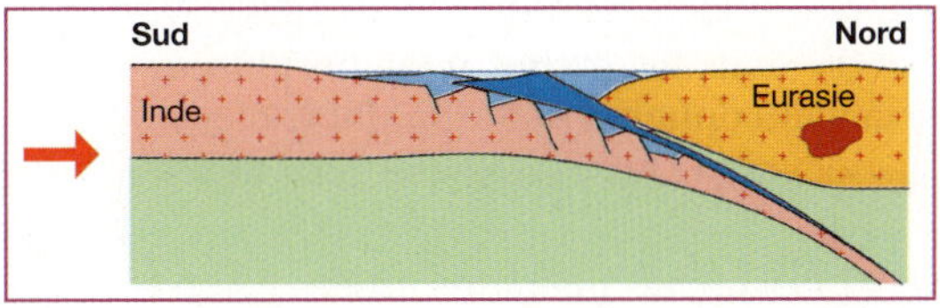

- La lithosphère continentale continue de subduire mais la partie supérieure de la croûte continentale ne peut pas être entraînée dans le plan de subduction du fait de sa faible densité. La croûte continentale subit donc un écaillage et s'épaissit par **empilement de nappes de chevauchement** dans la zone de contact entre les deux plaques : c'est la **collision**.

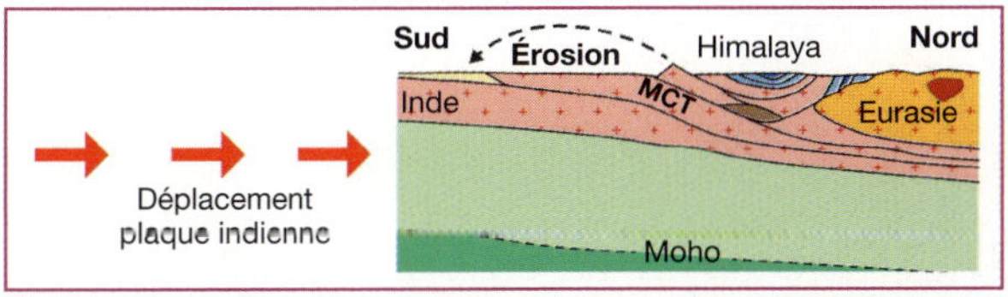

Bien noter la présence de deux types de sédiments avant et après la collision.

- L'épaississement crustal s'accompagne en profondeur de métamorphisme et de la fusion de la croûte continentale avec formation de granites et en surface de l'élévation des reliefs qui sont soumis à l'érosion dès qu'ils se forment, entraînant le dépôt des sédiments post-collision.

27 Les conséquences de la subduction

Les matériaux océaniques et continentaux entraînés en profondeur au cours de la subduction qui précède la collision vont subir, sous l'effet des variations de la pression et de la température, un métamorphisme.

Un autre exemple de **métamorphisme** est présenté dans la fiche 24.

I Des indices minéralogiques récoltés sur le terrain

■ Des témoins minéralogiques du métamorphisme lié à la subduction de la lithosphère océanique se trouvent par exemple dans les Alpes **(doc. 1)** :

– au niveau du Queyras (Q), dans les roches métamorphisées de la croûte océanique, on trouve de la **glaucophane,** une amphibole bleue, caractéristique d'une association minéralogique ou faciès « schiste bleu » ;

– dans le massif du Viso (V), ces roches métamorphisées possèdent une association : **jadéite**, un pyroxène et **grenat** typique du faciès « éclogite ».

Les **faciès** sont définis par des assemblages de minéraux.

■ Dans le massif de Dora Maira (DM), des roches de la croûte continentale renferment de plus une forme particulière du quartz : **la coésite.**

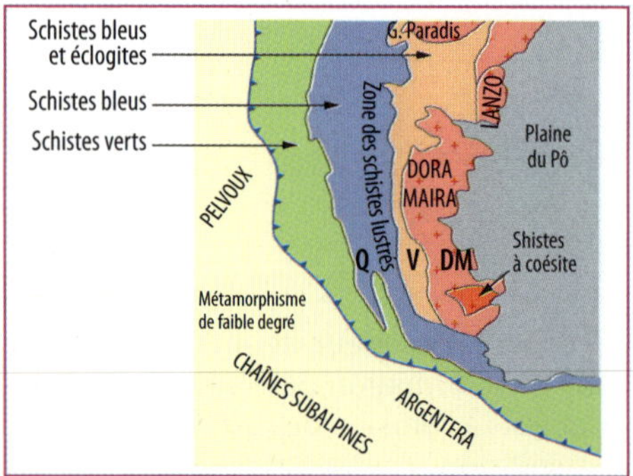

Doc. 1. **Carte schématique des faciès métamorphiques des Alpes**

II Des minéraux repères des conditions de pression et température rencontrées lors de la subduction

- Les travaux expérimentaux (doc. 2) montrent que ces minéraux se sont formés dans des conditions de pression et température qui témoignent que les roches océaniques et continentales ont été entraînées jusqu'à plus de 80 km de profondeur.

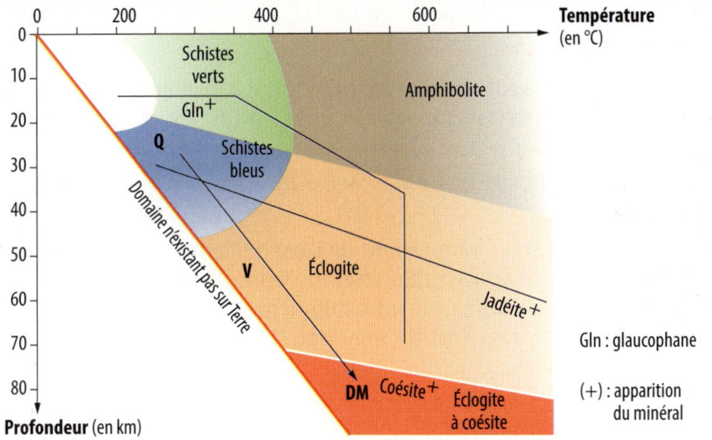

Doc. 2. Diagramme de pression et de température avec les domaines de stabilité de quelques minéraux du métamorphisme et trajet pression – température des roches des Alpes.

- Ces transformations minéralogiques sont donc les traces d'un **métamorphisme haute pression** qui se réalise à grande profondeur au cours de la subduction.

Chaque faciès correspond à un intervalle de pression et de température.

28 L'origine de la subduction

La lithosphère océanique se crée au niveau des dorsales océaniques puis subit des modifications au cours de l'expansion. Cette évolution de la lithosphère océanique est à l'origine de sa subduction.

I L'évolution thermique de la lithosphère au cours de l'expansion

- La limite lithosphère – asthénosphère correspond à une limite physique : le manteau lithosphérique, constitué de péridotites, est rigide alors que le manteau asthénosphérique, constitué aussi de péridotites, est moins rigide.
- Au niveau de la dorsale, la lithosphère océanique qui vient de se former est chaude et peu épaisse.
- Au fur et à mesure de son éloignement de l'axe de la dorsale, la lithosphère océanique se refroidit et s'épaissit. En effet, la limite thermique entre lithosphère et asthénosphère s'enfonce : la lithosphère océanique devient donc plus épaisse par accolement progressif de manteau lithosphérique à sa base aux dépens de l'asthénosphère.

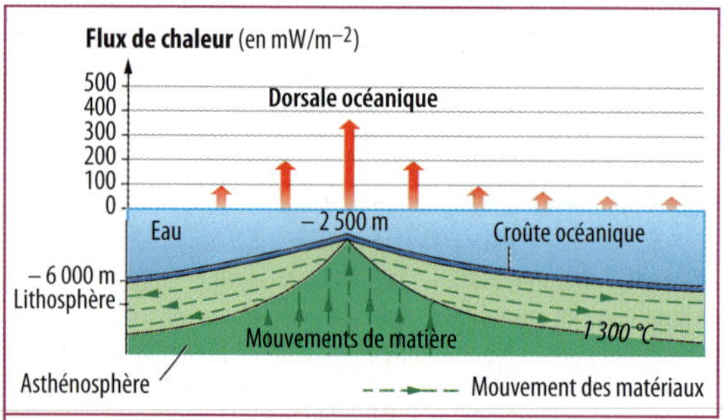

Doc. 1. Modèle d'évolution du flux de chaleur lors de l'expansion de la lithosphère océanique

La **limite thermique** entre la lithosphère et l'asthénosphère correspond à l'isotherme (courbe d'égale température) 1 300 °C.

II La densité de la lithosphère océanique évolue lors de son refroidissement

- La lithosphère océanique est formée de la croûte océanique (densité 2,9) et du manteau lithosphérique (densité 3,3). Sa densité est donc généralement plus faible que celle de l'asthénosphère, de densité 3,25 en moyenne. La lithosphère océanique repose donc en équilibre sur l'asthénosphère.

■ Au niveau de la dorsale, l'épaisseur du manteau lithosphérique est très faible, la densité de la lithosphère océanique est beaucoup plus faible que celle de l'asthénosphère.

■ En revanche, lors de l'expansion océanique, l'épaississement de la lithosphère océanique étant lié à une épaisseur de plus en plus importante de manteau lithosphérique, **plus la lithosphère océanique s'éloigne de la dorsale, plus sa densité augmente.** Cette augmentation de densité est responsable de l'enfoncement du plancher océanique, on parle de **subsidence thermique**.

L'enfoncement du plancher océanique par subsidence thermique permet le dépôt des sédiments sur les basaltes de la croûte.

■ Au bout d'environ 30 millions d'années, la densité de la lithosphère océanique devient supérieure à l'asthénosphère : sa subduction devient possible théoriquement.

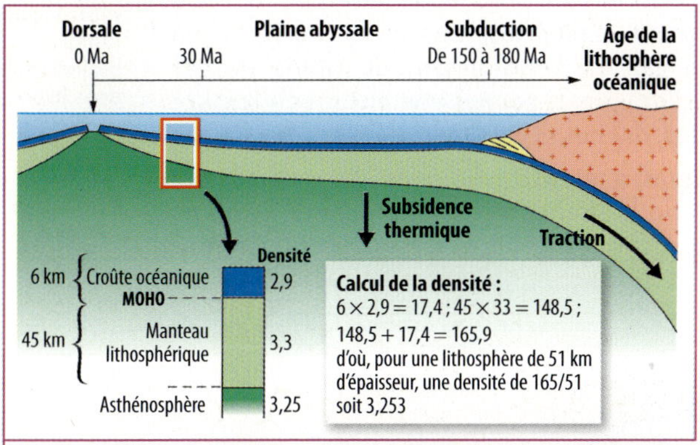

Doc. 2. L'augmentation de la densité de la lithosphère océanique à l'origine de sa subduction

■ Cependant, l'asthénosphère est solide et exerce une grande résistance mécanique à l'enfoncement, ce qui retarde la subduction de la lithosphère océanique qui n'est possible réellement qu'au bout de 150 à 180 Ma. En surface, **son âge n'excède pas 200 Ma**.

■ La différence de densité entre la lithosphère océanique âgée et l'asthénosphère est donc la **principale cause de la subduction.**

■ De plus, au cours de la subduction, les roches de la croûte océanique se transforment en éclogites dont la densité est de 3,4, ce qui augmente encore plus la densité de la lithosphère plongeante : **la traction** exercée par la lithosphère océanique plongeante a ainsi un rôle **moteur dans la dynamique des plaques**.

29 Magmatisme et production de croûte continentale dans les zones de subduction

Les zones de subduction, comme celles situées sur le pourtour de l'océan Pacifique, sont caractérisées par une très forte activité à la fois sismique et magmatique : elles constituent des marges dites actives.

I Le magmatisme des zones de subduction

▪ Dans les zones de subduction, des volcans émettent, lors d'éruptions fréquemment explosives, des laves souvent visqueuses et riches en gaz. Le refroidissement rapide de ces laves, en surface, est à l'origine de **roches volcaniques à texture microlitique** : andésites, dacites et rhyolites.

▪ Des roches plutoniques, **à texture grenue**, voisines du granite (ou granitoïdes) comme la granodiorite, témoignent aussi de l'existence d'un magma ayant cristallisé lentement en profondeur **(doc. 1)**.

Les **roches plutoniques** formées en profondeur sont, dans le doc. 1, visibles en surface à cause des déformations dans la cordillère des Andes.

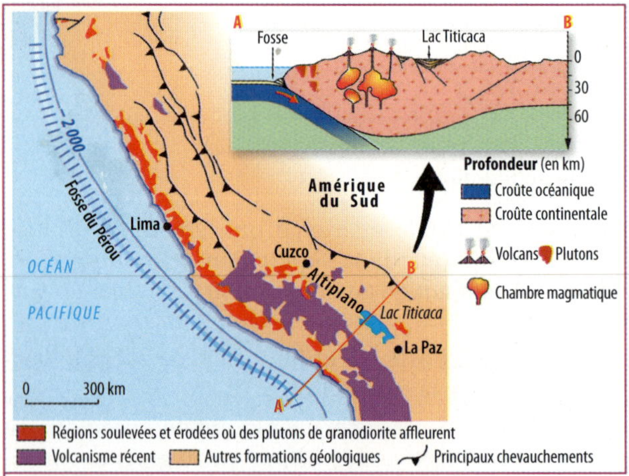

Doc. 1. Carte géologique simplifiée d'une partie de la cordillère des Andes et coupe transversale de la cordillère au niveau du lac Titicaca

II Un même magma pour des roches différentes

- Toutes ces roches magmatiques ont la particularité minéralogique de posséder des **minéraux hydroxylés** (avec des groupements OH), comme l'amphibole ou la biotite **(doc. 2)** qui ne peuvent se former qu'à partir d'un magma riche en eau.
- De plus, la composition minéralogique semblable de ces roches indique qu'elles se sont formées à partir de la cristallisation d'un même magma.

La différence de texture des **roches magmatiques** dépend de leur vitesse de refroidissement en lien avec leur mise en place en surface ou en profondeur.

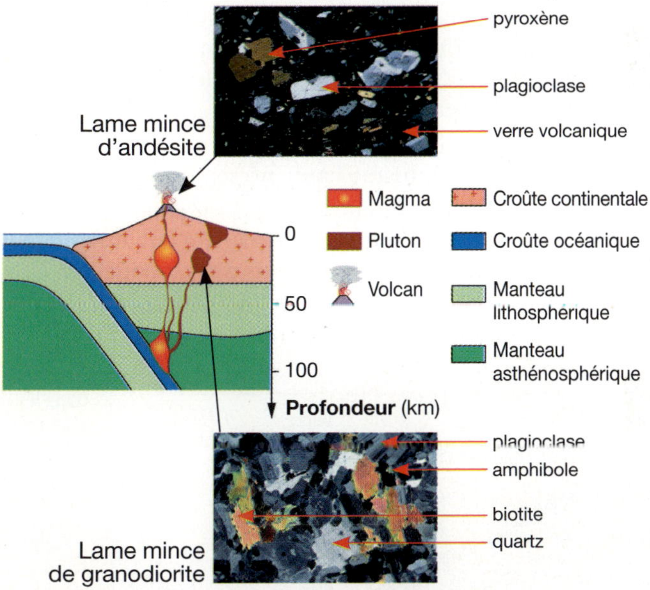

Doc. 2. Mise en place des roches magmatiques au niveau d'une zone de subduction

30 Origine du magmatisme des zones de subduction

Les roches magmatiques rencontrées dans les zones de subduction proviennent d'un même magma. L'origine de celui-ci est à rechercher dans les transformations métamorphiques que subit la croûte océanique lors de la subduction.

I Lors de sa subduction, la croûte océanique se transforme et se déshydrate

- Avant qu'elle subisse la subduction, la **croûte océanique est très hydratée** : les circulations hydrothermales à travers elle aboutissent à la transformation et à l'hydratation des roches qui la constituent. De plus, les sédiments marins qui la recouvrent sont très riches en eau.
- Les roches de la croûte océanique entraînées dans la zone de subduction, sont transformées **par un métamorphisme haute pression.**
- Ces réactions métamorphiques qui aboutissent à la formation de minéraux, comme la glaucophane ou la jadéite, de plus en plus pauvres en eau, entraînent une **déshydratation de la croûte océanique** au cours de la subduction.
- Cette déshydratation de la croûte océanique subduite va donc **libérer** l'eau que la croûte océanique a **emmagasinée au cours de son histoire.**

La présence de minéraux hydroxylés dans les roches magmatiques des zones de subduction est à relier avec le fait que **l'eau** est à l'origine de la fusion.

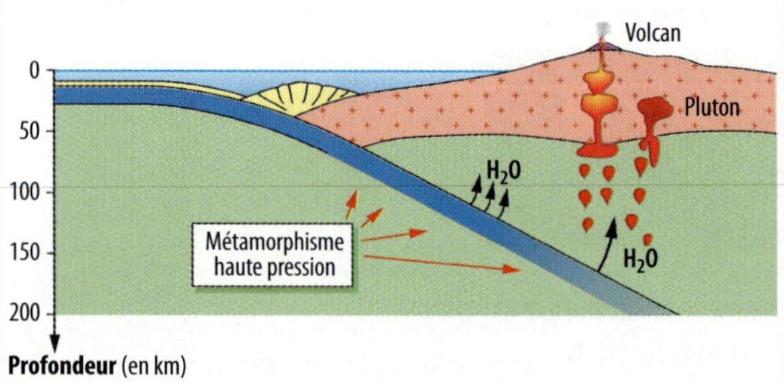

Doc. 1. **L'origine du magmatisme dans les zones de subduction**

II La déshydratation de la croûte océanique permet la fusion partielle des péridotites

- L'eau libérée par la déshydratation de la croûte océanique subduite va provoquer **l'hydratation puis la fusion partielle des péridotites du manteau sus-jacent (doc. 1)**.

- En effet, les données expérimentales sur la fusion des péridotites montrent qu'en l'absence d'eau, les péridotites ne peuvent pas fondre car le géotherme (variation de la température en fonction de la profondeur) d'une zone de subduction ne recoupe pas leur solidus. En revanche, **l'eau favorise la fusion des péridotites** en abaissant leur température de fusion. Ainsi, des péridotites hydratées peuvent fondre à une température inférieure à 1 000 °C **(doc. 2)**.

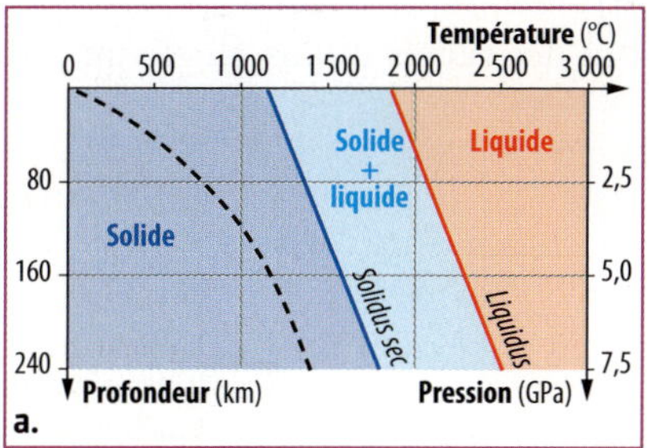

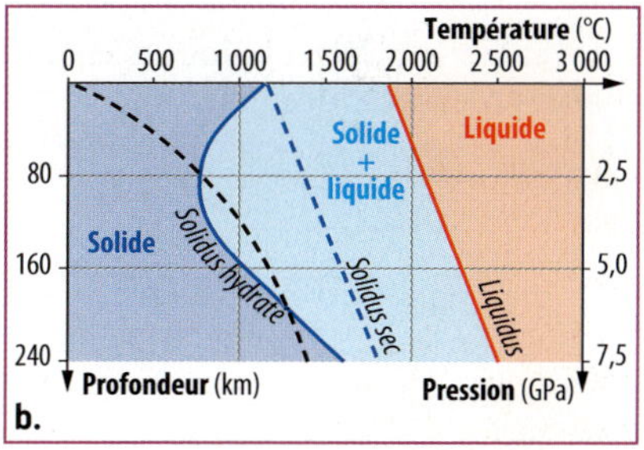

Doc. 2. Expériences de fusion de péridotites non hydratées (a) et de péridotites hydratées (b)

Les courbes en pointillés représentent le géotherme de la zone de subduction.
Le solidus correspond à la courbe de fusion partielle : passage du domaine solide au domaine solide + liquide.
Le liquidus correspond à la courbe de fusion totale : passage du domaine solide + liquide au domaine liquide.
La pression est exprimée en gigapascals (GPa).

- Si une fraction du magma issu de la fusion des péridotites arrive en surface (volcanisme), la plus grande partie donne des roches plutoniques, voisines du granite ou granitoïdes. Ainsi, un magma d'origine mantellique aboutit à la création de nouveau matériau continental : **c'est l'accrétion continentale**.

31 La disparition des reliefs

Les chaînes de montagnes sont, en raison de leur croûte épaissie et de leurs reliefs élevés, des systèmes instables qui ne peuvent pas persister, dans le temps, à la surface de la Terre.

I Les chaînes de montagnes anciennes, témoins de la disparition des reliefs au cours du temps

- Les massifs anciens (Massif armoricain, Massif central...) témoignent qu'une chaîne de montagnes (la chaîne hercynienne), aussi élevée que l'Himalaya actuel, s'est formée à la fin de l'ère primaire.
- Actuellement, ces chaînes anciennes ont des **reliefs moins élevés** que les chaînes récentes **(doc. 1)**.

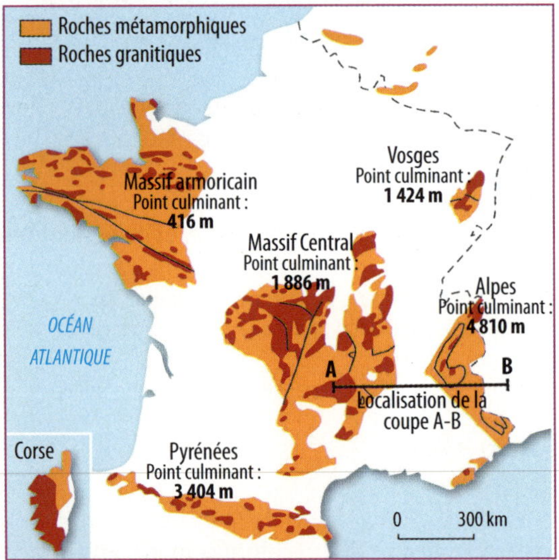

Doc. 1. **Répartition des terrains métamorphiques et granitiques en France**

Une partie des roches formant les chaînes de montagnes sont recouvertes par les sédiments des grands bassins sédimentaires comme le Bassin parisien.

- Les roches formées ou transformées en profondeur, comme les roches granitiques et les roches métamorphiques, affleurent plus largement dans les chaînes de montagnes anciennes que dans les chaînes de montagnes récentes (Alpes et Pyrénées, **doc. 1**).

■ L'effacement des reliefs, au niveau des chaînes anciennes, est accompagné non seulement de la disparition des parties superficielles, mais aussi d'un retour à une croûte d'épaisseur normale, c'est-à-dire 35 km **(doc. 2)**.

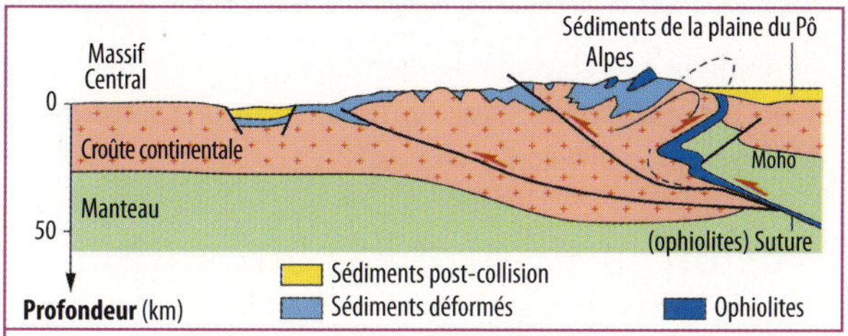

Doc. 2. Coupe à travers les Alpes et le Massif central
La coupe indiquée est la coupe A – B localisée sur le doc. 1.

Les sédiments déformés et les ophiolites visibles encore dans les Alpes ne le sont plus, ou rarement, dans le Massif central.

II Les chaînes de montagnes, des systèmes dynamiques

■ Les chaînes de montagnes sont des **systèmes dynamiques**. Leurs reliefs élevés résultent à la fois **(doc. 3)** :

– de mécanismes responsables de leur élévation : contraintes tectoniques liées au rapprochement des deux plaques lithosphériques qui entrent en collision et « poussée d'Archimède » liée à la racine crustale ;

– de mécanismes qui tendent à les faire disparaître : effondrement de la montagne sous son propre poids et érosion.

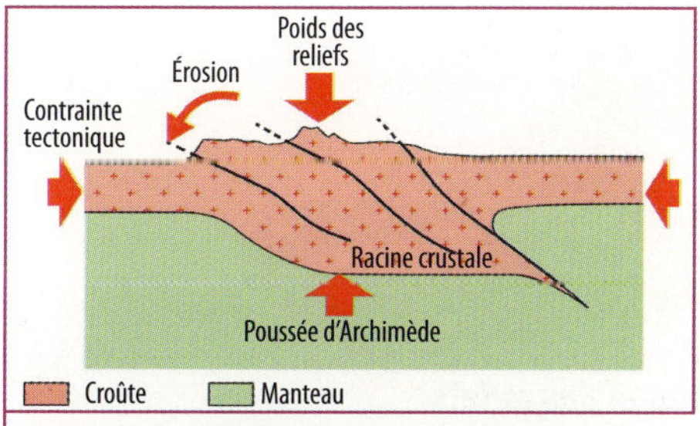

Doc. 3. Les différents paramètres intervenant dans le relief des chaînes de montagnes

Tant que la contrainte tectonique s'exerce, le relief reste élevé.

■ Ce sont aussi des **systèmes instables** car, dès la naissance des reliefs, des mécanismes tendent à les détruire, jusqu'à ce que la croûte continentale épaissie retrouve son épaisseur normale (35 km environ) au bout de quelques dizaines de millions d'années.

32 Les mécanismes à l'origine de la disparition des reliefs (1)

Dès leur naissance, les reliefs des chaînes de montagnes sont exposés aux agents atmosphériques (précipitations, vent, variations de température...) et subissent alors altération puis érosion.

I Altération et érosion participent à la disparition des reliefs

■ L'**altération** désigne l'ensemble des mécanismes physiques ou chimiques qui vont transformer les roches en petites particules et libérer les ions constitutifs de ces roches.

■ Les mécanismes physiques correspondent par exemple aux alternances gel - dégel ou à l'action des racines qui participent à la désagrégation mécanique des roches.

L'altération est cependant un processus essentiellement chimique par l'action de l'eau sur les roches, ou hydrolyse.

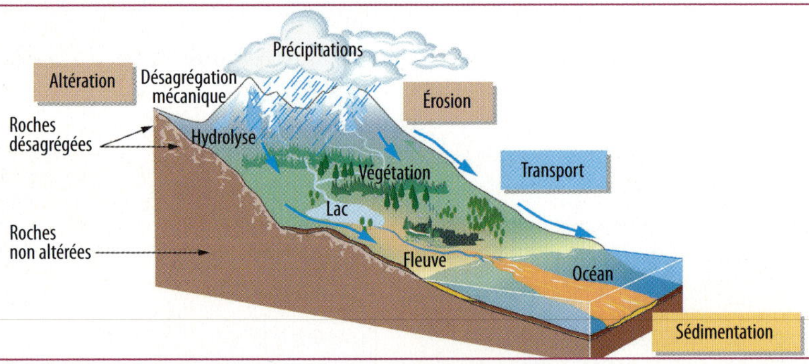

Doc. 1. Altération, érosion et disparition des reliefs

■ Les particules libérées par l'altération sont ensuite arrachées par l'eau ou le vent et subissent ainsi l'érosion. Altération et érosion contribuent donc à l'effacement des reliefs **(doc.1)**.

L'**érosion** est facilitée par l'altération, mais elle peut se faire sans être précédée de cette dernière.

II Transport des produits de démantèlement des chaînes de montagnes

- Les produits du démantèlement des reliefs sont ensuite transportés, le plus souvent par l'eau, sous forme de particules solides ou sous forme d'ions (doc. 1).
- Après un **transport** plus ou moins long, les particules se déposent ou les ions précipitent pour former des sédiments qui s'accumulent dans des **lieux de sédimentation** (bassins sédimentaires) plus ou moins éloignés des reliefs érodés.
- L'érosion de la chaîne himalayenne a ainsi pu être quantifiée par la quantité de sédiments qui s'est accumulée dans des bassins sédimentaires comme celui du golfe du Bengale, où le taux de sédimentation ne cesse d'augmenter en relation avec les reliefs formés lors de la collision (doc. 2).

La **sédimentation** peut aussi se faire dans des bassins continentaux, par exemple au nord de la chaîne himalayenne.

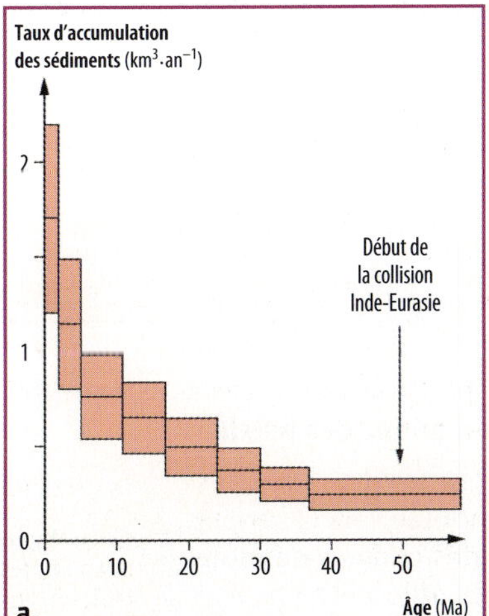

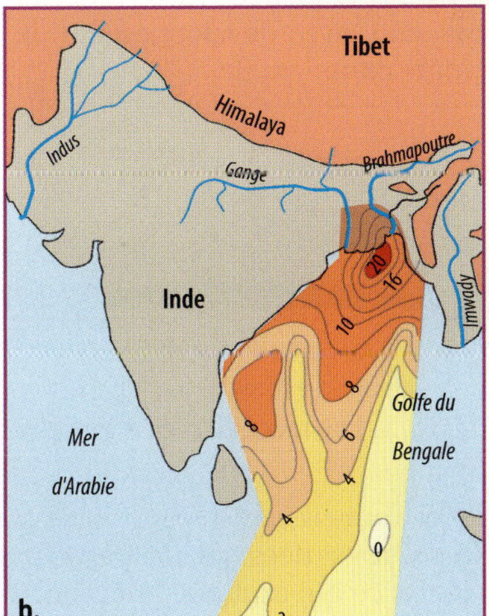

Doc. 2. Accumulation des sédiments issus de l'érosion de la chaîne himalayenne

L'accumulation des sédiments est exprimée en $km^3.an^{-1}$ dans les bassins sédimentaires asiatiques (a) et en km d'épaisseur de sédiments dans le golfe du Bengale (b).

33 Les mécanismes à l'origine de la disparition des reliefs (2)

L'érosion des reliefs n'est pas le seul phénomène à l'origine de la disparition des reliefs car, si c'était le cas, il faudrait non pas quelques dizaines de millions d'années pour que la croûte retrouve une épaisseur normale, mais plusieurs centaines de millions d'années. De plus, les volumes de sédiments déposés dans les bassins liés à la destruction des reliefs sont généralement insuffisants pour retrouver le volume initial de la chaîne de montagnes.

I Phénomènes tectoniques et disparition des reliefs

- Après la collision, l'effet conjugué du poids des reliefs et de la poussée d'Archimède de la racine crustale génère une force verticale supérieure à la contrainte tectonique horizontale : la chaîne de montagnes s'effondre sous son propre poids **(doc. 1)**.
- La conséquence de cet effondrement gravitaire est une extension post-collision, avec développement de **failles normales** et amincissement de la croûte continentale.

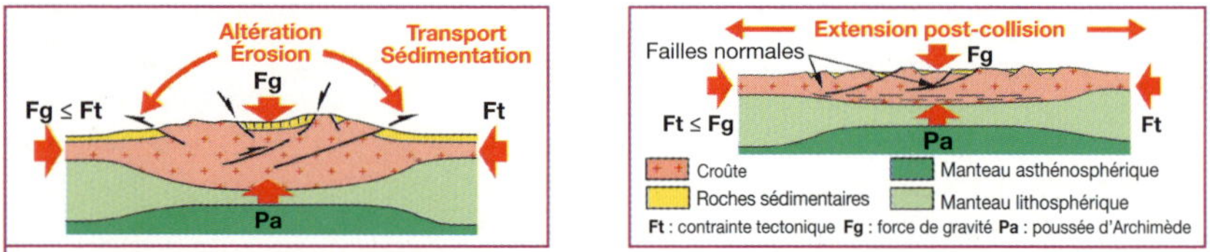

a. Au cours de la collision : altération et érosion dominent.

b. Collision achevée : les phénomènes tectoniques dominent.

Doc. 1. Les mécanismes à l'origine de la disparition des reliefs

- Cet amincissement conduit ainsi à la remontée vers la surface de roches situées dans la partie profonde des chaînes de montagnes, ce qui explique pourquoi ces roches affleurent plus largement dans les chaînes de montagnes anciennes.
- Des **phénomènes tectoniques** comme les **failles normales**, qui accompagnent l'extension post-collision, participent donc, comme l'érosion, à l'effacement des reliefs.

Ce sont généralement les failles inverses formées lors de la collision qui sont réactivées en **failles normales** lors de l'extension post-collision.

II Recyclage de la croûte continentale

Comme les matériaux océaniques, la lithosphère continentale est recyclée en permanence. Cependant, les mécanismes sont différents :

– Le **recyclage de la lithosphère océanique** est induit par la dissipation de l'énergie interne : la lithosphère océanique s'enfonce dans le manteau asthénosphérique où elle est progressivement incorporée au manteau profond. Au niveau des dorsales, de nouveaux matériaux mantelliques participent à la formation de lithosphère océanique.

– Le **recyclage de la lithosphère continentale** est essentiellement lié au cycle de l'eau : le démantèlement des reliefs par les agents atmosphériques est à l'origine de sédiments qui peuvent être, ensuite, soit de nouveau incorporés dans une chaîne de montagnes, soit, dans une moindre mesure, entraînés dans le plan de subduction. Cependant, l'eau libérée par le métamorphisme de ces sédiments lors de la subduction, participe aussi à la formation des magmas mantelliques créateurs de nouveau matériel continental.

Compte-tenu de la vitesse de déplacement des plaques, le temps de recyclage du **manteau** est de l'ordre du milliard d'années.

Le temps de recyclage de la **lithosphère continentale** est beaucoup plus court : environ 35 000 ans en moyenne.

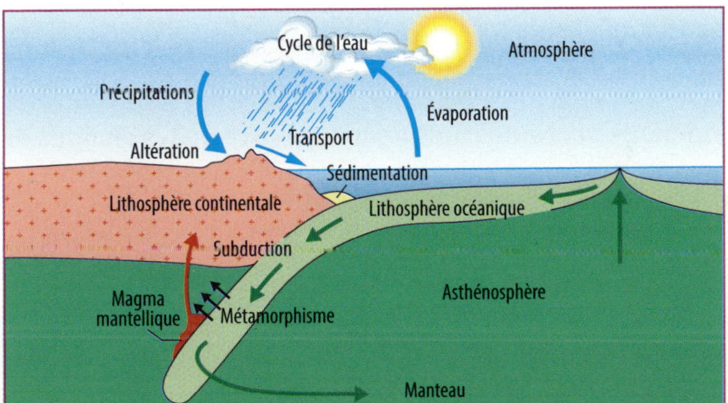

Doc. 2. Recyclage des lithosphères océanique et continentale

Les mécanismes de recyclage sont différents pour les deux lithosphères, ce qui explique que la croûte continentale puisse conserver les roches plus anciennes de la Terre.

Schémas bilans

Vérifiez que vous avez bien retenu les points importants des **fiches 20 à 33**.

Le domaine continental et sa dynamique

I Caractéristiques de la croûte continentale

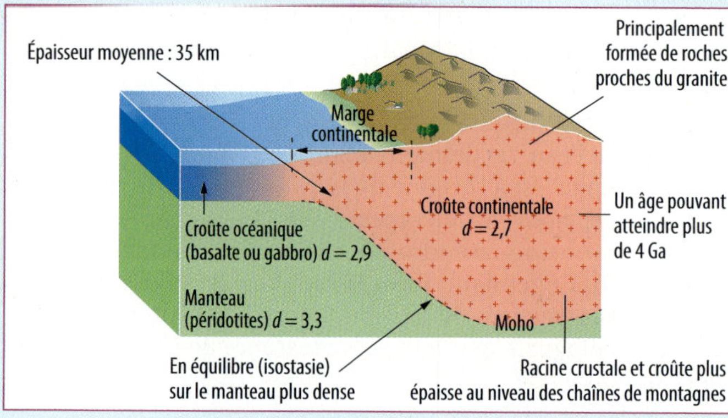

Une croûte plus épaisse, moins dense que la croûte océanique. La transition entre les deux croûtes se fait au niveau des marges continentales.

II Un épaississement de la croûte continentale au niveau des chaînes de montagnes

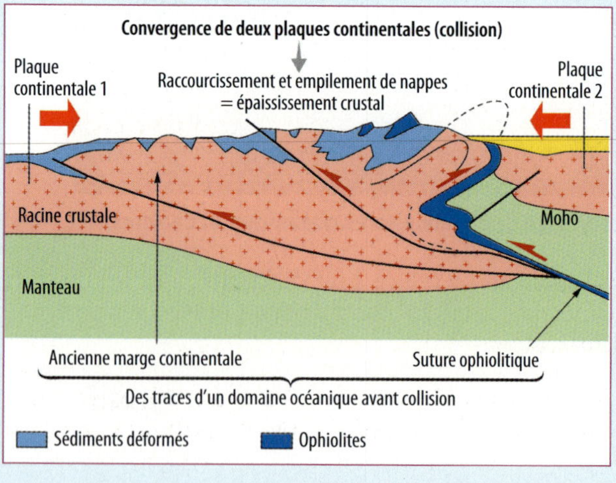

III Les zones de subduction, des lieux de production de la croûte continentale

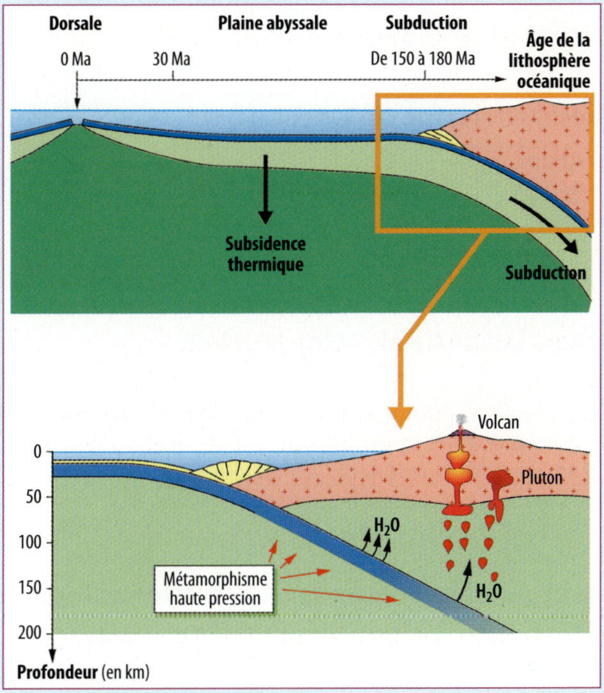

Une lithosphère qui se refroidit, s'épaissit, devient plus dense que l'asthénosphère et entre en subduction.

La déshydratation de la croûte océanique subduite libère l'eau responsable de la fusion des péridotites du manteau.

IV La disparition des reliefs

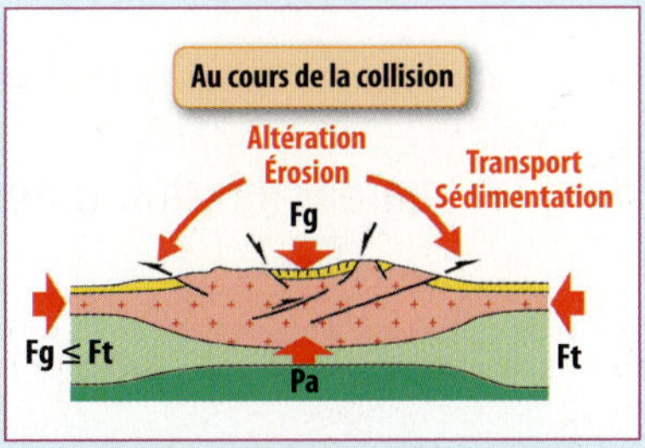

Tout relief est un système instable qui tend à disparaître dès qu'il se forme.

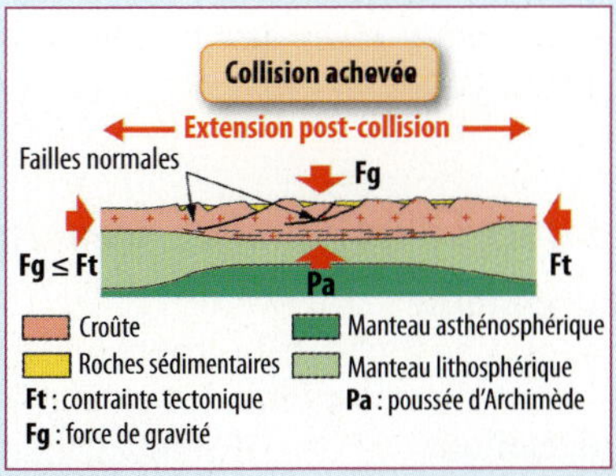

Altération et érosion contribuent au recyclage de la croûte continentale.

Quiz express

Vérifiez que vous avez bien retenu les points clés des **fiches 20 à 33**.

Les caractéristiques du domaine continental

1 La croûte continentale :

- [ ] **a.** est plus épaisse et plus dense que la croûte océanique
- [x] **b.** est parfois située sous le niveau de la mer
- [ ] **c.** n'est constituée que de granites.

FICHES 20 ET 21

Chaîne de montagnes, isostasie et racine crustale

2 La racine crustale :

- [x] **a.** exerce une « poussée d'Archimède » qui compense la charge excédentaire de croûte continentale que représente une chaîne de montagnes
- [x] **b.** est d'autant plus importante que le relief est élevé
- [x] **c.** peut atteindre 60 km sous certaines chaînes de montagnes.

FICHE 22

Indices tectoniques et pétrographiques de l'épaississement crustal

3 L'épaississement de la croûte continentale au niveau des chaînes de montagnes :

- [ ] **a.** est dû à un empilement de nappes de roches appartenant uniquement à la croûte continentale
- [x] **b.** est la conséquence du raccourcissement lié à la convergence de deux plaques continentales
- [ ] **c.** ne peut créer les conditions favorables à la fusion de la croûte continentale.

FICHES 23 ET 24

Les traces d'un domaine océanique dans les chaînes de montagnes

4 L'ophiolite :

- [ ] **a.** est une roche de la croûte océanique
- [x] **b.** est une association de plusieurs roches caractéristiques de la lithosphère océanique
- [ ] **c.** est le seul témoin d'un océan qui séparait les plaques continentales avant leur collision.

FICHE 25

Les conséquences et l'origine de la subduction

5 La subduction de la lithosphère océanique :

☐ **a.** entraîne uniquement la transformation des minéraux de la croûte océanique

☐ **b.** devient possible dès que la densité de la lithosphère océanique devient supérieure à celle de l'asthénosphère

☐ **c.** en exerçant une traction par la lithosphère océanique plongeante, joue un rôle moteur dans la tectonique des plaques.

FICHES 27 ET 28

Magmatisme et production de croûte continentale dans les zones de subduction

6 Le magmatisme au niveau des zones de subduction est caractérisé par :

☐ **a.** uniquement un volcanisme intense et fréquemment explosif

☐ **b.** des roches possédant des minéraux hydroxylés (avec des groupements OH)

☐ **c.** ne permet pas la création de nouveaux matériaux continentaux car le magma est d'origine mantellique.

FICHES 29 ET 30

La disparition des reliefs

7 La disparition des reliefs :

☐ **a.** commence uniquement après la collision des plaques continentales

☐ **b.** est liée uniquement aux processus physiques et chimiques de l'altération

☐ **c.** peut aussi s'expliquer par des phénomènes tectoniques.

8 Les produits de démantèlement des reliefs :

☐ **a.** sont transportés par l'eau, uniquement sous forme de particules solides

☐ **b.** participent au recyclage de la croûte continentale

☐ **c.** se déposent à proximité des reliefs ayant subi altération et érosion.

FICHES 31, 32 ET 33

RÉPONSES

1. b • 2. a et b • 3. b • 4. b • 5. c • 6. b • 7. c • 8. b

SUJET 26 | Les caractéristiques des croûtes continentale et océanique

EXERCICE DE TYPE 1

→ **Fiche 20** Les caractéristiques du domaine continental

DOCUMENT Épaisseur de la croûte terrestre (en km) d'après la mesure de la profondeur de la discontinuité du Moho

Épaisseur moyenne de la croûte continentale : 35 km
Épaisseur moyenne de la croûte océanique : 7 km
Épaisseur maximale de la croûte océanique : 10 km
En géographie, les continents désignent de grandes surfaces terrestres émergées.

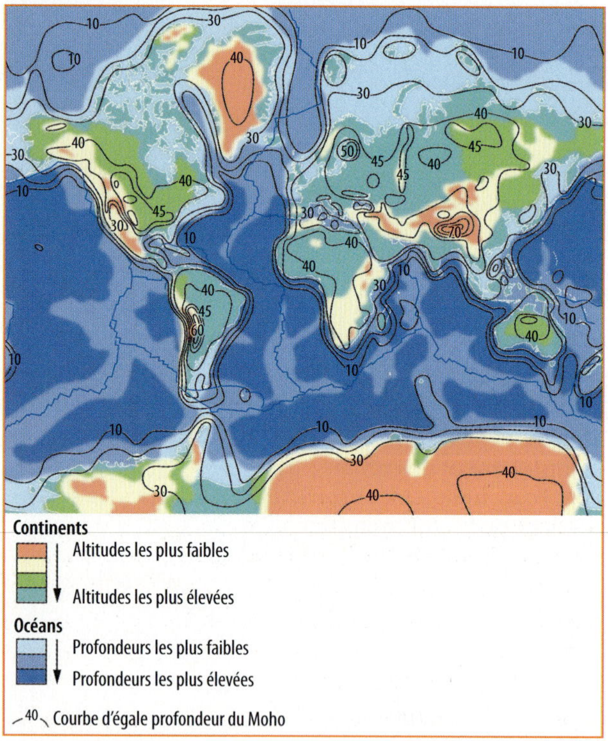

À partir du document, cocher parmi les affirmations ci-après celles qui sont exactes et celles qui sont fausses. Dans chaque cas, justifier la réponse.

Le document montre que :	vrai	faux
a. La croûte continentale est plus épaisse au niveau des chaînes de montagnes.	☐	☐
b. La croûte continentale est présente uniquement dans les régions émergées.	☐	☐
c. L'épaisseur de la croûte océanique est globalement constante au niveau de l'océan Pacifique.	☐	☐
d. La limite géographique continent – océan se superpose à la limite croûte océanique – croûte continentale.	☐	☐

PISTES POUR RÉUSSIR

- Pour continent et océan, ne pas confondre :
– la notion géographique, qui est basée sur l'émersion on non des surfaces,
– la notion géologique, qui est basée sur la distinction croûte continentale / croûte océanique.
- La marge continentale est la zone de transition entre croûte continentale et croûte océanique.

CORRIGÉ

- Les affirmations vraies sont **a** et **c**.

La réponse **a** est correcte car les zones continentales d'altitudes élevées, comme par exemple la chaîne de l'Himalaya, sont caractérisées par une croûte continentale dont l'épaisseur est beaucoup plus importante (environ 70 km) que l'épaisseur moyenne de cette croûte.

- La réponse **b** est fausse car une partie de la croûte continentale se prolonge sous le niveau marin au niveau des marges continentales. Le document montre, en particulier dans l'océan Arctique, de grandes surfaces de croûte continentale d'une épaisseur d'environ 30 km situées sous le niveau marin.
- La réponse **c** est correcte car l'épaisseur moyenne de la croûte océanique est de 7 km, et le document montre qu'au niveau de l'océan Pacifique la profondeur du Moho reste globalement inférieure à 10 km.
- La réponse **d** est fausse car le passage croûte continentale — croûte océanique est situé au niveau de la courbe d'épaisseur 10 km puisque cette valeur correspond à l'épaisseur maximale de la croûte océanique. Or le document montre que cette courbe est située nettement sous le niveau de la mer qui est la limite géographique entre continents et océans.

SUJET 27 | L'âge de deux roches de la croûte continentale

EXERCICE DE TYPE 1

→ **Fiche 21** L'âge de la croûte continentale

On se propose d'effectuer une datation radiochronologique de deux granites G1 et G2 à partir de mesures obtenues par la méthode rubidium - strontium.

DOCUMENT Datation radiochronologique de deux granites par la méthode rubidium – strontium

La méthode rubidium - strontium est fondée sur la décroissance radioactive du ^{87}Rb, un isotope radioactif du rubidium qui se désintègre spontanément en ^{87}Sr, un isotope du strontium. Pour connaître l'âge d'un granite, on mesure dans différents minéraux de cette roche les quantités de ^{87}Rb et ^{87}Sr ainsi que de ^{86}Sr, un isotope stable dont la quantité est supposée constante au cours du temps.

Les résultats obtenus permettent de construire, à partir des couples ($^{87}Rb/^{86}Sr$; $^{87}Sr/^{86}Sr$), une droite isochrone d'équation $y = ax + b$.

a est le coefficient directeur de la droite, et l'âge du granite est donné par la relation : $t = \ln(a + 1) / \lambda$, où λ correspond à la constante de désintégration.

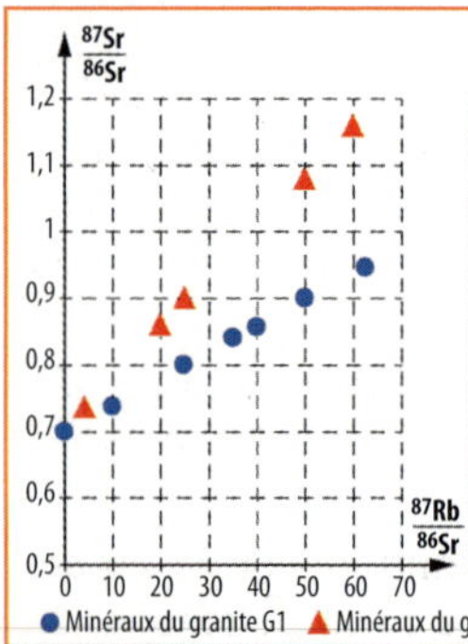

$$t = \frac{\ln(a+1)}{\lambda}$$

Coefficient directeur de l'isochrone noté a	Âge du granite noté t en millions d'années
0,001	70,4
0,002	141
0,003	211
0,004	281
0,005	351
0,006	421
0,007	491
0,008	561
0,009	631
0,01	701

À l'aide du document, trouver la réponse incontestablement exacte parmi les différentes propositions et justifier votre choix.

Le document montre que :

a. Les minéraux de ces granites contenaient la même quantité de ^{87}Rb initialement (à t_0).

b. Le granite G1 est plus ancien que le granite G2.

c. Le granite G1 est âgé de 281 millions d'années.

d. Le rapport $^{87}Sr/^{86}Sr$ et le rapport $^{87}Rb/^{86}Sr$ diminuent constamment au cours du temps.

e. Ces granites ont le même rapport initial $^{87}Sr/^{86}Sr$ et sont donc du même âge.

PISTES POUR RÉUSSIR

- La réponse à la proposition **b** ne nécessite pas un calcul exact du coefficient directeur mais est basée sur la comparaison relative des coefficients directeurs des deux droites isochrones.
- Pour justifier la proposition **c**, le calcul du coefficient directeur (a) de la droite isochrone doit être effectué sans calculatrice. Il faut donc choisir deux points de manière judicieuse sur le document pour trouver la valeur de a.

CORRIGÉ

La bonne réponse est la réponse **c** car, à partir de deux points judicieusement choisis sur la courbe, il est possible de calculer le coefficient directeur de la droite isochrone du granite G1, soit, pour les points (0 ; 0,7) et (50 ; 0,9) :

$$a = \frac{y_B - y_A}{x_B - x_A} = \frac{0{,}9 - 0{,}7}{50 - 0} = \frac{0{,}2}{50} = 0{,}004$$

Le tableau du document permet de confirmer l'âge du granite proposé dans la réponse **c**, soit 281 millions d'années.

- Le ^{87}Rb est un isotope radioactif qui se désintègre en ^{87}Sr. La quantité de ^{87}Rb diminue au cours du temps, mais de manière proportionnelle pour tous les minéraux des deux granites. Or, sur le document, ces minéraux possèdent des rapports ^{87}Rb/^{86}Sr différents, ils avaient donc des quantités de ^{87}Rb initialement différentes. La réponse **a** est incorrecte.
- Plus le coefficient directeur de la droite isochrone est important, plus l'âge de la roche est élevé : le granite G2 est plus âgé que le granite G1. La réponse **b** est incorrecte.
- La réponse **d** est incorrecte car le ^{87}Rb se désintégrant en ^{87}Sr, le rapport ^{87}Rb/^{86}Sr diminue mais le rapport ^{87}Sr/^{86}Sr augmente au cours du temps.
- Les deux droites isochrones ont bien la même ordonnée à l'origine, les deux granites possèdent donc initialement le même rapport ^{87}Sr/^{86}Sr. Ceci signifie qu'ils ont incorporé le ^{87}Sr et le ^{86}Sr dans les mêmes proportions à t_0 mais, en revanche, cela ne donne aucune indication sur leur âge. Seule l'évolution des rapports ^{87}Rb/^{86}Sr de leurs minéraux au cours du temps permet de dater ces roches. La réponse **e** est donc incorrecte.

SUJET 28 | La croûte continentale est en équilibre sur le manteau

EXERCICE DE TYPE 1

→ Fiche 22 Chaîne de montagnes, isostasie et racine crustale

DOCUMENT Équilibres et déséquilibres isostatiques

Le document représente, en A, une situation d'isostasie où une croûte continentale située au niveau d'une chaîne de montagnes de 2 km d'altitude est en équilibre sur le manteau.

Une croûte de même épaisseur a été représentée en B et C, mais dans deux autres situations qui ne correspondent pas à des situations d'isostasie.

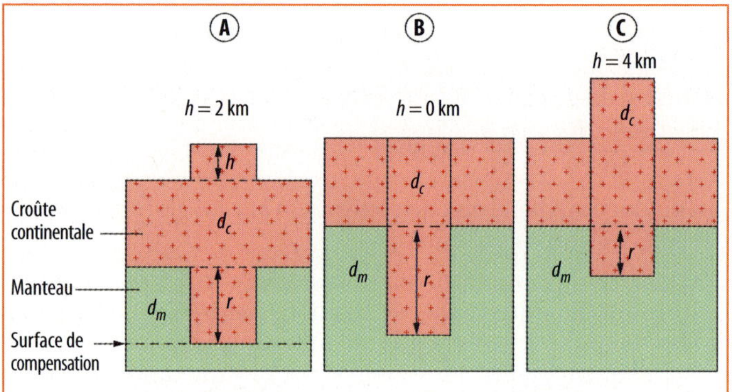

Viscosité du manteau = 10^{20} à 10^{21} Pa·s (pascals par seconde)
Viscosité de la croûte > 10^{23} Pa·s

d_c = densité de la croûte continentale (2,7 en moyenne)
d_m = densité du manteau lithosphérique (3,3)
r = racine crustale
h = hauteur des reliefs

À partir du document, cocher parmi les affirmations suivantes celles qui sont exactes et celles qui sont fausses. Dans chaque cas, justifier la réponse.

Le document montre que :	vrai	faux
a. La situation d'équilibre en A est liée à la plus faible viscosité des roches du manteau par rapport à celles de la croûte.	☐	☐
b. Dans la situation B, la croûte va se soulever jusqu'à atteindre la situation d'équilibre.	☐	☐
c. Dans la situation C, la croûte va se soulever car la racine crustale est très petite.	☐	☐
d. Dans la situation C, la croûte va s'enfoncer jusqu'à atteindre la situation d'équilibre.	☐	☐

PISTES POUR RÉUSSIR

- L'équilibre de la croûte continentale sur le manteau répond au principe d'Archimède : la racine crustale exerce une poussée verticale d'autant plus grande que la racine est profonde.
- Dans la situation A, la masse des roches situées au-dessus de la surface de compensation est la même en tout point. Il faut donc retrouver, pour les situations B et C, dans quel sens se déplace la croûte pour avoir un retour à l'équilibre des masses.

CORRIGÉ

- Les affirmations vraies sont **b** et **d**.
- La réponse **a** est fausse car l'équilibre entre la croûte et le manteau ne dépend pas de la viscosité des roches du manteau, mais de la différence de densité entre la croûte et le manteau : la charge excédentaire que représente une chaîne de montagnes de 2 km d'altitude est compensée, en vertu du principe d'Archimède, par une poussée induite par la racine crustale.
- La réponse **b** est correcte car la racine crustale dans la situation B est plus importante que dans la situation A. Elle va donc exercer une poussée vers le haut jusqu'à ce que l'équilibre des masses redevienne identique à la situation A.
- La réponse **c** est fausse et la réponse **d** est correcte car, dans la situation C, la charge d'une chaîne de montagnes de 4 km, deux fois plus haute que celle de la situation A, devrait être compensée par une racine crustale plus profonde qu'en A. Or ce n'est pas le cas, la croûte va donc s'enfoncer sous son propre poids jusqu'à retrouver l'équilibre des masses, identique à la situation A.

SUJET 29 | Des indices de l'épaississement crustal dans les Alpes

EXERCICE DE TYPE 2

→ Fiche 23 L'origine tectonique de l'épaississement crustal
→ Fiche 24 Les indices pétrographiques du raccourcissement

La chaîne des Alpes résulte de la collision entre la plaque africaine et la plaque européenne. Elle possède une croûte continentale épaisse qui peut atteindre 60 km sous les reliefs les plus élevés.

À partir de l'analyse des documents 1 à 3 et de vos connaissances, présenter les témoins d'un raccourcissement à l'origine d'un épaississement crustal au niveau des Alpes.

DOCUMENT DE RÉFÉRENCE Répartition théorique des déformations en fonction de la profondeur

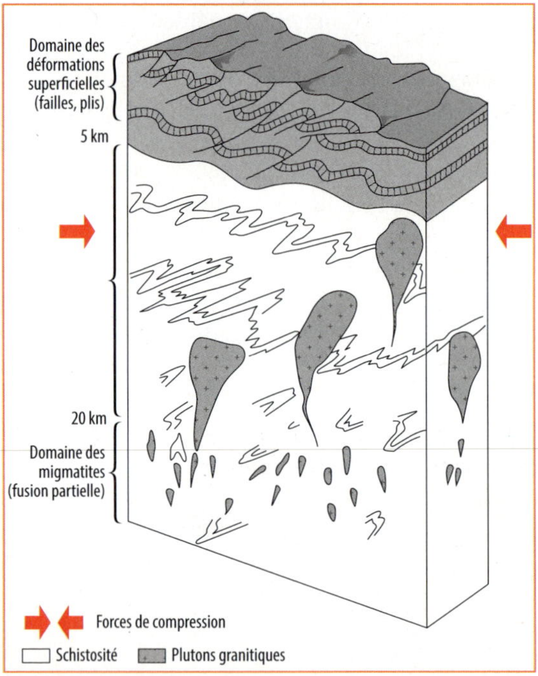

N.B. : les limites d'apparition de la schistosité et de la fusion peuvent varier suivant les conditions (pression, température, nature des roches…) rencontrées dans les chaînes de montagnes de collision.

DOCUMENT 1 Coupe verticale de la zone de collision dans les Alpes occidentales

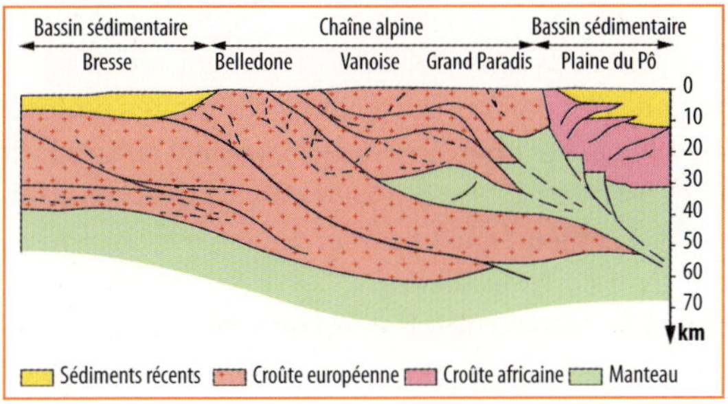

DOCUMENT 2 Deux paysages de la chaîne alpine

a. La falaise calcaire du Pas-Guiguet, dans le Grésivaudan

Tith. (Tithonien) et Kimm. (Kimméridgien) sont deux étages de l'ère secondaire.

b. La falaise de Saint-Clément

Les strates sont constituées de grès et de schistes (matériaux plastiques) datant de l'ère secondaire.

DOCUMENT 3 La falaise de La Paute, près de Bourg-d'Oisans, et le schéma interprétatif de l'affleurement

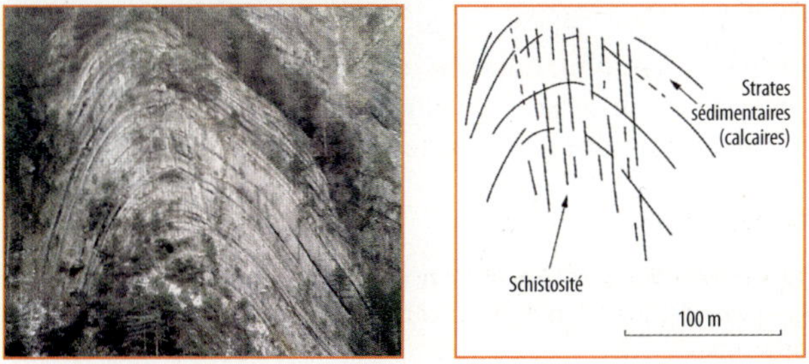

La schistosité correspond aux plans parallèles et régulièrement espacés qui se forment lors du métamorphisme des roches.

PISTES POUR RÉUSSIR

- Le document de référence, qui n'est pas à analyser, évoque que la formation d'une chaîne de montagnes de collision s'accompagne d'une tectonique en compression. Il faut chercher dans les documents les témoins caractéristiques d'une compression et donc d'un raccourcissement à différentes profondeurs.
- Les documents ne doivent pas être obligatoirement analysés dans l'ordre de leur présentation. Dans cet exercice, il peut être intéressant de commencer par les indices visibles à l'affleurement pour terminer par le document 1, qui montre les déformations à plus grande échelle.
- Pour répondre au problème posé, il est indispensable d'effectuer une mise en relation entre le raccourcissement et l'épaississement de la croûte continentale dans une chaîne de montagnes.

CORRIGÉ

Les indices d'un raccourcissement dans les Alpes sont visibles dans les paysages présentés dans les documents 2 et 3.

Exploitation du document 2

- Les roches sédimentaires se déposant sous forme de strates horizontales lors de leur dépôt, les paysages du document 2 montrent les traces de déformations affectant des roches sédimentaires après leur dépôt.
- Dans le **document 2a**, il s'agit d'une déformation cassante, une faille qui décale les strates calcaires du Tithonien. Le mouvement indiqué par les flèches situées le long de la faille, permet de préciser qu'il s'agit d'une **faille inverse** car les calcaires du Tithonien moyen viennent recouvrir ceux du Tithonien supérieur.
- Le **document 2b** montre un **pli,** une déformation souple dans des roches plastiques.
- La mise en relation de ces **déformations** avec le document de référence montre que faille inverse et pli se forment superficiellement sous l'action de forces de compression, ce sont donc des indices d'un raccourcissement.

Exploitation du document 3

- Le document 3 montre une superposition entre un plissement des strates calcaires et une schistosité.

■ La mise en relation de cette observation avec le document de référence montre que ces roches calcaires ont été portées à une profondeur d'au moins 5 km au cours de la collision et ont donc subi un **métamorphisme** lié au raccourcissement.

Exploitation du document 1

■ Le document 1 montre des déformations à plus grande échelle : des failles recoupent à la fois la croûte continentale et le manteau et délimitent des **nappes de roches**, à l'échelle de la lithosphère.

■ Ces nappes, en se chevauchant, s'empilent les unes sur les autres et sont ainsi responsables d'un épaississement de la croûte avec une épaisseur qui peut atteindre 60 km, c'est-à-dire environ le double de l'épaisseur moyenne de la croûte continentale.

Synthèse

Sous l'effet d'énormes contraintes compressives liées à la convergence entre la plaque africaine et la plaque européenne, un raccourcissement horizontal entraîne différentes déformations : plis, failles inverses, chevauchement de nappes et métamorphisme en profondeur. L'empilement des nappes tectoniques est à l'origine de l'épaississement de la croûte continentale et de la formation d'une racine crustale au niveau de la chaîne des Alpes.

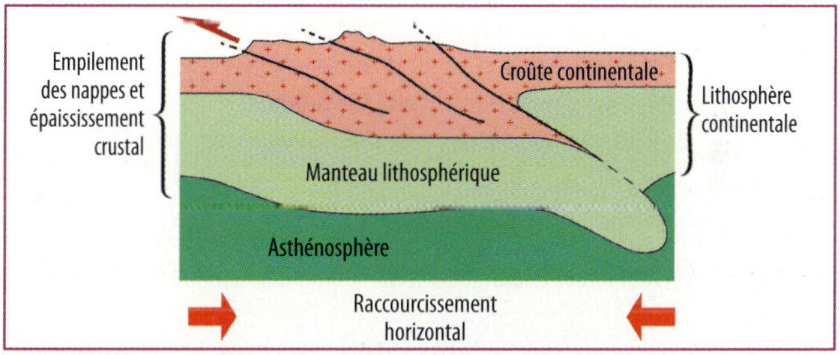

SUJET 30 | Des indices d'un domaine océanique dans les Alpes

EXERCICE DE TYPE 2

→ **Fiche 23** L'origine tectonique de l'épaississement crustal
→ **Fiche 25** Traces d'un domaine océanique dans les chaînes de montagnes

La chaîne alpine est actuellement considérée comme résultant de la fermeture d'un domaine océanique à la suite de la convergence de deux plaques lithosphériques continentales.

À partir des informations apportées par l'étude des documents, complétées par vos connaissances, identifier des témoins de cet ancien domaine océanique et de son raccourcissement.

DOCUMENT 1 Coupe géologique dans le massif ophiolitique du Chenaillet (à l'est de Briançon)

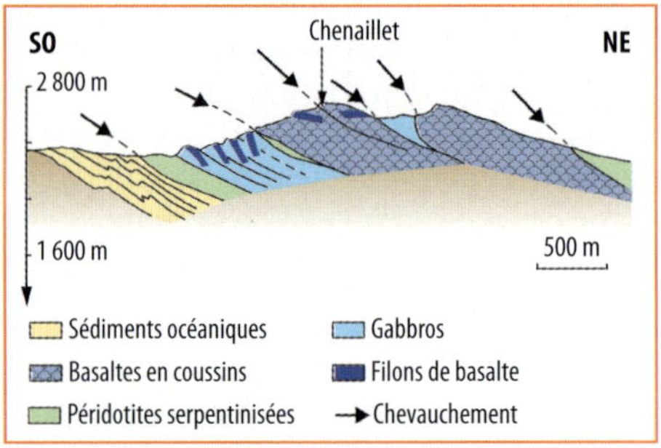

DOCUMENT DE RÉFÉRENCE Coupe schématique de la partie supérieure d'une lithosphère océanique

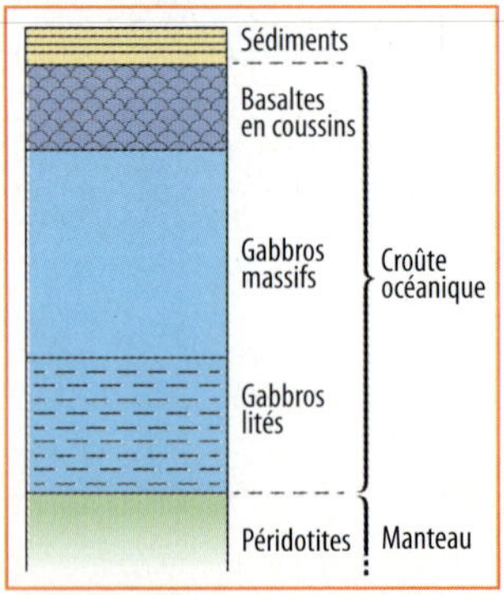

DOCUMENT 2 Coupe géologique d'une région des Alpes située à l'est de Grenoble

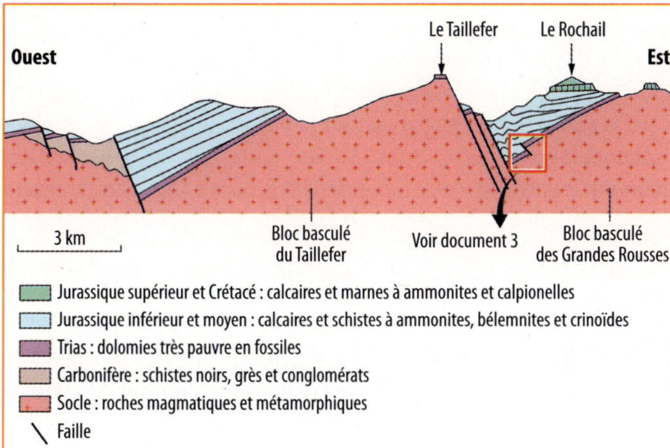

Ammonites et bélemnites : mollusques marins pélagiques (nageant en pleine mer)
Crinoïdes : organismes benthiques (fixés sur les fonds marin)
Calpionelles : organismes unicellulaires marins pélagiques

DOCUMENT 3 Détail de la structure géologique de la région localisée sur le document 2

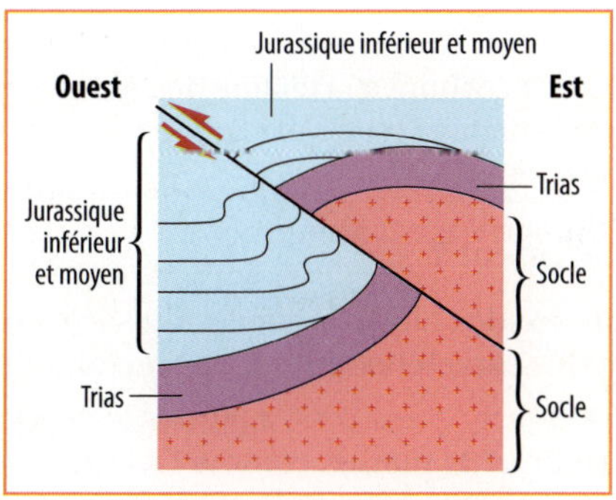

PISTES POUR RÉUSSIR

- Le sujet comporte deux parties :
– d'une part, il s'agit de trouver les indices d'un domaine océanique,
– d'autre part, il faut montrer que ce domaine a subi un raccourcissement.
- Le domaine océanique correspond à l'océan lui-même ainsi qu'aux marges situées en bordure de cet océan où se fait la transition croûte océanique – croûte continentale.
- Le document 2 présente deux types de failles dont il faut bien caractériser les mouvements afin de déterminer si ces failles ont été générées par des forces tectoniques de compression ou d'extension.

CORRIGÉ

Les indices de la présence d'un domaine océanique dans les Alpes sont apportés par les documents 1 et 2.

Exploitation du document 1

- Le document 1 montre une association de plusieurs roches : sédiments océaniques, péridotites, gabbros et basaltes en coussins ou en filons. La mise en relation avec le document de référence montre que cette association de roches est identique à celle présente dans la partie supérieure de la lithosphère océanique.
- L'ensemble des roches du document 1 correspond donc à un fragment de lithosphère océanique, incorporé à la chaîne des Alpes lors de la convergence de deux plaques continentales. Cette association de roches constitue un complexe ophiolitique ou **ophiolite**.

Exploitation du document 2

- Le document 2 montre des blocs de roches du socle continental, recoupés par des **failles normales** caractéristiques d'une tectonique en extension.
- Cette structure dite en **blocs basculés**, a permis le dépôt, au Jurassique inférieur et moyen, de sédiments marins comme l'attestent les fossiles d'ammonites, de bélemnites ou de crinoïdes qu'ils renferment.
- Failles normales et blocs basculés sont des structures caractéristiques d'une **marge continentale passive**, zone de transition vers la croûte océanique où la croûte continentale s'amincit progressivement.

Cependant, des indices du raccourcissement de ce domaine océanique sont présents dans les documents 1 et 3.

Exploitation du document 1

- Le document de référence indique que la succession verticale des roches de la lithosphère océanique va des péridotites à la base, vers les sédiments au sommet. Or, cette superposition n'est pas respectée dans l'ophiolite du Chenaillet (document 1) où les péridotites recouvrent par exemple à gauche, les sédiments océaniques.
- Cette disposition des roches, non conforme au document de référence, s'explique par la présence des **chevauchements** qui ont découpé ce complexe ophiolitique et mis en contact des roches qui n'étaient pas initialement superposées.
- La présence de ces chevauchements témoigne que la lithosphère océanique a subi un raccourcissement, d'où la présence actuellement d'une ophiolite à plus de 2 000 m d'altitude.

Exploitation du document 3

- Dans le document 3, on constate la présence d'une faille dont le compartiment de droite est surélevé par rapport au compartiment de gauche, ce qui amène des roches du Trias à recouvrir des roches plus récentes du Jurassique inférieur et moyen. Il s'agit donc d'une **faille inverse** qui est le témoin d'un tectonique en compression et donc d'un raccourcissement.

Synthèse

La chaîne alpine renferme bien des indices d'un domaine océanique :

– une ophiolite, comme celle du Chenaillet, qui correspond à un fragment de lithosphère océanique ;

– des failles normales et des blocs basculés qui sont caractéristiques d'une des marges passive située en bordure de cet océan.

La convergence des plaques continentales à l'origine de la formation des Alpes a ensuite entraîné la fermeture de ce domaine océanique, ce qui a entraîné son raccourcissement comme l'attestent la présence, d'une part, d'ophiolites situées actuellement en haute altitude et, d'autre part, de failles inverses ou de chevauchements dans des roches situées initialement dans ce domaine océanique.

SUJET 31 | Origine de la subduction océanique

EXERCICE DE TYPE 2

→ **Fiche 27** Les conséquences de la subduction
→ **Fiche 28** L'origine de la subduction

À partir de l'étude des documents et de vos connaissances, expliquer :
- d'une part, comment la modification de la densité de la lithosphère océanique peut lui permettre d'entrer en subduction ;
- et, d'autre part, comment les transformations de la croûte océanique entretiennent la subduction de la lithosphère océanique.

Le document de référence pourra être utilisé pour y placer les conditions rencontrées par les roches de la croûte océanique lors de la subduction.

DOCUMENT 1 Structure de la lithosphère océanique depuis la dorsale jusqu'à la marge continentale

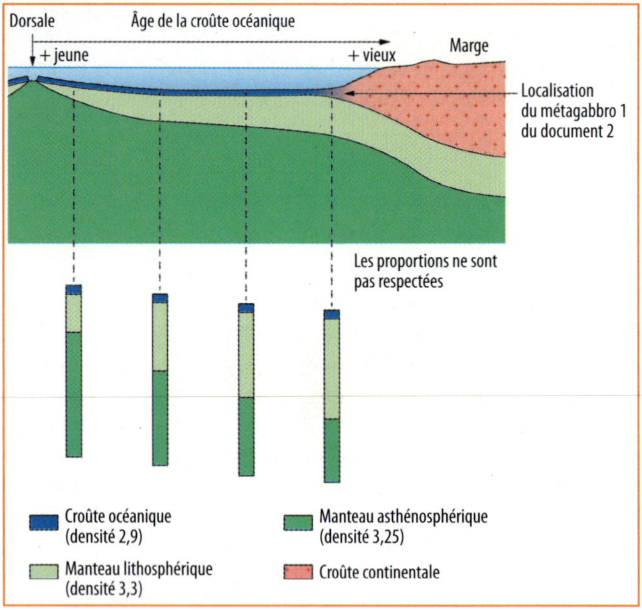

DOCUMENT 2 Trois exemples de métagabbros

Un métagabbro est un gabbro ayant subi des transformations minéralogiques.

a. Composition minéralogique du métagabbro 1 (localisé sur le document 1)

Roche	Métagabbro 1
Composition minéralogique	Plagioclase Pyroxène relique Chlorite Actinote

b. Photographie d'une lame mince d'un métagabbro 2 et son schéma d'interprétation
Métagabbro trouvé dans la vallée du Guil, dans les Alpes.

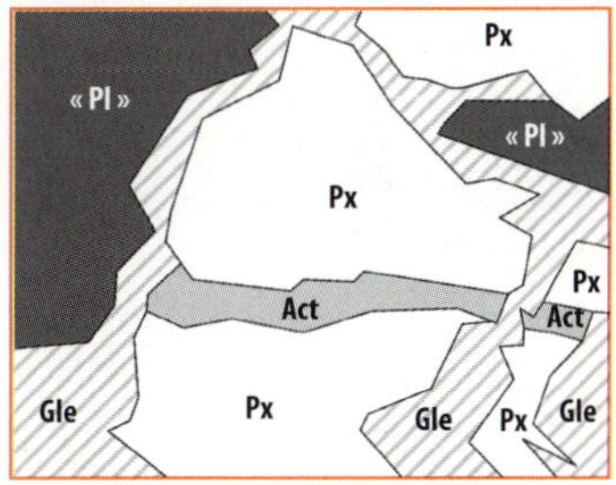

Pl : plagioclase – Px : pyroxène – Act : actinote – Glc: glaucophane

c. Photographie d'une lame mince du métagabbro 3 au microscope polarisant (échantillon prélevé dans la zone interne des Alpes)

DOCUMENT 3 Densité des trois métagabbros

Roche	Densité
Métagabbro 1	2,9
Métagabbro 2	3,1
Métagabbro 3	3,5

DOCUMENT DE RÉFÉRENCE Domaines de stabilité des quelques associations de minéraux de la croûte océanique

On précise que des minéraux formés dans un domaine de température et de pression donné peuvent être encore présents même si la roche n'est plus dans ce domaine (minéraux reliques).

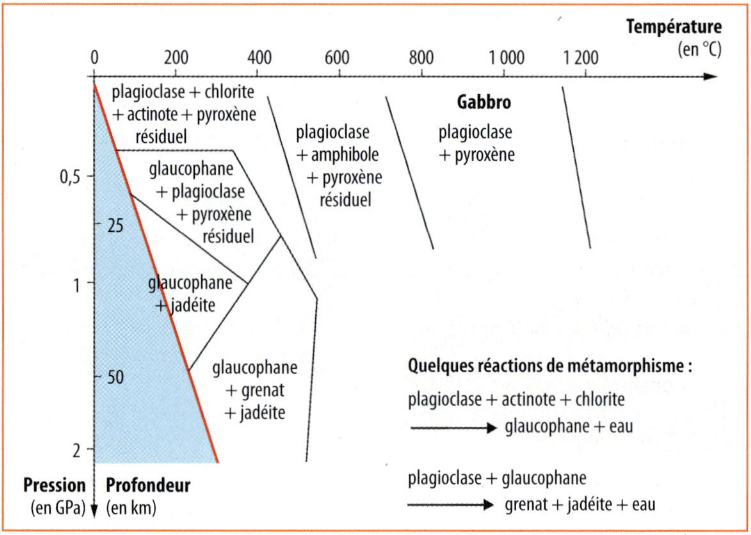

PISTES POUR RÉUSSIR

- Aucun calcul n'est attendu pour l'analyse du document 1. En revanche, les modifications de densité doivent être mises en relation avec les variations d'épaisseur de la lithosphère océanique ;
- Comme le suggère l'énoncé, le document de référence doit être complété afin de reconstituer les conditions dans lesquelles les métagabbros se sont formés.
- Le sujet comporte deux parties, il est conseillé de faire un bilan partiel pour chacune d'entre elles avant de faire une synthèse générale.

CORRIGÉ

Exploitation du document 1

- Le document 1 montre que, lors de l'expansion océanique, l'épaisseur de la croûte océanique ne varie pas. En revanche, l'épaisseur du manteau lithosphérique est plus importante près de la marge, où la lithosphère est plus âgée, qu'au niveau de la dorsale, où elle est plus jeune.
- On en déduit que plus la lithosphère océanique est âgée, plus elle s'épaissit par accolement progressif de manteau lithosphérique à sa base.
- Le manteau lithosphérique ayant une densité de 3,3, il y a donc, parallèlement à la variation de l'épaisseur de la lithosphère océanique, une augmentation de sa densité depuis la dorsale vers la marge.
- Lorsque l'épaisseur du manteau lithosphérique devient importante, la densité de la lithosphère océanique se rapproche de celle du manteau lithosphérique, c'est-à-dire 3,3, et peut donc devenir supérieure à celle du manteau asthénosphérique, de densité 3,25. Dans ce cas, l'équilibre entre la lithosphère océanique et l'asthénosphère devient instable et la lithosphère océanique peut alors entrer en subduction.

Synthèse partielle

L'entrée en subduction de la lithosphère océanique est donc liée à l'augmentation de sa densité au cours de son éloignement de la dorsale : la subduction devient possible quand la densité de la lithosphère océanique devient supérieure à celle de l'asthénosphère.

Exploitation du document 2

- La mise en relation du document 2 avec le document de référence permet de reconstituer, à partir de la composition minéralogique des métagabbros, les conditions de pression et de température dans lesquelles ils se sont formés :

– Le métagabbro 1 s'est formé dans des conditions peu profondes : pression inférieure à 0,5 GPa et donc à une profondeur inférieure à 10 km.

– Les compositions minéralogiques des métagabbros 2 et 3 s'expliquent par l'évolution du métagabbro 1 sous l'effet d'une augmentation de la température, mais aussi et surtout, de pression supérieure à 0,5 GPa pour le métaggabro 2 et à 1 GPa pour le métaggabro 3.

- Cette évolution traduit donc un enfouissement de la croûte océanique lors de la subduction jusqu'à une profondeur d'environ 50 km, comme le montre le schéma ci-après.

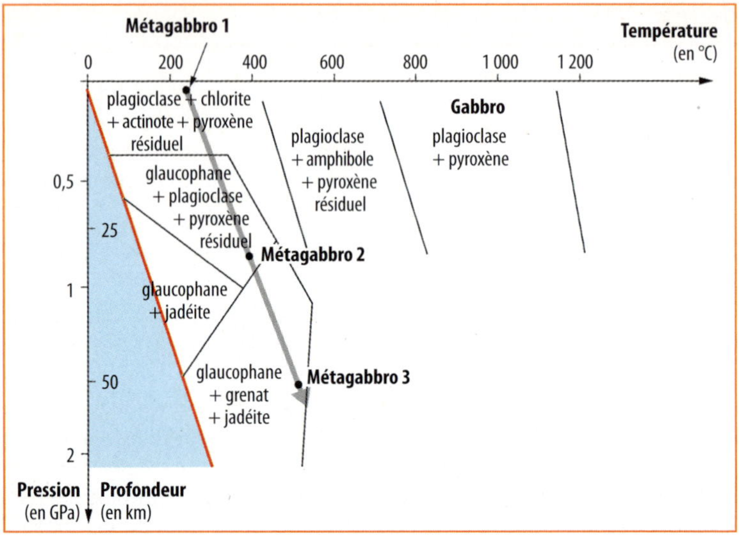

Exploitation du document 3

Le document 3 montre qu'au cours de l'enfouissement des métagabbros, leur densité augmente et atteint 3,5 pour les métagabbros 3. La densité de ces métagabbros étant supérieure à celle de l'asthénosphère et du manteau lithosphérique, elle va donc favoriser la subduction.

Synthèse partielle

Les roches de la croûte océanique entraînées dans la subduction vont, sous l'effet de l'augmentation de la pression et de la température, subir, à grande profondeur, des modifications minéralogiques qui vont entraîner une augmentation de leur densité. Celle-ci va entretenir la subduction de la lithosphère océanique dans l'asthénosphère car la densité des roches transformées est supérieure à celle de l'asthénosphère.

Synthèse générale

La subduction de la lithosphère océanique est donc un phénomène provoqué par l'augmentation de la densité de la lithosphère océanique lors de son expansion puis entretenu par celle des roches de la croûte océanique transformées lors de la subduction.

SUJET 32 | Origine du magmatisme des zones de subduction

EXERCICE DE TYPE 2

→ Fiche 29 Magmatisme et production de croûte continentale dans les zones de la subduction
→ Fiche 30 Origine du magmatisme des zones de subduction

Au niveau des zones de subduction, on constate un intense volcanisme aérien explosif manifestant un magmatisme important. On admet actuellement que ce dernier a pour origine une fusion partielle des péridotites du manteau.

À partir de la mise en relation des informations extraites des documents et de vos connaissances, rechercher les conditions qui permettent d'expliquer la fusion partielle des péridotites dans les zones de subduction.

DOCUMENT 1 Les caractéristiques des zones de subduction

Localisation de la zone de fusion, des isothermes (500 °C, 750 °C et 1 000 °C) et emplacement des deux roches A et B de la croûte océanique décrite dans le document 3.

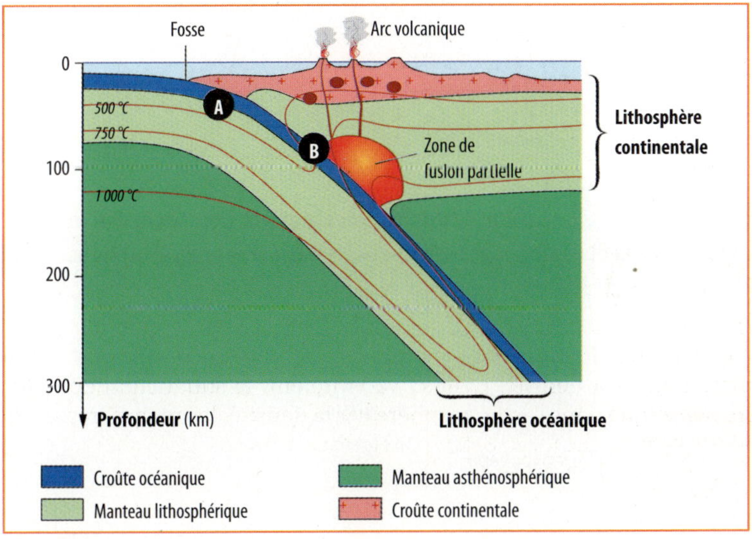

DOCUMENT 2 Résultats expérimentaux montrant l'état des péridotites en fonction de la température et de la pression, et géotherme de zone de subduction

Le solidus est la limite séparant l'état solide, à gauche de la courbe, de l'état partiellement liquide, à droite de la courbe : le solidus représente donc la courbe de fusion partielle.
Le géotherme correspond à l'augmentation de la température en fonction de la profondeur.
La pression est exprimée en hectopascals (hPa).

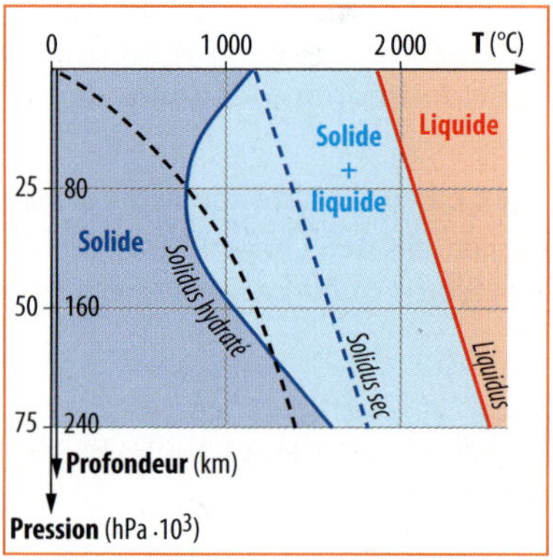

DOCUMENT 3 Composition minéralogique des roches A et B

Les roches A et B sont des métagabbros, des anciens gabbros ayant subi une subduction avant d'être ramenés à la surface.

Roches	A	B
Composition minéralogique	PL : plagioclase Py : pyroxène Gl : glaucophane	Ja : jadéite Gr : grenat

Plagioclase : $(Na,Ca)Si_2Al_2O_8$
Jadéite : $NaAlSi_2O_6$
Pyroxène : $Ca(Mg,Fe)_3(Al,Fe^{3+})_2Si_3O_{12}$
Grenat : $(Ca,Mg,Fe)_3(Al,Fe^{3+})Si_3O_{12}$
Glaucophane : $Na_2(Mg,Fe)_3Al_2Si_8O_{22}(OH)_2$

La présence d'un radical OH dans la composition d'un minéral signifie qu'il est hydraté.

PISTES POUR RÉUSSIR

- Le document 1 permet de trouver les conditions dans lesquelles se déroule la fusion partielle des péridotites dans les zones de subduction.
- La mise en relation avec les documents 2 et 3 permet d'expliquer l'origine de la fusion dans les zones de subduction.
- Enfin, la mise en relation des trois documents permet de voir le lien entre le métamorphisme et le magmatisme au niveau d'une zone de subduction.

CORRIGÉ

Exploitation du document 1

- Le document 1 indique les conditions dans lesquelles se situe la zone de fusion partielle des péridotites :
– une profondeur d'environ 100 km,
– une température proche de 1 000 °C.
- Ce document montre aussi que la zone de fusion se situe au-dessus de la croûte océanique entraînée en profondeur dans la subduction et à une profondeur plus importante que la roche B.

Exploitation du document 2

- Le document 2 indique que le géotherme des zones de subduction ne recoupe pas le solidus sec et que, dans les conditions relevées dans le document 1 (profondeur de 100 km et température de 1 000 °C), la fusion d'une péridotite n'est pas possible.
- En revanche, si la péridotite est hydratée, son solidus est décalé vers des températures plus basses de plusieurs centaines de degrés : l'eau facilite donc la fusion des roches.
- L'abaissement de la température du solidus des péridotites par apport d'eau permet donc la fusion des péridotites, à la profondeur de 100 km et à la température de 1 000 °C, ce qui est confirmé par le fait que le géotherme recoupe le solidus humide.

Exploitation du document 3

- Le document 3 indique que les roches A et B sont des métagabbros. La mise en relation avec le document 1, montre que les roches B ont été entraînées dans la subduction à une profondeur supérieure à celle des roches A.

- Lors de cet enfouissement, ces roches subissent un **métamorphisme** marqué par des transformations minéralogiques : les métagabbros A à glaucophane se transforment en métagabbros B à jadéite et grenat.
- Or, le glaucophane est un minéral hydraté car il possède un radical OH dans sa composition alors que la jadéite et le grenat ne possèdent pas de radical OH, ce sont des minéraux anhydres.
- La transformation métamorphique des roches A en roche B lors de la subduction a donc pour conséquence **une libération d'eau**.

Synthèse

Le métamorphisme des roches de la croûte océanique permet de libérer de l'eau lors de la subduction. Cette eau libérée va hydrater les péridotites situées au-dessus de la plaque plongeante. La présence d'eau abaissant la température de fusion des roches, les péridotites vont alors subir une fusion partielle lorsqu'elles atteignent une température d'environ 1 000 °C.

La fusion partielle des péridotites donne naissance à des magmas qui vont remonter et s'épancher en surface, à l'origine du volcanisme intense des zones de subduction. Une autre partie de ces magmas d'origine mantellique va cristalliser en profondeur pour donner des roches plutoniques et donc aboutir à la création de nouveaux matériaux continentaux.

ENJEUX PLANÉTAIRES CONTEMPORAINS

Géothermie et agriculture

FICHES

BILAN

SUJETS CORRIGÉS

34 Propriétés thermiques de la Terre

La Terre, de par sa position dans le système solaire, reçoit beaucoup d'énergie du Soleil. L'énergie solaire est en partie responsable des conditions physico-chimiques qui règnent à la surface de la Terre. Cependant, un flux thermique d'origine interne se dirige aussi vers sa surface.

I Le gradient géothermique, une valeur mesurée

- Au-delà de 15 m sous la surface de la Terre, la température des roches ne dépend plus ni de l'énergie solaire reçue en surface ni des variations climatiques ou saisonnières, mais des conditions géologiques existant en profondeur.
- Les mesures de température, effectuées par exemple par une sonde dans des forages, montrent que, dans les premiers kilomètres de la croûte terrestre, **la température croît avec la profondeur**.
- Cet accroissement de la température en fonction de la profondeur, ou gradient géothermique, varie avec la composition et l'âge des roches. Il est en **moyenne**, sur la planète, de **33 $°C \cdot km^{-1}$**.

> Le **gradient géothermique** est en moyenne de 40 $°C \cdot km^{-1}$ en France.

II Le flux géothermique, une valeur estimée

- L'augmentation de la température en profondeur montre qu'un flux thermique atteint la surface en provenance des profondeurs de la Terre. Le **flux géothermique** correspond au flux thermique traversant une surface terrestre donnée par unité de temps. Il est exprimé généralement en **$mW \cdot m^{-2}$**.
- La valeur du flux est obtenue en multipliant la conductivité thermique des roches par le gradient géothermique. La conductivité thermique se mesure en laboratoire, sur les échantillons de roches récoltées dans les forages. Le flux géothermique est ainsi **estimé à partir de plusieurs forages voisins** avec une incertitude de l'ordre de 10 %.
- Le flux géothermique est d'environ 70 $mW \cdot m^{-2}$ en moyenne à la surface du globe, mais il est **inégalement réparti** : environ de 60 $mW \cdot m^{-2}$ au niveau des continents, il peut atteindre 250 $mW \cdot m^{-2}$ à l'axe des dorsales océaniques **(doc. 1)**. Il existe donc un lien entre flux géothermique et tectonique des plaques.

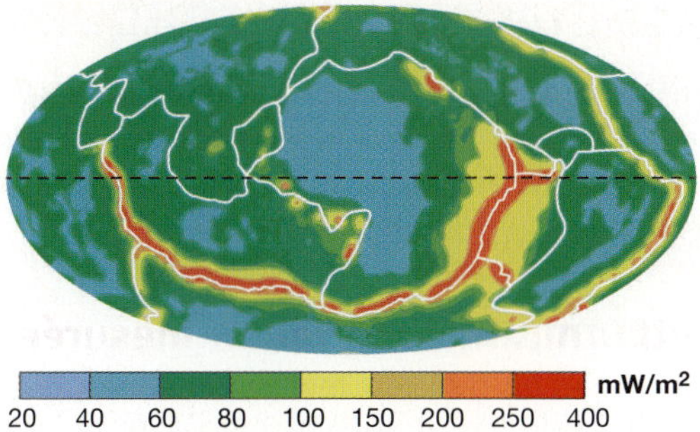

Doc. 1. **Carte mondiale du flux géothermique**

III L'origine du flux géothermique

Les isotopes de l'uranium sont, avec le thorium, ceux qui fournissent le plus d'**énergie thermique.**

- Le flux thermique a pour origine principale la **désintégration des éléments radioactifs** contenus dans les roches. C'est le cas par exemple des isotopes de l'uranium (^{238}U et ^{235}U), du thorium (^{232}Th) et du potassium (^{40}K) qui, en se désintégrant spontanément, libèrent de l'énergie thermique.
- Les concentrations en éléments radioactifs ne sont pas uniformes dans les différentes enveloppes de la Terre **(doc. 2)** : elles sont importantes dans les roches de la croûte continentale. Cependant, si on tient compte des volumes des enveloppes, la croûte continentale ne produit qu'un tiers de l'énergie interne. Les deux tiers restants le sont par le **manteau** qui est donc l'enveloppe terrestre qui **produit le plus d'énergie**.

Enveloppes du globe terrestre	Volume (km³)	Teneur en uranium (tonne/km³)	Puissance dégagée par km³ (W/km³)	Puissance totale (W)
Croûte continentale	$4{,}5 \times 10^9$	1 800	1 700	$7{,}65 \times 10^{12}$
Croûte océanique	$4{,}0 \times 10^9$	300	340	$1{,}36 \times 10^{12}$
Manteau	920×10^9	30	30	20 à 30×10^{12}
Noyau	180×10^9	?	?	1 à 10×10^{12}

Doc. 2. **Énergie thermique issue de la radioactivité dans les différentes enveloppes du globe terrestre**

35 La Terre, une machine thermique

L'inégale répartition du flux géothermique à la surface de la Terre est liée à la tectonique des plaques. La mise en évidence des mécanismes de transfert de l'énergie interne vers la surface est un moyen de comprendre le fonctionnement global de la planète.

I La conduction thermique

- Dans un corps non déformable, un transfert thermique s'effectue depuis une zone chaude vers une zone froide, sans mouvement de matière par **conduction**.
- Ce transfert, de type diffusif, se réalise de proche en proche, d'atome à atome mais, comme la conductibilité thermique des roches est très faible, ce **mécanisme est très lent** : il faut 100 millions d'années pour traverser 50 km de lithosphère par conduction.
- Si toute l'énergie interne de la Terre était dissipée uniquement par conduction, le flux géothermique devrait être homogène à la surface du globe. La conduction ne peut donc expliquer à elle seule le flux élevé au niveau des dorsales océaniques.

II La convection mantellique

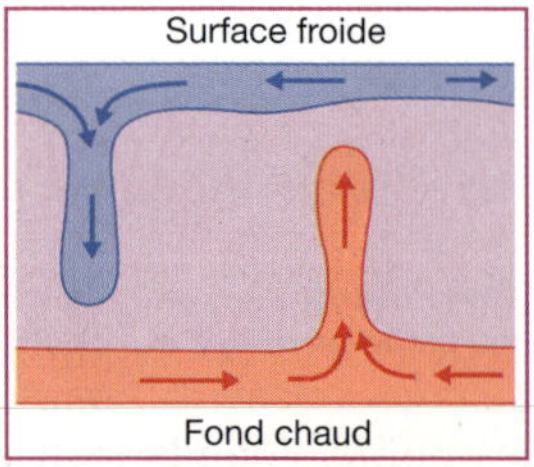

- Dans un corps déformable, la mise en mouvement de la matière va permettre un transfert thermique par **convection**. C'est le cas par exemple d'un corps chauffé par le bas et refroidi par le haut, la matière froide plus dense, descend et la matière chaude plus légère monte.
- Le mécanisme de convection est induit et entretenu par une différence de densité de la matière, d'origine thermique. La mise en évidence des mouvements de convection dans le manteau, principale enveloppe responsable du flux géothermique, est possible par la tomographie sismique.

La **convection** assure un transfert thermique plus efficace que la conduction.

▪ Les images tomographiques montrent que le **flux géothermique, élevé** au niveau des dorsales océaniques, traduit une ascension de matériaux chauds à leur niveau, associée à la **production de nouvelle lithosphère**.

▪ Au contraire, dans les **zones de subduction**, le plongement d'une lithosphère océanique froide et âgée devenue plus dense que l'asthénosphère entraîne un **flux faible**.

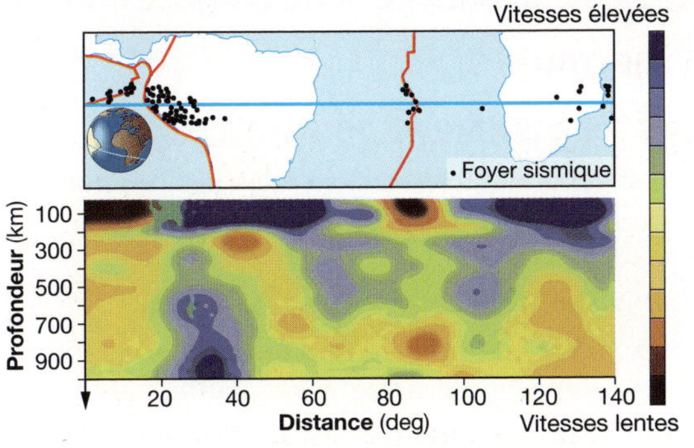

Doc. Tomographie sismique à travers le globe terrestre
Une accélération de vitesse correspond à une zone froide (en bleu), et une diminution de vitesse à une zone chaude (en rouge).

▪ La tomographie sismique montre de plus :

- que dans la majorité des zones de subduction, la lithosphère froide plonge jusqu'à la limite manteau - noyau ;
- que la remontée du manteau chaud, à l'aplomb des dorsales, ne provient pas de la base du manteau mais d'une profondeur d'environ 200 km. Seuls les points chauds sont associés à un flux ponctuel remontant de la limite manteau - noyau.

▪ Ces données permettent de construire un modèle de la dynamique du manteau dans le cadre de la tectonique globale. La subduction de la lithosphère océanique froide et dense déclenche une descente active de matière froide dans le manteau. Au niveau des dorsales, la remontée de matériaux chauds vient alors compenser de manière passive l'écartement des plaques en surface. Dans ce modèle, seuls les points chauds représentent la trace d'une remontée active et ponctuelle de manteau d'origine profonde.

Un **modèle** de la dynamique du manteau est présenté en bilan page 193.

36 L'énergie géothermique, une ressource inépuisable

La géothermie, du grec *géo* (terre) et *thermos* (chaleur), est la science qui étudie les phénomènes thermiques internes du globe terrestre. Par extension, ce terme désigne aussi les techniques d'exploitation de cette source d'énergie.

I Différents types de gisement géothermique

- L'énergie géothermique est généralement stockée dans des **nappes d'eaux chaudes**, plus ou moins profondes. L'exploitation se fait à l'aide de forages comprenant un puits d'extraction et un puits de réinjection de l'eau.
- Ces réservoirs géothermiques sont situés :

– soit dans des contextes géologiques privilégiés, comme par exemple les zones volcaniques où les eaux sont chauffées par **le flux géothermique élevé** ;

– soit dans les bassins sédimentaires, où des **roches poreuses et perméables** ou aquifères (grès, conglomérats, sables) contiennent des eaux chaudes, situées à plus de 1 000 m de profondeur en raison de l'augmentation du gradient géothermique normal dans ces zones.

- Il est aussi possible d'extraire l'énergie de roches sèches chaudes fracturées dans lesquelles de l'eau sous pression est injectée car un fluide est nécessaire pour transférer l'énergie vers la surface.

II L'énergie géothermique est variable suivant les contextes géologiques en France

- Dans les **zones volcaniques**, en contexte de subduction (Guadeloupe, Martinique) ou de point chaud (la Réunion), les réservoirs atteignent des températures supérieures à 150 °C. L'eau est captée sous forme de vapeur pour **la production d'électricité** : c'est la géothermie **haute énergie**.
- Dans les bassins sédimentaires, les aquifères situés :

– entre 1 500 et 2 000 m de profondeur, ont des eaux à moins de 90 °C : c'est la géothermie **basse énergie** ;

– entre 2 000 et 3 000 m de profondeur, ont des eaux dont les températures sont comprises entre 90 et 150 °C : c'est la géothermie **moyenne énergie**.

Dans ces deux derniers cas, l'énergie est insuffisante pour produire de l'électricité mais permet le chauffage des habitations et certaines applications industrielles **(doc.)**.

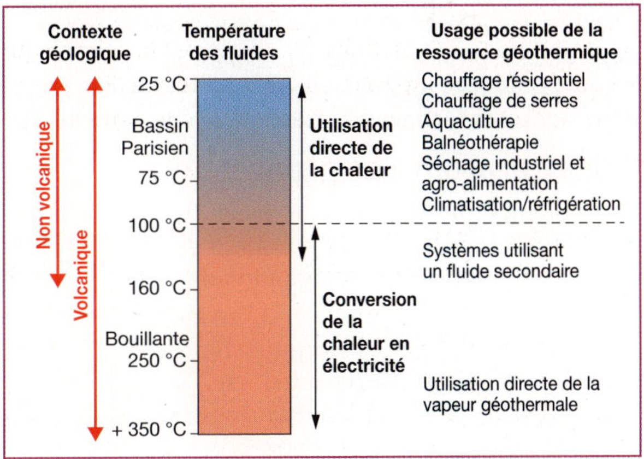

Doc. Quelques usages possibles de l'énergie géothermique en fonction de la température des fluides

- La **géothermie profonde des roches chaudes fracturées** correspond à la création artificielle d'un gisement haute énergie : l'eau injectée dans la roche, à 4 ou 5 km de profondeur, se réchauffe en circulant dans les failles et la vapeur qui s'en dégage permet la production d'électricité. Un projet est en cours par exemple en Alsace (site de Soultz-sous-Forêts), région où le flux géothermique est élevé du fait de la remontée du manteau sous un rift continental (fossé Rhénan).
- Dans tous ces gisements, le prélèvement d'énergie par l'Homme ne représente qu'une infime partie de celle qui est dissipée par le globe terrestre. La géothermie représente donc une **ressource énergétique inépuisable**. De plus, elle libère peu ou pas de gaz à effet de serre dans l'atmosphère, elle constitue donc une excellente option du développement durable. Son accessibilité reste cependant une limite à son exploitation.

37 La domestication des plantes

Les plantes représentent, pour l'Homme, de multiples ressources (alimentaires, vestimentaires, etc.). Celui-ci, afin de tirer le meilleur parti des cultures, a donc très tôt essayé de sélectionner les caractères les plus avantageux, par le biais de croisements. On parle de domestication des plantes.

I Techniques d'amélioration des plantes

■ Les techniques de croisements permettent d'obtenir des **hybrides** et de créer de **nouvelles variétés** qui n'existaient pas dans la nature. Elles vont donc être source d'augmentation de la biodiversité.

■ La sélection de caractères avantageux pour l'Homme chez la **plante domestiquée** (rendement, apport nutritionnel, etc.) se fait aux dépens des caractères favorables à la plante sauvage en milieu naturel (rusticité, survie, propagation des graines...).

■ De nombreuses plantes cultivées ont ainsi subi cette domestication. Le **maïs**, plante originaire d'Amérique du Sud rapportée par Christophe Colomb lors de ses voyages, n'était pas adapté à la consommation humaine (car il créait des carences en vitamine B3) mais l'était pour le bétail.

La **technique de croisement** la plus courante est celle de la pollinisation de plantes ayant chacune un avantage. Cette technique est ensuite couplée à une sélection des descendants ayant les caractères les plus avantageux.

■ L'Homme a, par la suite, réalisé de nombreux croisements, et de multiples variétés de maïs ont ainsi été créées, dont celles consommées aujourd'hui. Toutes ces variétés actuelles sont très éloignées du **maïs sauvage, la téosinte (doc. 1)**.

Caractère	Téosinte	Maïs domestiqué
Épis	Petits	Grande taille
Graines	Peu nombreuses (6 à 12)	Très nombreuses (plusieurs centaines)
Tégument de la graine	Peu digeste	Très digeste
Aptitude à la dispersion	Forte	Faible
Rendement	460 kg/ha	2 000 kg/ha

Doc. 1. Comparaison entre le maïs sauvage et le maïs domestiqué

■ La variété sauvage, grâce à la présence de graines robustes, permet une bonne dispersion de l'espèce (*via* les déjections) alors que la variété domestiquée est totalement inadaptée aux conditions d'un milieu naturel, mais assure un bien meilleur rendement.

II Génie génétique et modification du génome des plantes cultivées

Avec l'essor de la **génétique moléculaire**, de nouveaux procédés de modification des plantes ont été mis au point. En effet, des techniques avaient été initialement développées pour obtenir de nombreuses variétés de plantes, mais celles-ci ne présentaient pas forcément d'intérêt par rapport aux variétés initiales.

La **transgenèse** est une technique permettant d'agir directement sur le génome des plantes cultivées, en insérant un gène d'intérêt dans le génome de la plante. Elle est basée sur l'**universalité** du **code génétique** qui permet d'insérer dans n'importe quelle espèce n'importe quel gène, quelle que soit son origine (animale, végétale, etc.).

L'organisme obtenu possède alors une nouvelle propriété, et est qualifié d'OGM **(organisme génétiquement modifié)**. Par exemple, le principal dévastateur du maïs est la larve d'un papillon, la pyrale, qui creuse sa tige et ses épis, ce qui le fragilise. Une bactérie du sol, *Bacillus thuringiensis*, produit une protéine capable de tuer la pyrale qui l'a ingérée. Des scientifiques ont transféré ce gène bactérien dans le génome du maïs afin qu'il produise lui-même cet « insecticide naturel » **(doc. 2)**. C'est ainsi qu'a été obtenu le maïs Bt.

Aujourd'hui, l'élaboration d'**OGM** ne sert pas qu'à l'amélioration des plantes cultivables, elle permet aussi, par exemple, l'obtention de nombreuses molécules pharmaceutiques.

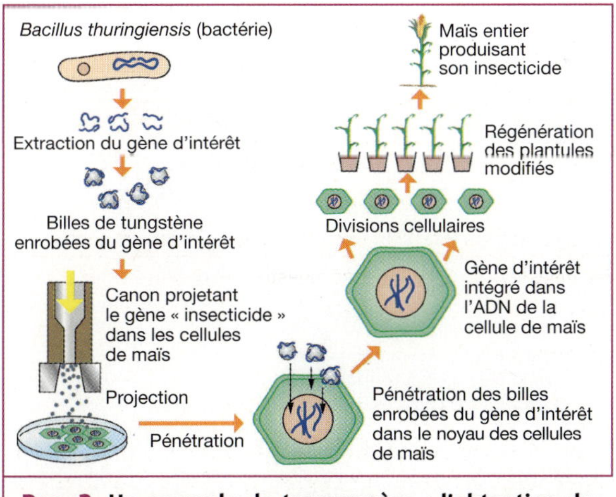

Doc. 2. Un exemple de transgenèse : l'obtention du maïs Bt

Schémas bilans

Vérifiez que vous avez bien retenu les points importants des **fiches 34 à 37**.

L'amélioration des plantes

L'amélioration des plantes peut passer par des techniques ancestrales de croisement afin de produire de nouvelles variétés cumulant des caractères avantageux (rendement augmenté, qualités gustatives améliorées, etc.). Aujourd'hui, la compréhension des mécanismes d'expression génétique permet de développer des techniques de modification génétique des plantes cultivées, leur permettant d'intégrer de nouveaux caractères d'intérêt (résistance à un pathogène, tolérance aux herbicides).

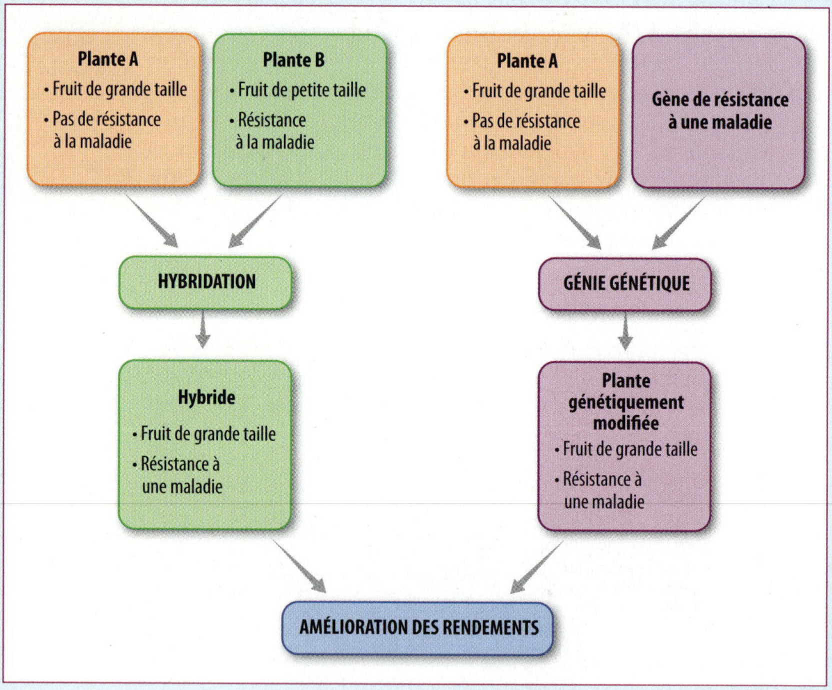

La Terre, une machine thermique

Un flux thermique atteint la surface en provenance de la profondeur de la Terre.

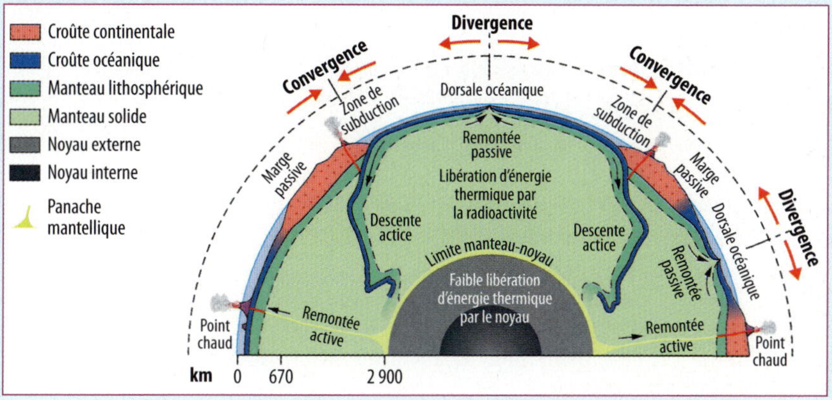

Une énergie thermique utilisable, variable d'un endroit à l'autre.

Quiz express

Vérifiez que vous avez bien retenu les points clés des **fiches 34 à 37**.

Les propriétés thermiques de la Terre

1 Le gradient géothermique :

- [x] **a.** correspond à une augmentation de température des roches en profondeur
- [x] **b.** est de 70 $mW \cdot m^{-2}$ en moyenne à la surface du globe
- [x] **c.** varie avec l'âge et la composition des roches.

2 Le flux géothermique :

- [ ] **a.** a la même valeur au niveau des continents et des océans
- [x] **b.** s'exprime en $W \cdot m^{-2}$
- [x] **c.** a pour origine principale la désintégration des éléments radioactifs contenus dans les roches
- [ ] **d.** est une valeur mesurée, et non estimée.

FICHE 34

La Terre, une machine thermique

3 La conduction thermique :

- [ ] **a.** est permise par une différence de densité de la matière, d'origine thermique
- [x] **b.** se réalise de proche en proche, et correspond à un transfert thermique depuis une zone chaude vers une zone froide
- [x] **c.** est un mécanisme très lent
- [ ] **d.** explique à elle seule la dissipation de toute l'énergie interne de la Terre.

4 La convection thermique :

- [x] **a.** est un transfert thermique beaucoup plus efficace que la conduction thermique
- [ ] **b.** correspond à un transfert thermique depuis une zone froide vers une zone chaude
- [x] **c.** est induite par une mise en mouvement de la matière.

5 Le flux géothermique :

- [ ] **a.** traduit, lorsqu'il est faible, une remontée de matériaux chauds
- [x] **b.** élevé au niveau des dorsales est associé à la production de lithosphère nouvelle
- [x] **c.** est faible au niveau des zones de subduction.

FICHE 35

L'énergie géothermique, une ressource inépuisable

6 L'énergie géothermique utilisable par l'Homme :

- [ ] **a.** est stockée dans des roches poreuses et perméables contenant de l'eau froide
- [x] **b.** est variable suivant les contextes géologiques
- [ ] **c.** représente une source d'énergie polluante car elle libère beaucoup de gaz à effet de serre dans l'atmosphère
- [x] **d.** représente une infime partie de l'énergie qui est dissipée par le globe terrestre.

FICHE 36

La domestication des plantes

7 Une plante domestiquée :

- [ ] **a.** ressemble très fortement à la plante sauvage
- [ ] **b.** est le résultat de l'action de l'Homme
- [ ] **c.** permet une culture avec un meilleur rendement.

8 La domestication :

- [ ] **a.** est fondée sur l'obtention d'hybrides de variétés existantes
- [ ] **b.** permet d'améliorer la culture d'une espèce
- [ ] **c.** nécessite l'utilisation d'une seule espèce.

9 La transgenèse :

- [ ] **a.** permet d'améliorer les plantes
- [ ] **b.** correspond au remplacement d'un gène dans le génome d'une espèce
- [ ] **c.** correspond au transfert d'un gène d'une espèce dans le génome d'une autre espèce.

10 Un OGM végétal est :

- [ ] **a.** un hybride entre deux variétés végétales
- [ ] **b.** un organisme dans lequel on a transféré au moins un gène qui lui est étranger
- [ ] **c.** un organisme dont on a contrôlé artificiellement la reproduction.

FICHE 37

RÉPONSES

1. a et c • **2.** b et c • **3.** b et c • **4.** a et c • **5.** b et c • **6.** b et d • **7.** b et c • **8.** a et b • **9.** a et c • **10.** b

SUJET 33 | L'Islande : dorsale émergée et point chaud

EXERCICE DE TYPE 1

→ **Fiche 35** La Terre, une machine thermique

L'Islande s'est formée par émersion d'une partie de la dorsale de l'océan Atlantique. Celle-ci remonte de – 3 000 m de profondeur jusqu'au rift islandais émergé où se mettent en place des coulées basaltiques. Une activité volcanique distincte, située à l'est de ce rift, se caractérise par des laves différentes. Leur composition chimique a permis aux géologues d'en déduire qu'elles provenaient de l'existence d'un volcanisme de point chaud.

Une étude par tomographie sismique a donc été réalisée tout au long de la dorsale de l'océan Atlantique afin de montrer la double origine du volcanisme en Islande

DOCUMENT Profil de tomographie sismique au niveau de la dorsale de l'océan Atlantique

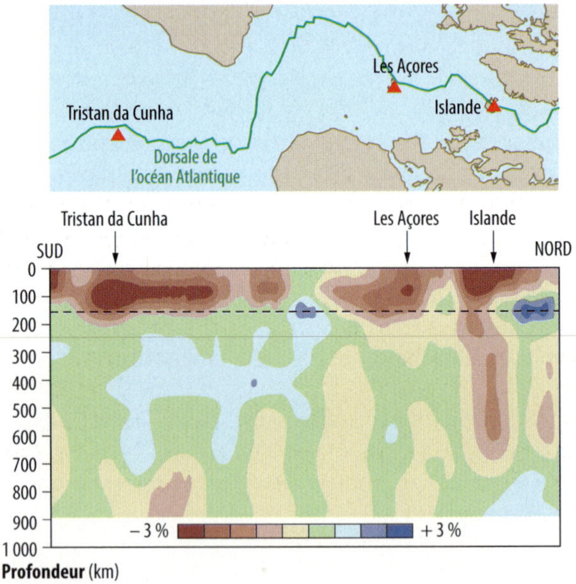

Une accélération de la vitesse des ondes sismiques correspond à une zone froide (en bleu) et une diminution de vitesse à une zone chaude (en rose).

Rechercher sur le document les arguments qui montrent que les transferts thermiques dans le manteau sont en accord à la fois avec l'activité d'une dorsale et avec celle d'un point chaud au niveau de l'Islande.

PISTES POUR RÉUSSIR

- Bien comprendre que le document proposé correspond à un profil de tomographie sismique effectué le long de la dorsale de l'océan Atlantique du sud (à gauche) vers le nord (à droite).
- À l'aide de la légende, il faut faire le lien entre les couleurs visibles sur le document, l'accélération (ou la diminution) des vitesses des ondes sismiques et les zones froides (ou chaudes).
- Afin d'identifier les transferts thermiques liés à l'activité de la dorsale atlantique, il faut comparer les données tomographiques sous l'Islande avec celles visibles à d'autres endroits de la dorsale.

CORRIGÉ

- Les données tomographiques montrent que, sous l'Islande, il existe une zone en rose correspondant à une diminution de la vitesse des ondes sismiques qui traduit une remontée de matériaux chauds sous cette île.
- Cette zone est de taille et de profondeur comparables (environ 150 km) à celles que l'on observe à d'autres endroits de la dorsale atlantique, par exemple sous l'île de Tristan da Cunha : cette diminution de vitesse est en accord avec la remontée d'un manteau plus chaud, liée à l'activité d'une dorsale océanique.
- On observe de plus sur le document une autre zone de couleur orange située sous l'Islande. Celle-ci est moins large, plus profonde (jusqu'à 700 km de profondeur) et on ne la retrouve nulle part ailleurs le long de la dorsale atlantique : cette zone de diminution de vitesse est plus en accord avec une remontée ponctuelle d'un manteau chaud profond, caractéristique d'un panache mantellique associé à un point chaud.
- Les données tomographiques qui permettent de visualiser les transferts thermiques dans le manteau sont donc en accord à la fois avec l'activité d'une dorsale et celle d'un point chaud au niveau de l'Islande.

SUJET 34 | Les ressources géothermiques du Bassin parisien

EXERCICE DE TYPE 1

→ **Fiche 34** Propriétés thermiques de la Terre
→ **Fiche 36** L'énergie géothermique, une ressource inépuisable

À l'aide du document, trouver la réponse incontestablement exacte parmi les différentes propositions et justifier votre choix.

a. Le Bassin parisien possède de nombreuses ressources géothermiques car il possède dans sa partie centrale un fort gradient géothermique.
b. Les aquifères exploités pour la géothermie dans le Bassin parisien permettent de produire de l'électricité.
c. Les grès et les sables sont des roches poreuses et sont, pour cette raison, les seules à constituer des réservoirs géothermiques.
d. Les aquifères exploités pour la géothermie dans le Bassin parisien peuvent permettre le chauffage de bâtiments.

DOCUMENT **Coupe du Bassin parisien montrant les principaux aquifères profonds ainsi que leur domaine de température**

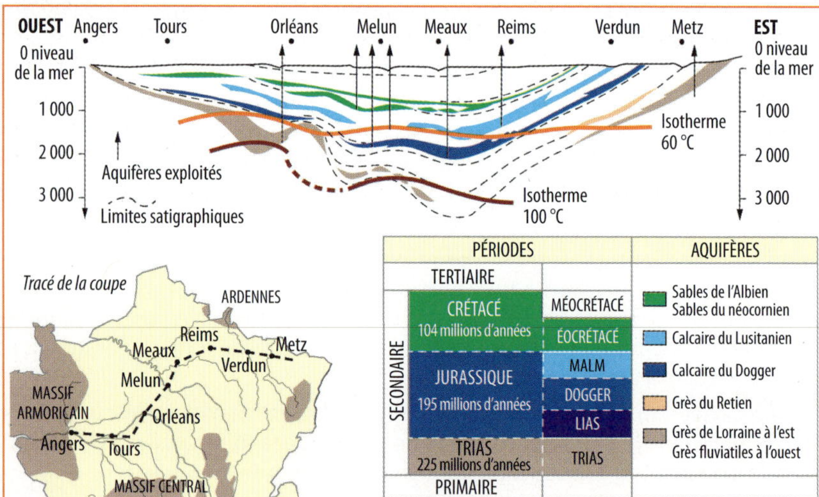

La nature et les âges de roches formant ces aquifères sont indiqués en légende dans le tableau. On rappelle que seules les eaux dont la température est supérieure à 100 °C peuvent être utilisées pour produire de l'électricité, les eaux dont la température est comprise entre 25 et 60 °C sont utilisées directement pour le chauffage par exemple.

PISTES POUR RÉUSSIR

- Les isothermes sont des courbes le long desquelles la température est constante.
- Le gradient géothermique correspond à l'accroissement de la température en fonction de la profondeur. Il est en moyenne, sur la planète, de 33 $°C \cdot km^{-1}$ pour la croûte continentale.
- La conversion de l'énergie thermique en électricité nécessite des eaux dont la température est supérieure à 100 °C.

CORRIGÉ

- La bonne réponse est la réponse **d**, en particulier pour l'aquifère du Dogger dont la température située entre l'isotherme 60 et 100 °C est suffisante pour permettre le chauffage de bâtiments.
- Le centre du Bassin parisien n'a pas un gradient géothermique élevé car le document montre que l'isotherme 100 °C atteint une profondeur de 3 000 m, ce qui correspond à un gradient moyen de 33 °C par km. La réponse **a** est incorrecte.
- La température des aquifères exploités dans le Bassin parisien est toujours inférieure à l'isotherme 100 °C. Ces aquifères ne permettent donc pas de produire de la vapeur d'eau pour alimenter une centrale électrique, la réponse **b** est incorrecte.
- Les grès et les sables ne sont pas les seules roches susceptibles de former des aquifères car ceux datés de la période jurassique sont constitués de calcaires. La réponse **c** est donc incorrecte.

SUJET 35 | De l'électricité d'origine géothermique en Guadeloupe

EXERCICE DE TYPE 2

→ Fiche 29 Magmatisme et production de croûte continentale dans les zones de subduction
→ Fiche 36 L'énergie géothermique, une ressource inépuisable

La Guadeloupe, comme toutes les îles des Petites Antilles, ne possède pas d'énergie fossile (charbon ou pétrole) susceptible de répondre à ses besoins en électricité.

En revanche, elle bénéficie de conditions favorables à une exploitation géothermique. De nombreuses sources chaudes y sont connues et sont à l'origine du nom de la commune de Bouillante où, depuis 1986, une centrale géothermique produit de l'électricité à partir d'eaux dont la température atteint 250 °C à 1 000 m de profondeur.

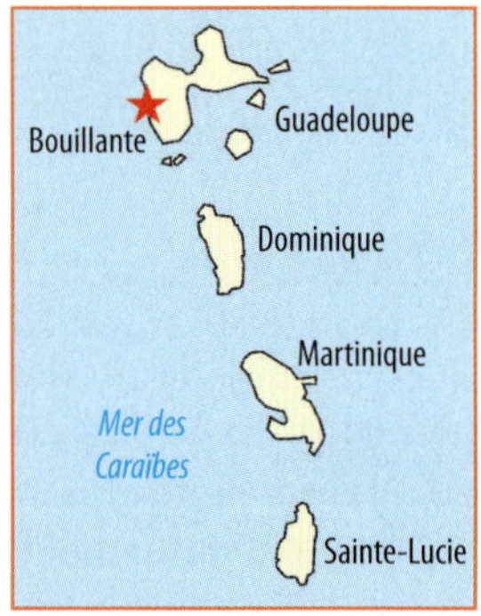

À partir de l'analyse des documents et de vos connaissances, rechercher l'origine des eaux chaudes de Bouillante en montrant qu'elles sont liées, d'une part, à un contexte géologique favorable et, d'autre part, à une situation géographique particulière.

Votre réponse sera accompagnée d'un schéma bilan synthétique.

DOCUMENT 1 Contexte géologique de la Guadeloupe

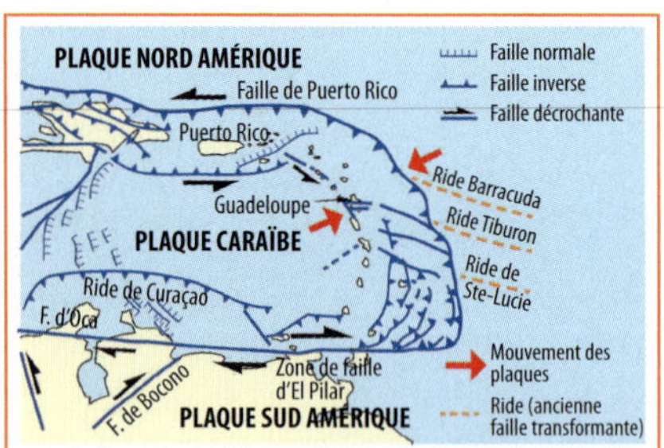

a. Dans le cadre de la tectonique des plaques.

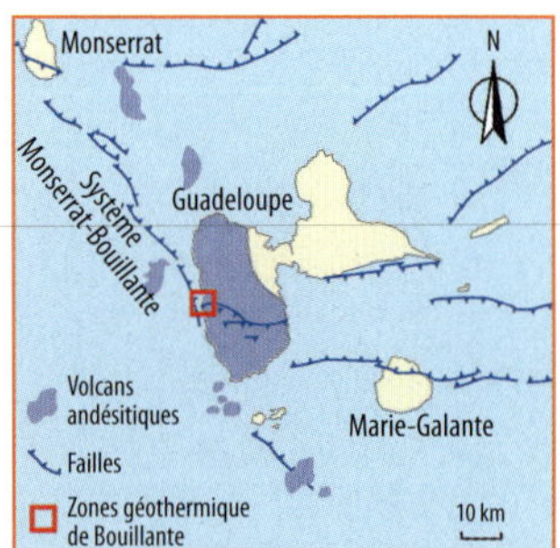

b. Dans le cadre volcanique et tectonique de l'arc des Petites Antilles.

DOCUMENT 2 Contexte géologique de la région de Bouillante

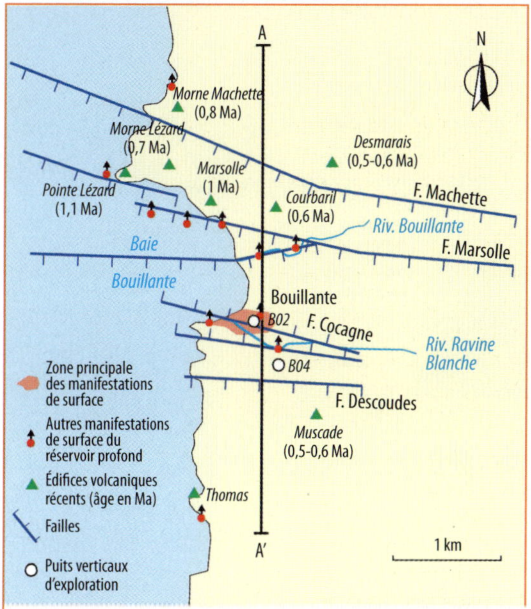

a. Carte de localisation des principaux volcans, failles et manifestations géothermiques (sources chaudes).

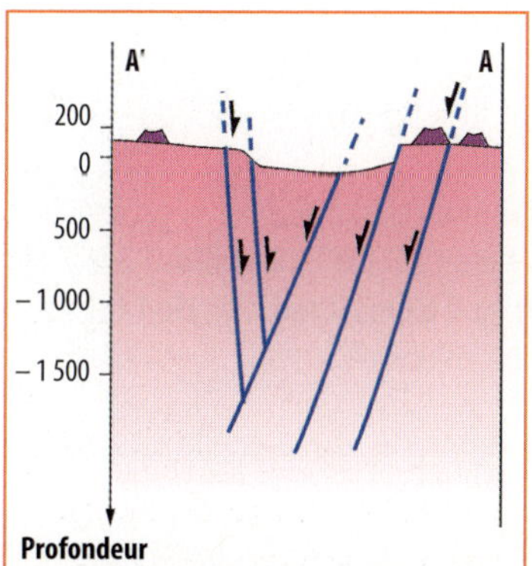

b. Coupe géologique schématique du réseau de failles.

DOCUMENT 3 Position des eaux chaudes de Bouillante dans un triangle Cl^- (ion chlorure) – HCO_3^- (ion hydrogénocarbonate) – SO_4^{2-} (ion sulfate)

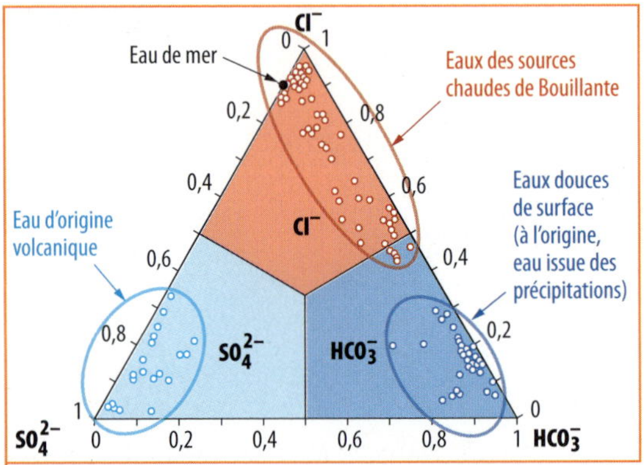

Un diagramme triangulaire permet de mieux visualiser une composition chimique comportant trois éléments : chaque domaine de couleur correspond à la présence majoritaire d'un des trois ions présents dans la composition chimique de l'eau analysée. Par exemple, les eaux d'origine volcanique contiennent majoritairement des ions sulfates SO_4^{2-}.

PISTES POUR RÉUSSIR

- Il est nécessaire de connaître les notions sur le magmatisme des zones de subduction pour commencer l'exercice. → **fiche 29**
- La localisation géographique de Bouillante (document 2) doit être mise en lien avec la composition chimique des eaux des sources chaudes (document 3).
- La coupe schématique du document 2b peut être complétée afin de réaliser un schéma-bilan synthétique répondant au problème posé.

CORRIGÉ

Exploitation du document 1

- Le document 1 montre que la Guadeloupe est localisée à une frontière de convergence de deux plaques océaniques : la plaque Caraïbe, qui chevauche la plaque Nord-Amérique.
- L'arc des Petites Antilles comporte de nombreux volcans aériens ou sous-marins de nature andésitique.
- Les andésites étant caractéristiques du volcanisme des zones de subduction, la Guadeloupe est donc située dans un contexte géologique volcanique de marge active, correspondant à la subduction de la lithosphère océanique de la plaque Nord-Amérique sous la plaque Caraïbe.

Exploitation du document 2

- Le document 2 permet de préciser le contexte géologique de Bouillante.
- De nombreux volcans sont situés à proximité du site géothermique. Ce volcanisme est récent (généralement moins de 1 million d'années) et est probablement à l'origine d'un flux géothermique élevé dans cette région, car de nombreuses sources chaudes sont situées à proximité de ces volcans, en particulier au niveau de la pointe Lézard.
- De nombreuses failles sont présentes dans cette région, et certaines se prolongent en mer, comme par exemple dans la baie de Bouillante. Ces failles ont un rôle dans la répartition des sources chaudes qui sont généralement localisées le long de ces accidents tectoniques.

Exploitation du document 3

- Le document 3 montre que les eaux des sources chaudes de Bouillante possèdent à la fois des ions Cl^- que l'on trouve majoritairement dans l'eau de mer et des ions HCO_3^- que l'on trouve surtout dans les eaux de surface.
- Les eaux du site géothermique ont donc une double origine : l'eau de mer et l'eau issue des précipitations.

Synthèse

- Les eaux chaudes de Bouillante sont donc liées à un contexte géologique favorable : les zones de subduction sont en effet des zones avec une forte activité magmatique, représentée par un volcanisme andésitique dans l'ensemble de l'arc des Petites Antilles.

- Cette importante activité magmatique est responsable d'un flux géothermique élevé qui fait atteindre aux eaux chaudes la température de 250 °C à 1 000 m de profondeur.
- Le fait que les sources chaudes soient localisées généralement au niveau des failles, et que ces eaux soient constituées d'un mélange d'eau douce et d'eau de mer, permet d'émettre l'hypothèse que des eaux superficielles douces venant des précipitations, ou salées, venant de la mer de Caraïbes, se sont infiltrées en profondeur par les failles car certaines d'entre elles se prolongent dans la baie de Bouillante.
- Le contexte géologique (zone de subduction avec une forte activité magmatique responsable d'un flux géothermique élevé, failles nombreuses permettant l'infiltration des eaux) ainsi que la situation géographique de Bouillante en bordure de la mer des Caraïbes ont donc permis la formation d'un réservoir géothermique avec des eaux chaudes permettant de produire de l'électricité.

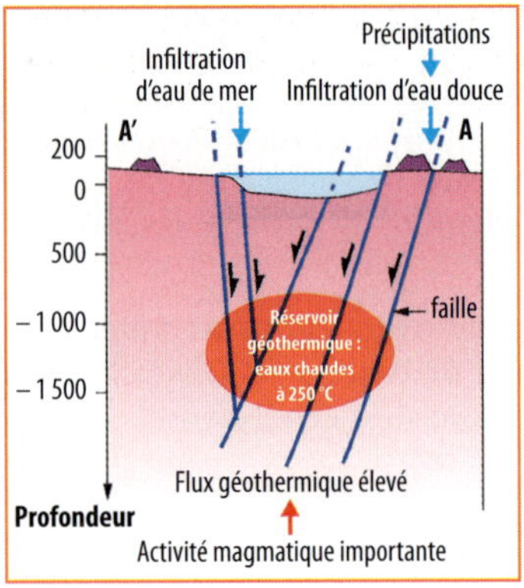

SUJET 36 | De la géothermie profonde en Alsace

EXERCICE DE TYPE 2

→ Fiche 36 L'énergie géothermique, une ressource inépuisable

En Alsace, à Soultz-sous-Forêts, une centrale exploite depuis 2008 l'énergie thermique de roches chaudes fracturées, situées à 5 000 m de profondeur, afin de produire de l'électricité.

Le principe de cette géothermie profonde (document de référence) est d'extraire l'énergie thermique des roches, en injectant de l'eau sous pression dans un puits d'injection, et en récupérant l'eau chaude, après qu'elle ait circulé dans les fractures de la roche, par un puits d'extraction. En surface, l'eau chaude récupérée cède son énergie pour produire de l'électricité.

À partir de l'analyse des documents et de vos connaissances, rechercher les arguments qui ont permis aux géologues de choisir le site de Soultz-sous-Forêts pour ce projet de géothermie profonde.

DOCUMENT DE RÉFÉRENCE Principe de la géothermie profonde à Soultz-sous-Forêts

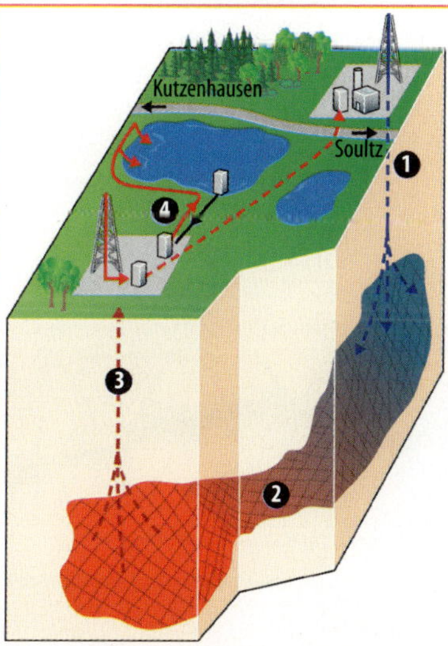

1. Injection d'eau froide à 5 000 m de profondeur par le puits central.

2. Circulation d'eau dans les fractures et réchauffement au contact de la roche chaude.

3. Extraction de l'eau réchauffée du sous-sol par un puits de production.

4. En surface, transformation par l'intermédiaire d'un échangeur thermique de l'eau du circuit primaire en vapeur dans le circuit secondaire pour entraîner une turbine qui produit de l'électricité.

DOCUMENT 1 Quelques données géologiques du site de Soultz-sous-Forêts

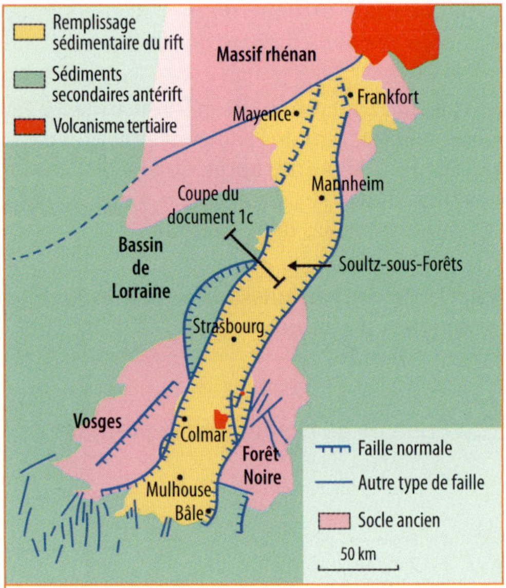

a. Carte géologique simplifiée du rift continental du fossé Rhénan.

b. Carotte d'une roche (un granite) du socle ancien. Celle-ci a été extraite d'un puits de forage à environ 3 500 m de profondeur.

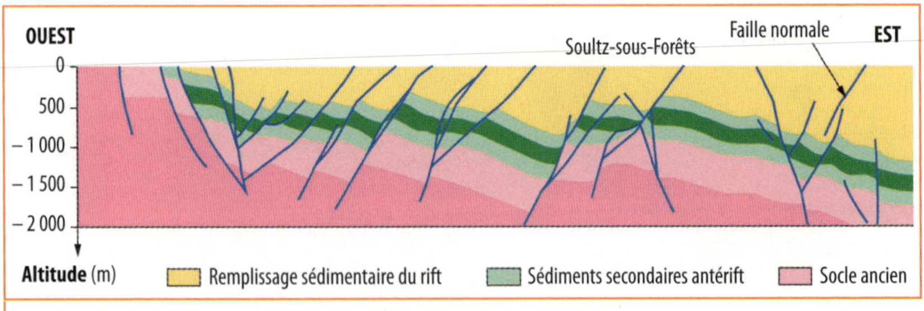

c. Coupe géologique simplifiée de la bordure du fossé Rhénan.

DOCUMENT 2 Carte de la température mesurée à 1 000 m dans différents forages réalisés autour du site

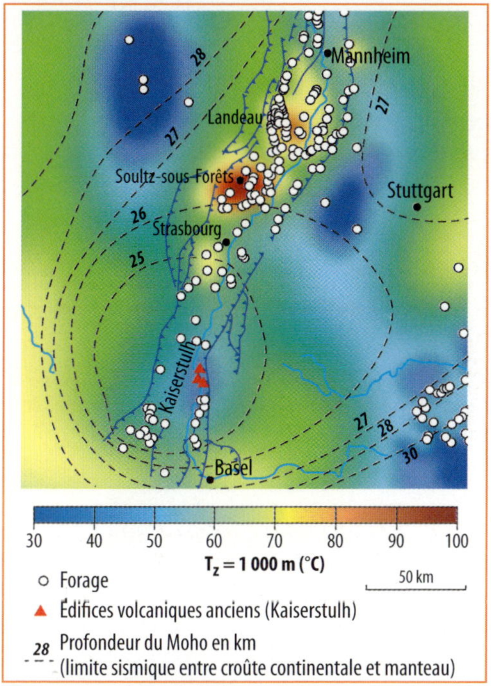

DOCUMENT 3 Température mesurée dans un forage du site de Soultz-sous-Forêts en fonction de la profondeur (courbe rouge)

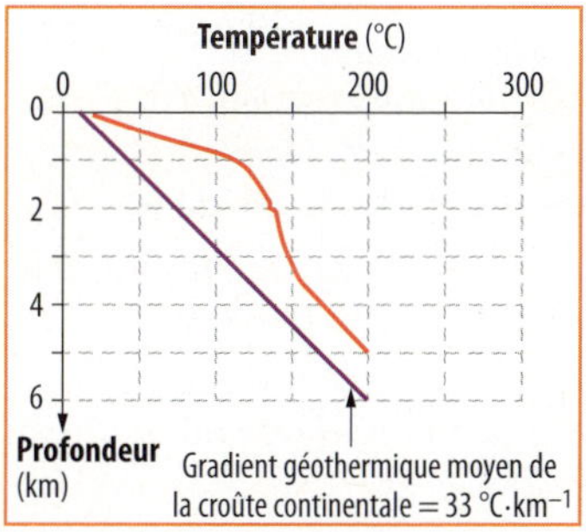

PISTES POUR RÉUSSIR

- Le document de référence, qui n'est pas à analyser, doit vous permettre de bien cerner les conditions nécessaires à l'implantation d'un site d'exploitation de géothermie profonde.
- Pour répondre au problème posé, il est indispensable d'effectuer une mise en relation des informations apportées par chacun des documents afin de montrer que le site de Soultz-sous-Forêts bénéficie d'un contexte géologique favorable à ce type d'exploitation.

CORRIGÉ

[INTRODUCTION]

La géothermie profonde nécessite à la fois la présence de roches fracturées et de roches chaudes dont on peut extraire l'énergie par l'intermédiaire de l'eau injectée dans les fractures (document de référence).

Exploitation du document 1

- Le document 1a montre que le site de Soultz-sous-Forêts est situé dans un contexte géologique de rift continental, bordé de chaque côté par des failles normales.
- Ces failles affectent à la fois les sédiments qui remplissent le rift ainsi que les sédiments secondaires antérieurs au rift (document 1c).
- Le document 1b montre que les roches du socle ancien ont été aussi fracturées à 3 500 m de profondeur. Le site de Soultz-sous-Forêts renferme donc des roches fracturées depuis la surface jusqu'à 3 500 m de profondeur.

Exploitation du document 2

- Le document 2 montre que le site de Soultz-sous-Forêts présente une anomalie thermique importante par rapport au reste du rift du fossé Rhénan car les températures relevées à 1 000 m de profondeur sont de l'ordre de 100 °C.
- Cette température plus élevée est à mettre en relation avec une profondeur du Moho moins importante (25 km à l'aplomb du volcan du Kaisersthul).
- Le site de Soultz-sous-Forêts est donc situé dans un contexte géologique possédant un flux géothermique élevé en raison de la remontée du manteau sous le rift du fossé rhénan.

Exploitation du document 3

- Le document 3 montre qu'à 5 km de profondeur la température est de 200 °C, ce qui correspond donc à un gradient géothermique de 200 °C/5 km, soit de 40 $°C \cdot km^{-1}$.
- Ce gradient est plus élevé que le gradient géothermique moyen de la croûte continentale ; les roches du site de Soultz-sous-Forêts sont donc des roches « chaudes » par rapport aux autres roches de la croûte continentale.

Synthèse

Les géologues ont choisi le site de Soultz-sous-Forêts pour ce projet de géothermie profonde car le contexte géologique est favorable, avec :

- la présence de roches fracturées dans lesquelles de l'eau pourra être injectée ;
- un flux géothermique élevé qui permet aux roches d'atteindre la température de 200 °C à 5 km de profondeur, et ainsi d'obtenir de la vapeur d'eau afin de produire de l'électricité.

SUJET 37 | La maturation contrôlée de la tomate

EXERCICE DE TYPE 2

→ Fiche 37 La domestication des plantes

La maîtrise du processus de ramollissement d'un fruit charnu comme la tomate revêt une importance commerciale considérable. La récolte et le transport de ces fruits mûrs doivent se faire sans dommages afin d'éviter leur pourrissement par l'installation de divers champignons.

À partir de l'analyse des documents, expliquer comment la technique de transgenèse présentée dans le document 3 a permis d'améliorer la conservation des tomates.

DOCUMENT 1 Processus de maturation des fruits

Certaines enzymes, les polygalacturonases (PG), sont synthétisées au cours de la maturation des fruits et du ramollissement de leur péricarpe (paroi).

On connaît par ailleurs des mutants d'espèces variées dont les fruits ne ramollissent pas. Ceux-ci possèdent très peu d'enzymes PG. *In vitro*, il est possible de ramollir des fragments de fruits non mûrs par ajout de PG.

DOCUMENT 2 Résultats de mesures sur deux types de tomate

On précise que les deux types de tomate deviennent rouges au cours de leur maturation.

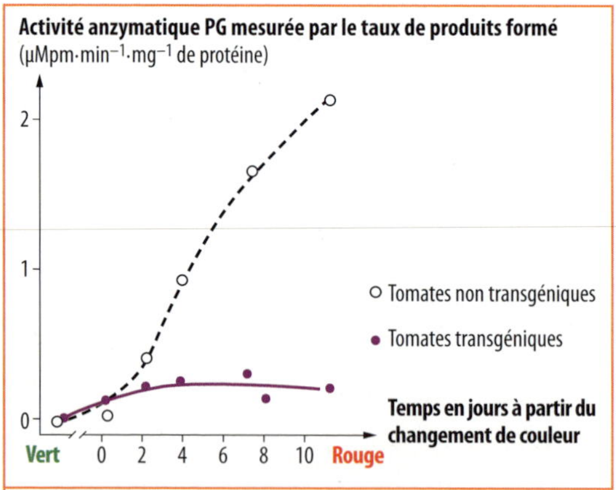

a. Résultats de mesures d'activité des enzymes polygalacturonases sur deux types de tomate

Stade de maturité de la tomate	Tomate témoin	Tomate génétiquement modifiée
Tomate verte	348×10^{-3}	355×10^{-3}
Tomate rouge pâle	277×10^{-3}	272×10^{-3}
Tomate rouge ferme	183×10^{-3}	244×10^{-3}
Tomate rouge mûre	73×10^{-3}	98×10^{-3}

b. Fermeté de fruits fraîchement cueillis

La fermeté a été évaluée à l'aide d'un appareil qui mesure la force nécessaire pour faire pénétrer une sonde dans le fruit. Les valeurs sont exprimées en newtons.

DOCUMENT 3 Étapes du transfert d'un gène dans les cellules de tomates

L'objectif de la manipulation génétique est de bloquer artificiellement les ARNm codant pour le polygalacturonases (PG) afin qu'il n'y ait plus de traduction de cette protéine.

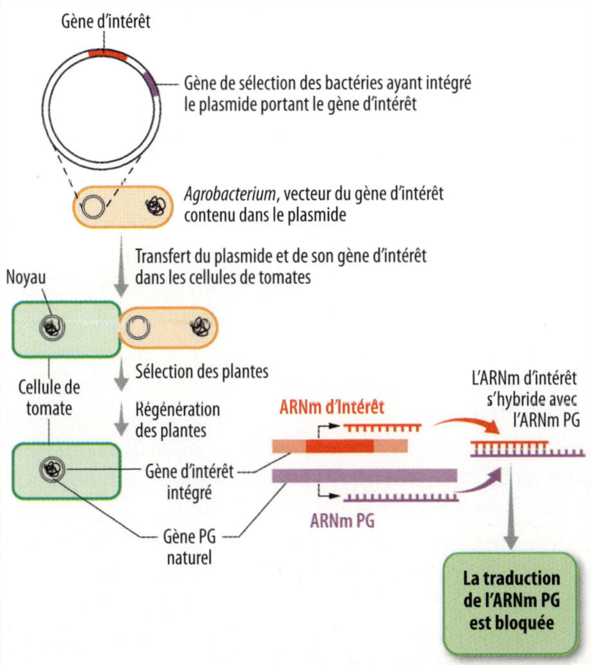

PISTES POUR RÉUSSIR

- L'analyse du document 2 doit vous permettre de déterminer la principale différence entre la tomate témoin et la tomate transgénique afin de comprendre où s'est effectuée la modification génétique.
- Pour l'analyse du document 3, il faut bien faire attention aux associations d'ARNm obtenus. L'ARNm est traduit en protéine, à condition qu'il ne comporte qu'un seul brin.

CORRIGÉ

Exploitation du document 1

- Au cours de la maturation du fruit, la production de polygalacturonases permet un ramollissement du fruit par dégradation des parois des cellules. Toutefois, chez certains fruits mutants, ce ramollissement n'a pas lieu car ils ne produisent pas ces enzymes. Cette réaction peut être réalisée *in vitro*.
- La maturation des fruits nécessite les polygalacturonases. Il faudrait donc les bloquer pour obtenir un fruit qui ne se ramollit pas lors de la maturation et faciliter son transport.

Exploitation du document 2

- Ce document permet de comparer une tomate normale et son équivalent transgénique vis-à-vis de la maturation.
- Dans le document 2a, on nous dit que les fruits rougissent dans les deux cas. Mais la maturation correspond aussi au ramollissement du fruit.
- Pour les tomates non transgéniques, on constate au cours du temps une augmentation de l'activité des polygalacturonases. Il y a donc ramollissement du fruit en parallèle de son rougissement.
- En revanche, pour la tomate transgénique, cette activité enzymatique demeure faible. Il y a bien eu blocage de l'activité enzymatique de maturation, mais le fruit rougit toujours. Il sera donc rigide mais coloré.
- Dans le document 2b, on s'intéresse à la fermeté du fruit. Pour une tomate normale, la fermeté qui décroît fortement au cours du temps lors de la maturation. La tomate mûrit tout à fait normalement. Pour le fruit transgénique, la fermeté diminue très lentement. Pourtant, en fin de maturation, elle s'est quand même ramollie mais moins que la tomate normale.

Exploitation du document 3

- Ce document montre une technique de transformation génétique de la tomate. On peut voir qu'un plasmide a été utilisé pour transférer un gène d'intérêt.
- Ce gène d'intérêt est à l'origine d'ARNm capables de s'hybrider avec les ARNm codant pour les enzymes polygalacturonases. Ainsi, cette structure hybride d'ARN double brin ne peut être traduite en protéine ; il en résulte une quasi-absence de production de de polygalacturonases.

Synthèse

- La maturation du fruit implique son rougissement, mais aussi son ramollissement sous l'action des polygalacturonases. Le problème est qu'un fruit mou est difficilement transportable et se conserve mal.
- Les scientifiques ont créé un fruit qui rougit mais dont le ramollissement est bloqué, ce qui permet de le transporter aisément et de le conserver au mieux.
- Ces tomates ont été obtenues par transgenèse. On a bloqué les ARNm codant pour les polygalacturonases, empêchant ainsi la production de l'enzyme et donc le ramollissement des tomates.

SUJET 38 | La domestication du tournesol

EXERCICE DE TYPE 1

→ Fiche 37 La domestication des plantes

Le tournesol est une plante très cultivée pour l'extraction d'huile à partir de ses graines. Il est issu d'une sélection artificielle à partir de plantes sauvages.

Montrer, à partir de la seule exploitation du document, que la sélection exercée par l'Homme sur le tournesol a retenu des caractéristiques différentes de celles qui sont favorables aux plantes sauvages.

DOCUMENT Caractères comparés entre le tournesol sauvage et le tournesol cultivé

Caractères	Tournesol sauvage	Tournesol cultivé
Richesse variétale	Importante	Faible
Génome	Diploïde	Diploïde
Inflorescence	Petite	Grande (jusqu'à 50 cm de diamètre)
Tige(s)	Multiples et courtes	Unique et longue
Quantité de graines	Faible	Forte
Taille des graines	Minuscule	Importante
Richesse en huile	Faible	Importante
Tolérance à la sécheresse	Très importante	Moyenne
Variétés adaptées à des milieux climatiquement très contrastés (chaud/froid)	Oui	Non
Capacité de défense contre certains pathogènes (génère une maladie)	Élevée, chaque variété peut résister à certains pathogènes de sa zone géographique	Résistance à certains pathogènes courants (mildiou, etc.) Nécessité des traitements chimiques en complément

PISTES POUR RÉUSSIR

En comparant les variétés sauvages aux variétés cultivées, donc issues d'une sélection, vous devez montrer que les caractères avantageux pour un cultivateur ne sont pas ceux qui le sont à l'état sauvage et *vice versa*.

CORRIGÉ

■ La culture du tournesol sert essentiellement à produire de l'huile extraite des graines. Or le tournesol sauvage a peu de graines, elles sont de petite taille et pauvres en huile.

■ La sélection des variétés de tournesol a donc permis d'augmenter la quantité d'huile produite en augmentant le nombre de graines, leur taille et leur teneur en huile. De plus, on a une fleur unique chez le tournesol sélectionné, ce qui en facilite la culture et le ramassage des graines.

■ Ces caractères-là, comme la richesse en huile, la fleur unique, etc., ne présentent, lorsque la plante est en milieu naturel, aucun avantage permettant une meilleure survie de la plante les possédant.

■ Dans le milieu naturel, les variétés sauvages sont adaptées à leur climat (résistance au froid, à la sécheresse…) et résistantes à certains pathogènes, ce qui leur permet de vivre dans des conditions optimales. En culture, les variétés ont été sélectionnées pour un milieu donné, le champ, où l'eau, par exemple, est présente en abondance. Elles sont donc moins résistantes aux variations climatiques et plus sensibles à certains pathogènes, ce qui nécessite des traitements phytosanitaires.

■ Ainsi, la sélection passe par le cumul de caractères avantageux pour la culture en champ, afin d'augmenter des rendements de production de graines et donc d'huile. Mais, en milieu naturel, ce ne sont pas ces avantages-là qui permettent à la plante de survivre.

SUJET 39 | La domestication du blé

EXERCICE DE TYPE 2

→ **Fiche 7** Hybridation, polyploïdisation et diversification des génomes
→ **Fiche 37** La domestication des plantes

À partir des documents, montrer que les différentes formes de blé peuvent résulter à la fois de l'action de l'Homme et de mécanismes naturels d'évolution des génomes.

DOCUMENT 1 Obtention d'une plante hybride

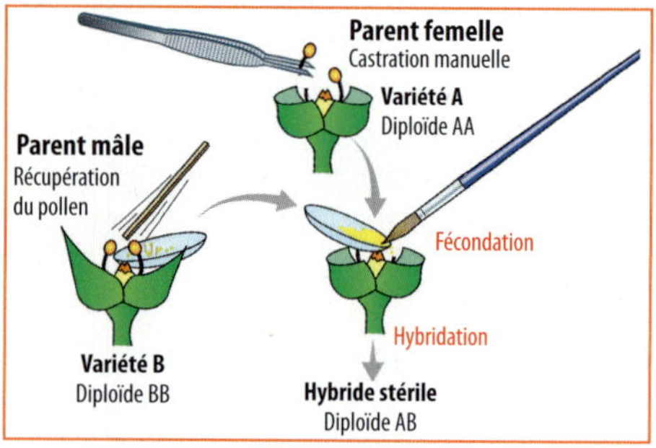

DOCUMENT 2 Méiose et restauration de la fertilité

La méiose est à l'origine de la production des gamètes. Elle permet la production de quatre cellules haploïdes à partir d'une cellule diploïde.

La première division de méiose, qui sépare les deux chromosomes homologues, ne peut se faire que si les chromosomes sont présents par paires. Ainsi, lors d'hybridation entre espèces, chaque chromosome de chaque génome n'est présent qu'en un exemplaire ; une polyploïdisation permet le retour de la diploïdie. Ce retour à la diploïdie restitue la capacité à réaliser une meïose, et donc la fertilité.

Ce phénomène est naturellement courant chez les plantes qui sont très souvent polyploïdes.

DOCUMENT 3 Histoire évolutive du blé

Les mots en rouge correspondent à des espèces de blé différentes. Les mots en noir indiquent le nom courant des espèces et l'état de la ploïdie de leur génome.
A, B et C représentent des chromosomes de génomes différents, donc non homologues. Le nombre de répétitions de la lettre indique le nombre d'exemplaires présents.

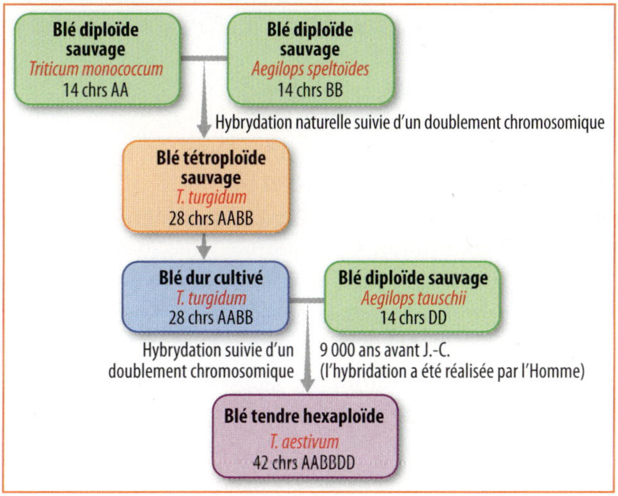

PISTES POUR RÉUSSIR

- Les hybrides sont, le plus souvent, stériles. Il faut bien connaître le déroulement de la méiose afin de comprendre la restauration de la fertilité décrite dans le document 2.
- Le document 3 retrace l'histoire évolutive du blé, basée sur des modifications des génomes à l'origine de changements dans le blé obtenu.

CORRIGÉ

Exploitation du document 1

- Il est possible d'obtenir des hybrides en déposant manuellement le pollen d'une variété sur les pièces femelles d'une autre variété.
- L'organisme obtenu est alors hybride et sera diploïde puisque les deux parents l'étaient. Mais cet hybride est stérile.

Exploitation du document 2

- Une méiose ne peut se dérouler correctement qu'avec un génome diploïde. Ainsi, lorsqu'on procède à une hybridation, on obtient une « fausse diploïdie » puisqu'il y a un nombre pair de chromosomes, mais ils sont issus de deux génomes différents. Chaque chromosome est donc en réalité présent une seule fois.
- Pour pouvoir rendre fertile un hybride, il faut multiplier chaque chromosome, c'est-à-dire provoquer une polyploïdisation. Ce phénomène se réalise de façon naturelle chez les plantes.

Exploitation du document 3

- Le blé tétraploïde sauvage résulte d'une hybridation qui s'est faite dans le milieu naturel. Ainsi deux génomes se sont unis (A et B).
- Cet hybride est fertile car, comme on peut le voir, chaque génome A et B a été multiplié par deux par polyploïdisation. Cela a donné naissance au blé dur cultivé.
- Le blé tendre résulte d'une hybridation entre le blé dur tétraploïde et un blé diploïde sauvage de génome C.
- Cette hybridation a été réalisée par l'Homme et, là aussi, une polyploidisation a rendu l'hybride hexaploïde, ce qui le rend fertile.

Synthèse

- Le blé dur résulte à la fois d'une hybridation et d'une polyploïdisation naturelles ayant entraîné une modification de son génome.
- L'hybridation ayant donné naissance au blé tendre a, quant à elle, été obtenue de façon artificielle par l'Homme.
- L'histoire évolutive du blé est un couple de phénomènes modificateurs de son génome, qu'ils soient naturels ou le résultat de l'intervention de l'Homme.

Quelques aspects de la réaction immunitaire

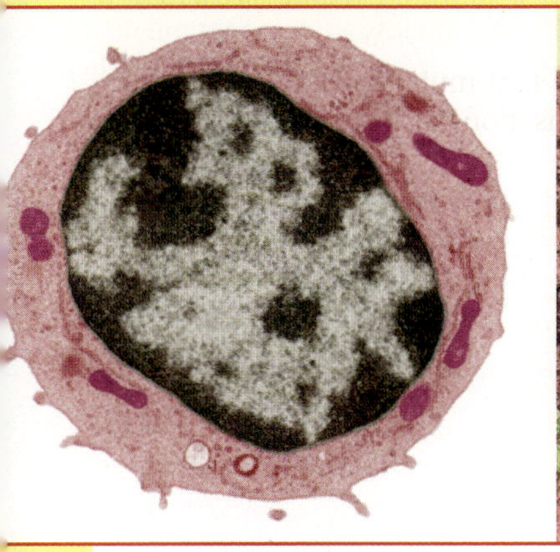

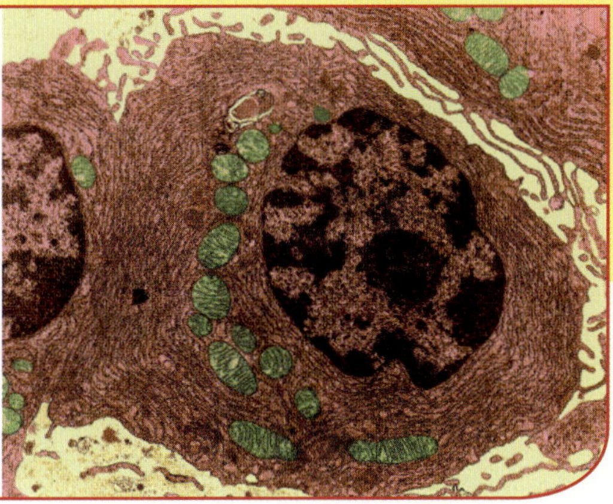

FICHES

BILAN

SUJETS CORRIGÉS

38 Organes, cellules et molécules de l'immunité

Le système immunitaire comprend des organes, des cellules et des molécules, dont le rôle est de contribuer au maintien de l'intégrité de l'organisme. Il tolère normalement les constituants de l'organisme, mais réagit lorsqu'il perçoit un signal dangereux provenant d'un dérèglement interne (modification des cellules de l'organisme) ou d'une agression externe (pénétration d'éléments étrangers). Le système immunitaire agit alors en réduisant ou en éliminant le trouble qui est à l'origine de sa mise en action, grâce à ses différents effecteurs.

I Les organes lymphoïdes, organes de l'immunité

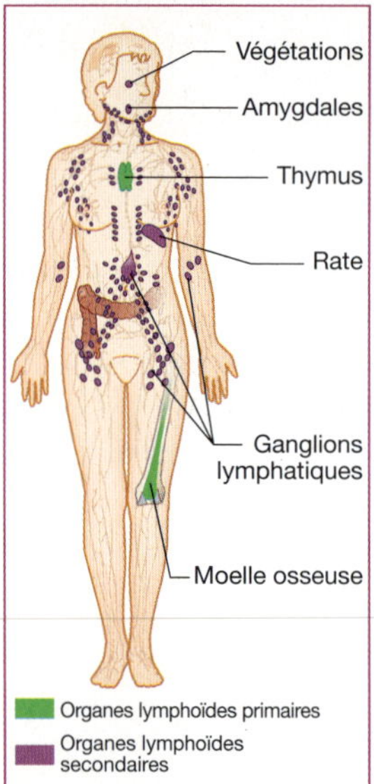

Doc. 1.
Localisation des organes lymphoïdes

- Les organes lymphoïdes **primaires** sont la moelle rouge des os et le thymus, et les organes lymphoïdes **secondaires** sont les ganglions lymphatiques, la rate et le tissu lymphoïde associé aux muqueuses (amygdales, végétations...).

- La moelle rouge des os est le lieu de production de toutes les cellules de l'immunité. Elle est située essentiellement dans les os plats et aux extrémités des os longs.

- Les organes lymphoïdes primaires sont les lieux de maturation des lymphocytes. Ils y acquièrent leur **immunocompétence**, c'est-à-dire des récepteurs membranaires qui leur permettront de reconnaître des éléments étrangers ou des cellules modifiées de l'organisme.

- Les organes lymphoïdes secondaires sont les lieux de stockage des cellules de l'immunité, et c'est à leur niveau que se fera éventuellement la rencontre entre les cellules immunitaires et les éléments étrangers.

Les **amygdales** sont situées à l'entrée des voies respiratoires et du système digestif. Leur ablation n'a pas de conséquences sur le bon fonctionnement du système immunitaire, puisque celui-ci comprend d'autres organes lymphoïdes secondaires.

II Les cellules de l'immunité

- Ce sont les globules blancs, ou **leucocytes**, qui participent à la défense de l'organisme.
- Certains jouent un rôle dans l'immunité **innée**, présente dès la naissance et la première à agir, d'autres interviennent dans l'immunité **adaptative**, propre aux vertébrés, qui s'ajoute à l'immunité innée, en permettant une action plus spécifique.

Doc. 2. Les différents types de leucocytes

Immunité innée				Immunité adaptative
Granulocyte	Monocyte	Macrophage	Mastocyte	Lymphocytes B et lymphocytes T
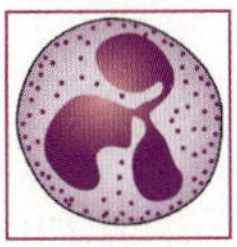	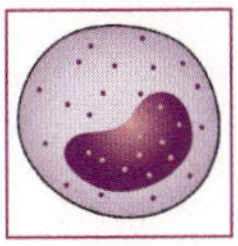	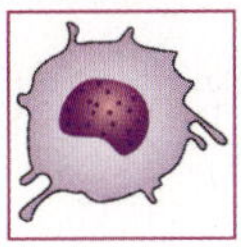	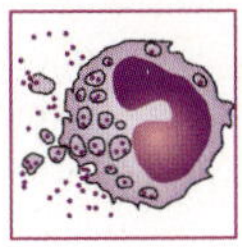	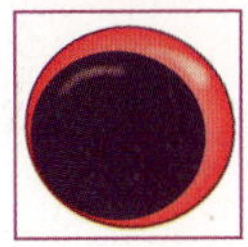
10 à 15 µm	15 à 30 µm	20 à 70 µm	10 à 20 µm	10 µm

sang sang tissu tissu

III Les molécules de l'immunité

- Elles jouent un rôle dans l'immunité innée et dans l'immunité adaptative et circulent librement dans le sang et la lymphe.
- On distingue les **anticorps** (ou immunoglobulines), les **interleukines** et la **perforine**, qui interviennent chacune dans la réponse immunitaire.

39 La réaction inflammatoire, un exemple d'immunité innée

L'immunité innée est la première à intervenir lors de situations variées (lésion d'un tissu, infection, cancer). La réaction inflammatoire aigüe (très rapidement mise en œuvre) en est le mécanisme essentiel. Elle agit seule dans un premier temps, puis va préparer le déclenchement de la réponse immunitaire adaptative et se prolongera durant toute la réponse immunitaire.

I Les symptômes stéréotypés de la réaction inflammatoire

- La réaction inflammatoire se déclenche dès qu'un tissu est atteint. Elle a pour but de mobiliser un maximum de cellules immunitaires sur le lieu de la lésion.
- Elle agit seule dans un premier temps, puis va préparer le déclenchement de la réponse immunitaire adaptative et se prolongera durant toute la réponse immunitaire. Elle débute par la libération de **médiateurs chimiques** par les mastocytes et certains granulocytes.

La **réaction inflammatoire** peut s'accompagner de fièvre. Celle-ci, si elle est modérée, peut empêcher la croissance des bactéries, et donc être bénéfique à l'organisme. Mais il ne faut pas qu'elle soit trop élevée ou qu'elle dure trop longtemps, car elle pourrait notamment endommager le cerveau.

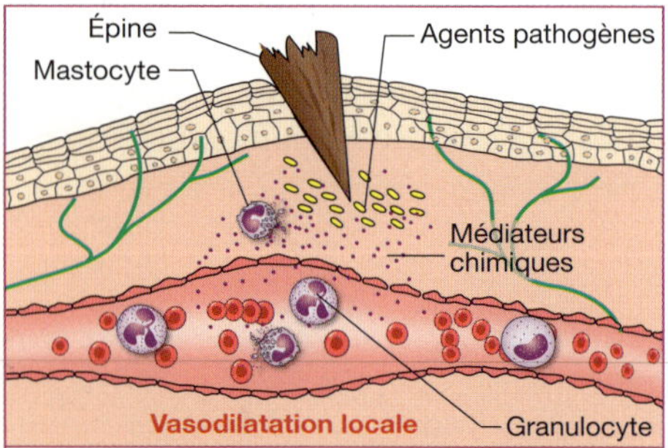

Doc. 1. Première phase de la réaction inflammatoire

- Les médiateurs chimiques de l'inflammation permettent d'augmenter la dilatation des vaisseaux sanguins (vasodilatation) situés près de la lésion.
- La **vasodilatation** accroît l'augmentation du débit sanguin vers la lésion, d'où la rougeur et la chaleur des tissus concernés.

histamine (mastocyte

- Les médiateurs chimiques ont aussi pour rôle d'**augmenter la perméabilité au plasma des vaisseaux sanguins**.
- Le plasma s'échappe alors de la circulation sanguine et s'accumule localement, causant un gonflement du tissu, ou **œdème**.
- L'œdème est responsable de la compression des terminaisons nerveuses, à l'origine d'une sensation de **douleur**.
- Les agents pathogènes sont piégés dans un caillot et ne peuvent se propager dans les tissus environnants.

II Mobilisation des phagocytes pour la réaction inflammatoire

- Dès le début de l'inflammation, le lieu de la lésion est envahi par de nombreux **phagocytes** (monocytes, granulocytes et certains macrophages).
- Les phagocytes passent du sang vers les cellules du tissu infecté.
- Les monocytes se différencient en macrophages qui réalisent, avec les granulocytes, la phagocytose, afin d'éliminer les agents pathogènes et les débris cellulaires.

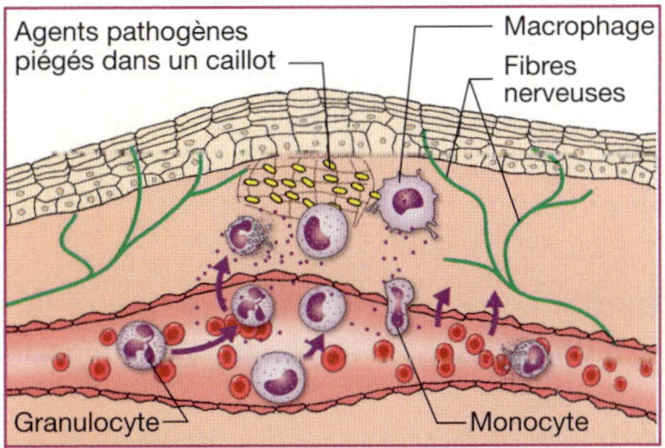

Doc. 2. Seconde phase de la réaction inflammatoire

- À l'issue de la phagocytose, les macrophages deviendront des **cellules présentatrices de l'antigène**, préparant ainsi le déclenchement de l'immunité adaptative.
- L'objectif de la réaction inflammatoire est d'éliminer les agents pathogènes de la région lésée afin de permettre la guérison. Mais, parfois, la réponse immunitaire est chronique (exemple dans le cas des maladies auto-immunes), et un traitement par **médicaments anti-inflammatoires** est alors prescrit par le médecin, afin de réduire l'inflammation ainsi que la douleur (effet **antalgique**).

40 Les anticorps, molécules effectrices spécifiques de l'immunité adaptative

L'immunité innée est largement répandue chez les êtres vivants, alors que l'immunité adaptative apparaît au cours de l'évolution avec les vertébrés ; elle s'ajoute à l'immunité innée et en renforce l'action.

I Nature biochimique et structure d'un anticorps

- Que l'infection soit ou non maîtrisée par l'immunité innée, la réponse immunitaire adaptative assure une action spécifique contre des antigènes.
- Un **antigène** est une molécule ou partie de molécule qui déclenche une réponse immunitaire.
- Lors de la réponse immunitaire adaptative, des molécules spécifiques appelées anticorps, sont produites.
- Un individu est dit **séropositif** lorsqu'il y a présence dans son plasma et sa lymphe d'anticorps spécifiques d'un antigène donné.
- Un anticorps est une protéine appelée **immunoglobuline** constituée de 4 chaînes polypeptidiques identiques deux à deux : 2 chaînes lourdes (environ 400 acides aminés) et 2 chaînes légères (environ 200 acides aminés), reliées entre elles par des ponts disulfures.

Les **anticorps** maternels traversent le placenta au cours de la grossesse et vont protéger le nouveau-né pendant les trois premiers mois de sa vie.

- Chaque chaîne est formée d'une **partie constante**, identique d'une molécule d'immunoglobuline à l'autre et d'une **partie variable** qui représente le site de liaison à l'antigène.
- Un anticorps possède deux sites de liaison à l'antigène, constitués d'acides aminés appartenant à un fragment de chaîne lourde et à un fragment de chaîne légère. Ces deux sites sont **identiques** pour le même anticorps mais varient d'un anticorps à l'autre.
- Ceci est à l'origine de la **spécificité** de la reconnaissance de l'antigène, qui peut être une molécule ou une partie de molécule.

II Formation de complexes immuns et neutralisation de l'antigène

■ La fixation d'un anticorps sur un antigène conduit à la formation d'un complexe antigène – anticorps appelé **complexe immun**. Les anticorps neutralisent ainsi l'antigène, mais ne sont pas capables de le détruire.

■ C'est un autre mécanisme, la **phagocytose**, qui va permettre la destruction de l'antigène.

■ L'extrémité des parties constantes des chaînes lourdes de la molécule d'anticorps se fixe sur les phagocytes, qui vont éliminer les complexes immuns.

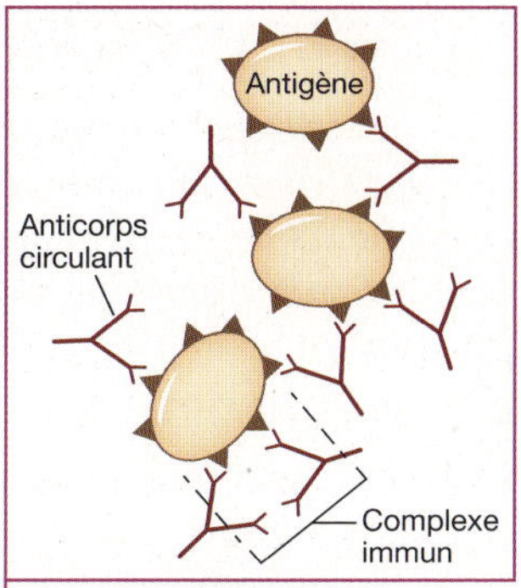

Doc. 1. Schéma d'un complexe immun

III L'origine des anticorps

■ Les **plasmocytes** sont les cellules productrices des anticorps. Ils sont issus de la différenciation des lymphocytes B. Ce sont des cellules riches en réticulum endoplasmique granulaire (REG), spécialisées dans la synthèse des protéines.

■ Plasmocytes et lymphocytes B apparaissent en réponse à la pénétration d'un antigène, ce sont des effecteurs de l'immunité adaptative.

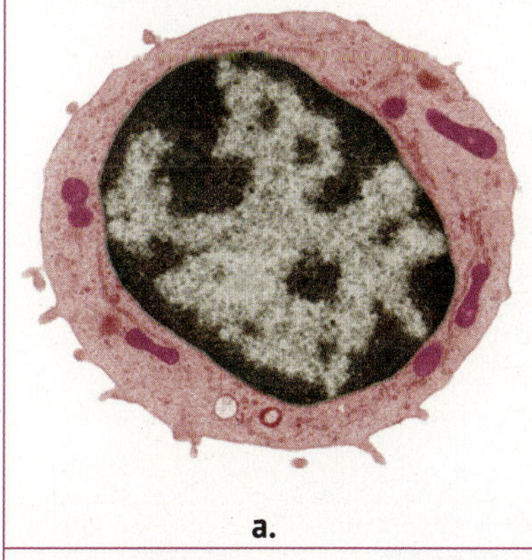

a.

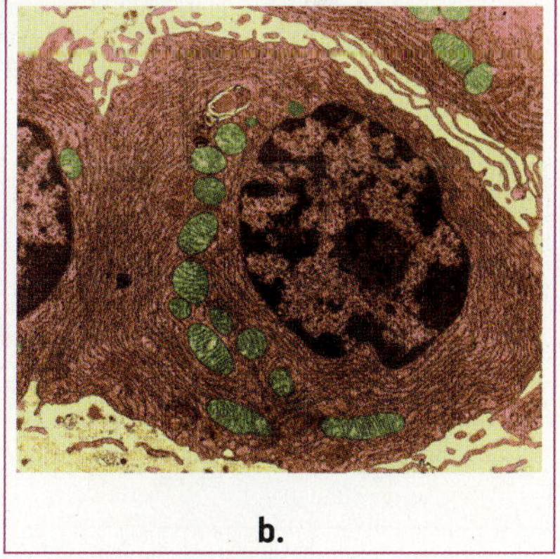

b.

Doc. 2. Lymphocyte B (a) et plasmocyte (b) observés au MET

41 Les LTc, cellules effectrices spécifiques de l'immunité adaptative

Des cellules, les lymphocytes T cytotoxiques (LTc), interviennent aussi dans la réponse immunitaire adaptative. Ce sont des cellules effectrices dont le rôle est d'éliminer toute cellule infectée ou toute cellule modifiée de l'organisme, qui constitue une cellule cible pour les LTc.

I Le rôle des LTc

- Une cellule infectée par un virus, par exemple, exprime à sa surface des **fragments peptidiques** issus des protéines du virus.
- Ces fragments peptidiques représentent des antigènes et déclenchent une réponse immunitaire spécifique. Ainsi, les cellules infectées pourront être reconnues puis **lysées** (détruites) par les LTc.
- Les cellules cancéreuses et les cellules étrangères introduites dans l'organisme par transfusion sanguine ou par greffe d'organe sont aussi des cellules cibles pour les LTc.

Afin qu'il n'y ait pas de rejet, une personne **greffée** devra prendre à vie un traitement immunosuppresseur, ce qui empêchera les LTc de s'attaquer au greffon.

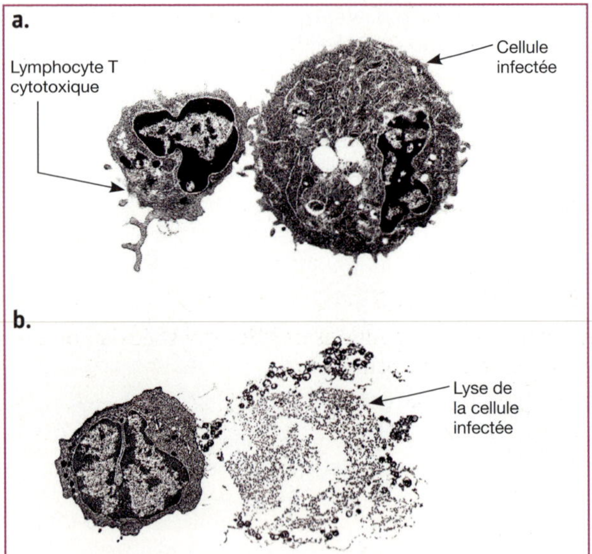

Doc. 1. Destruction d'une cellule infectée par un LTc (MET)

- Les LTc détruisent les cellules modifiées ou infectées par contact, grâce à des molécules de **perforine,** une protéine qu'ils sécrètent et qui est libérée par des vésicules.
- La perforine entraîne la formation de pores dans la membrane de la cellule infectée. De l'eau et des sels entrent par ces pores, ce qui provoque l'éclatement de la cellule cible. Les débris sont ensuite éliminés par les phagocytes.

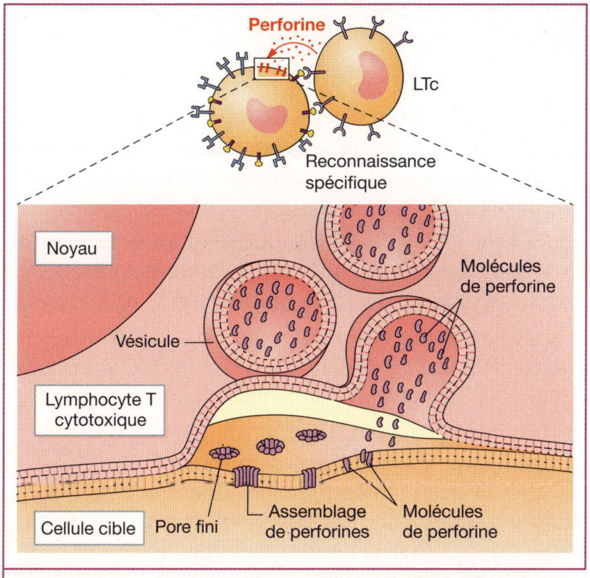

Doc. 2. Mode d'action de la perforine libérée par les LTc

II Les cellules à l'origine des LTc

- Certaines cellules, appelées **LT CD8**, sont des cellules qui préexistent aussi dans l'organisme avant tout contact avec l'antigène.
- Les LT CD8, suite à la pénétration d'un antigène dans l'organisme, se transforment en LTc qui sont alors capables de fabriquer des molécules de perforine.

42 L'immunité adaptative, prolongement de l'immunité innée (1)

Après une première rencontre avec un antigène, seules les cellules de l'immunité adaptative capables de reconnaître l'antigène vont être sélectionnées : c'est la sélection clonale.

I La reconnaissance de l'antigène

- Les lymphocytes T (LT) acquièrent leurs récepteurs après maturation dans le **thymus**. C'est cette acquisition qui leur confère leur capacité à reconnaître l'antigène alors que les lymphocytes B (LB) sont capables de reconnaître l'antigène à la sortie de la **moelle osseuse**.
- Chaque population (clone) de LB ou de LT ne porte qu'**un seul type de récepteur**, spécifique d'un antigène donné, mais les récepteurs, présents en de nombreux exemplaires, sont ancrés dans la membrane des lymphocytes.
- Les récepteurs des LB sont des **anticorps membranaires**, caractérisés par leurs deux sites identiques de liaison à l'antigène, alors que les récepteurs des LT (**récepteurs T**), ne comportent qu'un seul site de reconnaissance.
- La reconnaissance de l'antigène par les LB se fait de façon directe, par liaison de l'antigène avec un anticorps membranaire spécifique du LB. Les récepteurs des LT reconnaissent quant à eux des fragments peptidiques venant de l'antigène, présentés par des cellules situées dans tous les tissus : les macrophages, et d'autres cellules, appelées cellules dendritiques, véritables sentinelles du système immunitaire. Macrophages et cellules dendritiques sont dites « cellules présentatrices de l'antigène ».

Les **cellules dendritiques** sont des cellules bien plus performantes que les macrophages en tant que cellules présentatrices d'antigène.

II La sélection clonale

- La reconnaissance de l'antigène se fait par les clones de LB et LT ayant des récepteurs spécifiques de cet antigène : c'est la **sélection clonale**. Elle a lieu dans les organes lymphoïdes secondaires.
- Chaque clone est constitué de plusieurs milliers de cellules spécialisées dans la reconnaissance spécifique d'un antigène.
- La sélection clonale concerne les **LB**, les **LTCD8** et une autre catégorie de cellules, les **LTCD4**.

Doc. Sélection clonale des lymphocytes spécifiques d'un antigène donné

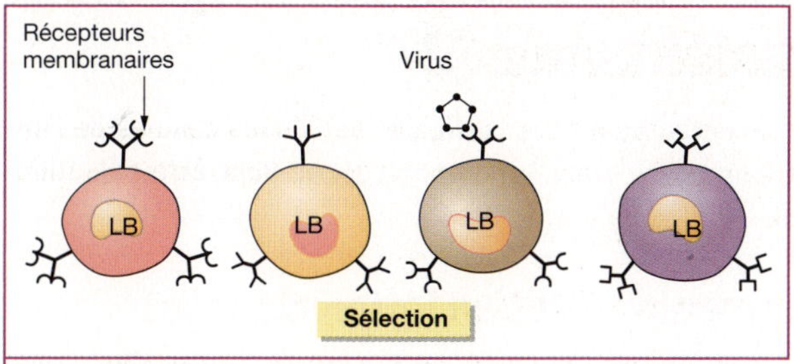

a. Reconnaissance directe de l'antigène et sélection clonale de LB spécifiques.

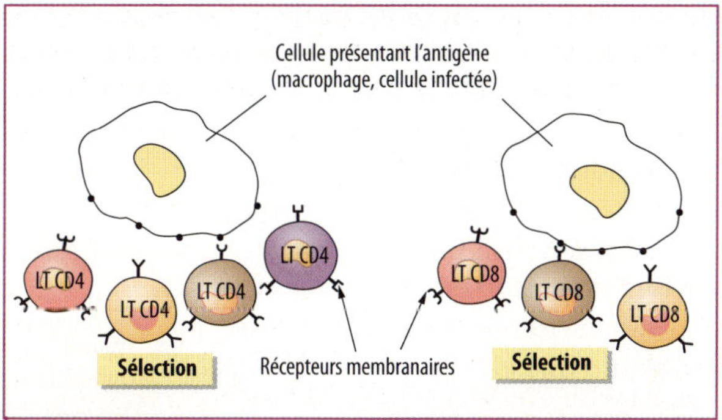

b. Reconnaissance d'une cellule présentatrice de l'antigène (CPAg) et sélection clonale de LT spécifiques.

43 L'immunité adaptative, prolongement de l'immunité innée (2)

Après avoir été sélectionnées, les cellules de l'immunité adaptative deviennent effectrices grâce aux phénomènes d'amplification et de différenciation clonales.

I L'amplification et la différenciation clonales

- Au cours de cette phase, les lymphocytes sélectionnés vont se multiplier activement, de façon à former un clone de plusieurs milliers de cellules identiques. On parle d'expansion, ou **amplification clonale**.
- L'amplification clonale est suivie de la **différenciation** des LB et LT CD8, qui deviennent des cellules effectrices : les LB se différencient en plasmocytes, sécréteurs d'anticorps circulants, et les LT CD8 en LT cytotoxiques effecteurs.
- Ces étapes d'amplification et de différenciation ne pourraient avoir lieu sans la coopération des LB et LT CD8 avec une catégorie de lymphocytes, qui a un rôle pivot dans la réponse immunitaire : les **LT CD4**.
- Les LT CD4 reconnaissent, comme les LT CD8, un antigène entré dans l'organisme grâce à leurs récepteurs membranaires (récepteurs T), ce qui entraîne leur multiplication et leur différenciation en **LT auxiliaires**.
- Une partie de ces LT auxiliaires va être mise en **mémoire**, et ils s'activeront rapidement lors d'une éventuelle prochaine rencontre avec le même antigène.
- L'autre partie des LT auxiliaires va sécréter de l'interleukine 2, messager chimique dont le rôle est primordial dans la communication entre les cellules immunitaires. En effet, l'interleukine 2 est une protéine indispensable à l'expansion clonale et à la **différenciation des LB et LT CD8** présélectionnés.
- Sous l'effet de l'interleukine, les LB évoluent en LB mémoires et en plasmocytes sécréteurs d'anticorps circulants, qui formeront des complexes immuns après reconnaissance de l'antigène.
- Cette réponse immunitaire qui met en jeu les LB s'appelle la **réponse humorale** adaptative.
- L'interleukine permet aussi la différenciation des LT CD8 en LTc, qui détruiront par contact les cellules infectées.

> Des chercheurs ont montré en 2011 que l'**interleukine 2** pouvait soigner, à faible dose, les personnes atteintes de maladies auto-immunes telles la sclérose en plaques ou la polyarthrite rhumatoïde.

II Bilan

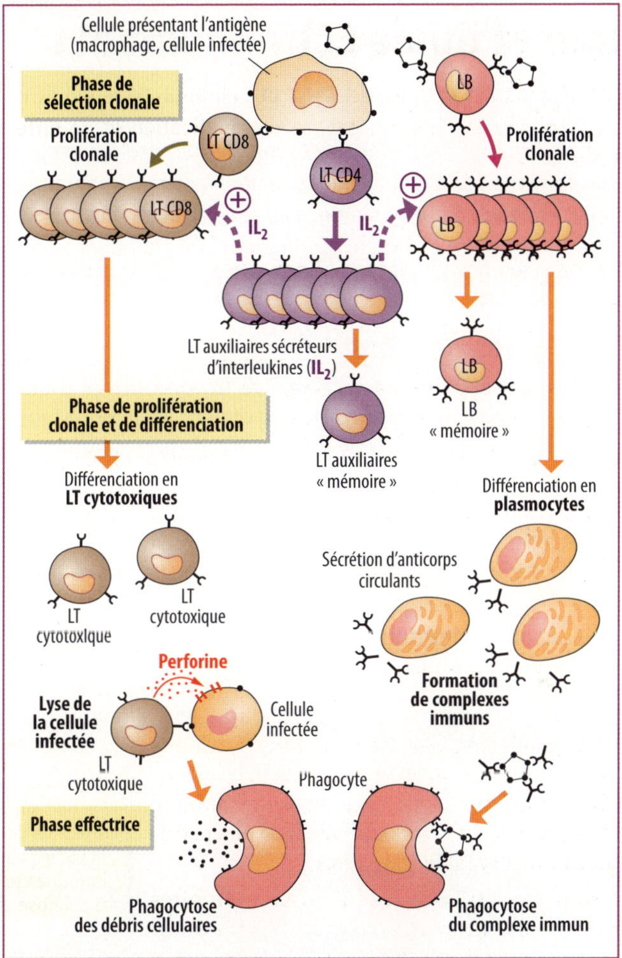

Schéma bilan des réponses immunitaires suite à l'entrée d'un virus dans l'organisme

44 Diversité des cellules de l'immunité adaptative et dysfonctionnements du système immunitaire

Le système immunitaire, normalement, ne réagit pas contre les propres composantes de l'organisme. Or, il arrive que le système immunitaire attaque les cellules et tissus de l'organisme, il en résulte alors une maladie auto-immune. Il peut aussi être en défaut, par manque de protection contre les antigènes ; en résulte un déficit immunitaire, comme dans le cas du sida.

I Diversité des clones de LB et LT

- Le système immunitaire est capable de reconnaître un nombre pratiquement illimité d'antigènes, grâce aux récepteurs des LB et des LT. Or, pour fabriquer tous ces récepteurs, l'organisme possède un nombre de gènes limité, qui ne dépasse pas quelques milliers.
- Les gènes codant pour les récepteurs des LB et des LT sont des gènes morcelés, résultant de l'association de plusieurs segments de gènes. C'est la **combinaison aléatoire** de ces segments qui constitue le gène de structure codant pour tel ou tel récepteur.
- Ce sont donc des **mécanismes génétiques originaux** qui permettent de produire des LB et des LT d'une très grande diversité.

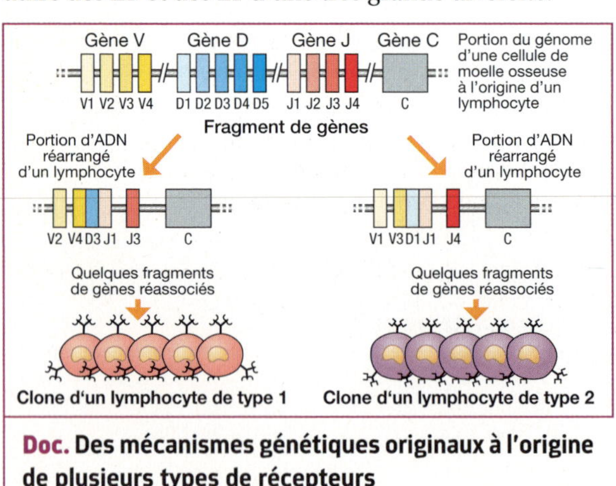

Doc. **Des mécanismes génétiques originaux à l'origine de plusieurs types de récepteurs**

- Le répertoire des récepteurs des LB et LT étant produit au hasard des recombinaisons génétiques, il y a un risque que certains de ces récepteurs aux antigènes soient capables de reconnaître les molécules du soi, et soient donc des **lymphocytes auto-réactifs**.

II Élimination des clones de LB et LT auto-réactifs

- Les réponses immunitaires innée et adaptative fonctionnent de façon interdépendante et permettent un état de **non-réactivité** contre les propres composantes de l'organisme.
- Cet état est permis par l'**élimination** des lymphocytes auto-réactifs ou par leur répression (ils sont maintenus inactifs), car ils constituent une menace pour l'organisme.
- La maturation du système immunitaire permet d'éviter le déclenchement d'une telle réponse. Elle résulte d'un **équilibre** entre la production des lymphocytes et la répression ou l'élimination des lymphocytes auto-réactifs.

II Défaillances du système immunitaire

- Parfois, une combinaison de plusieurs facteurs (environnementaux, génétiques, infectieux) peut conduire à une **maladie auto-immune**, qui survient lorsque les lymphocytes auto-réactifs sont fortement activés, permettant le déclenchement d'une réponse immunitaire contre les propres composantes de l'organisme.
- Dans le cas du **sida**, un virus, le VIH, prend le système immunitaire pour cible et va provoquer son affaiblissement progressif.
- Les cellules cibles du VIH sont principalement les **LTCD4**, dans lesquels le virus se multiplie avant de les détruire. Or les LTCD4 jouent un rôle central dans l'immunité adaptative, et la diminution progressive de leur nombre supprime la coopération entre les cellules immunitaires.
- Ceci conduira à l'effondrement des défenses immunitaires, ce qui se traduira par l'apparition des **maladies opportunistes**, caractérisant la phase de sida déclaré.

La plupart des scientifiques affirment que l'état d'esprit a un réel pouvoir sur l'organisme : le stress peut déprimer le système immunitaire, alors que les pensées positives pourraient favoriser un état de bonne santé.

45 Le phénotype immunitaire au cours de la vie

Le phénotype immunitaire, au niveau moléculaire, correspond à l'ensemble des récepteurs des LB et LT que possède un individu à un moment donné de sa vie. Il change sans cesse, face à la grande diversité des antigènes rencontrés par l'individu et permet donc à celui-ci de s'adapter aux modifications de son environnement.

I Mémoire immunitaire et vaccination

1. La réponse immunitaire primaire

- La vaccination repose sur la **mémoire immunitaire** ; elle consiste à déclencher une réponse immunitaire afin que l'organisme produise des cellules mémoires, dont la durée de vie est en général d'une dizaine d'années mais peut atteindre plus de 60 ans (cas de la rougeole).
- La première rencontre avec un antigène engendre une **réponse immunitaire primaire**, qui se traduit par un délai d'apparition des anticorps de plusieurs jours, le temps que l'antigène soit reconnu, et que les LB activés se multiplient et se différencient en plasmocytes, sécréteurs d'anticorps.
- Certains LB ne se différencient pas en plasmocytes, mais génèrent des **lymphocytes B mémoires**. Des LTCD4 sont aussi mis en mémoire à partir des LTCD4 sélectionnés.

Pour stopper l'épidémie de rougeole qui sévit en France depuis 3 ans (600 cas en France en 2008 et plus de 5 000 en 2010), il est indispensable de vacciner les nouveau-nés et de faire un rattrapage de **vaccination** des individus nés depuis 1980.

2. La réponse immunitaire secondaire

- La deuxième rencontre avec le même antigène entraîne la réponse secondaire, plus ample, rapide, et efficace. Les lymphocytes mis en mémoire lors de la réponse primaire réagissent très rapidement, ils sont beaucoup plus nombreux que les **lymphocytes naïfs** de même spécificité dont ils sont issus. Ainsi, les anticorps sont sécrétés plus rapidement par les plasmocytes issus de ces LB mémoires, et en plus grande quantité.

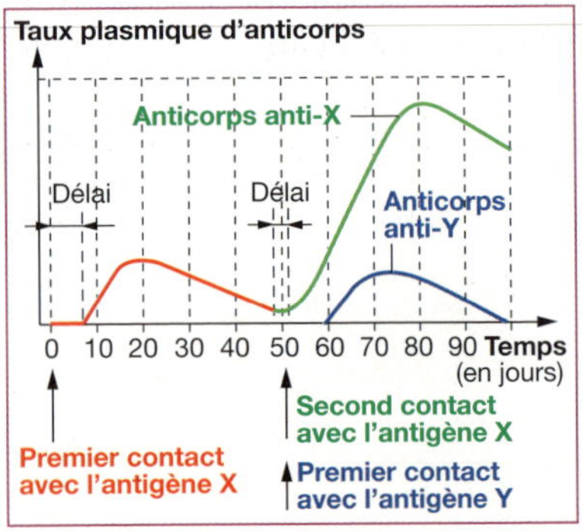

- Les **produits immunogènes** injectés lors de la vaccination peuvent être des microorganismes entiers, tués ou vivants, mais en ce cas atténués, ou des particules virales...
- Le pouvoir immunogène de l'antigène peut être augmenté grâce à la présence d'un **adjuvant**, qui sera mélangé à l'antigène, et injecté avec celui-ci.
- L'adjuvant du vaccin a pour rôle de stimuler la réponse innée, indispensable à l'installation de la réaction adaptative, sans toutefois causer d'effets secondaires. Il prépare l'organisme au déclenchement de la réponse immunitaire adaptative, de même que la réaction inflammatoire prépare la réaction adaptative naturelle.
- La **vaccination systématique** des populations permet à la fois la protection de l'individu vacciné et une protection collective, limitant le risque d'infection pour les individus non efficacement vaccinés.

II Évolution du phénotype immunitaire au cours de la vie

- Le phénotype immunitaire d'un individu se forge tout au long de sa vie, au gré des expositions aux antigènes rencontrés. Il change donc sans cesse, en s'adaptant à l'environnement dans lequel évolue l'individu.
- L'évolution du phénotype immunitaire se fait naturellement, quand l'individu est en contact avec un antigène, ou artificiellement, lors de la vaccination.
- Il existe une certaine plasticité du système immunitaire adaptatif, mais qui est limitée par la compétition entre les lymphocytes naïfs et les lymphocytes mémoires.
- En effet, l'organisme produit des lymphocytes naïfs de façon continue et aléatoire **tout au long de la vie de l'individu**, surtout pendant son enfance.
- Mais, au fur et à mesure du temps, le **pool de lymphocytes mémoires augmente**, et devient beaucoup plus important que celui des lymphocytes naïfs de même spécificité, et la durée de vie des lymphocytes mémoires est beaucoup plus longue.
- Ainsi, le pool des lymphocytes mémoires finit par être dominant au cours des années.

Schémas bilans

Vérifiez que vous avez bien retenu les points importants des **fiches 34 à 41**.

Évolution de différents facteurs après une infection par le VIH

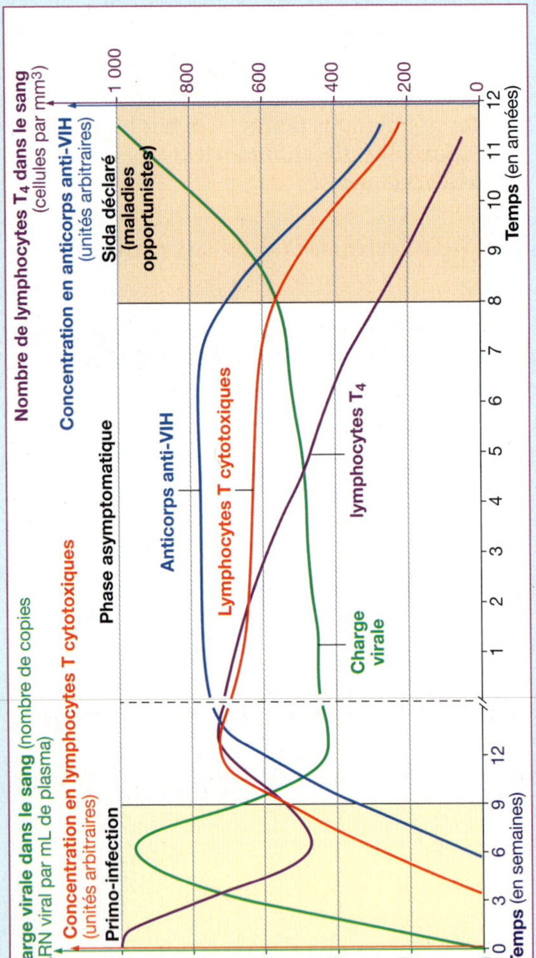

Les différentes courbes donnent l'évolution de la charge virale, du nombre des lymphocytes T4, et des concentrations relatives de lymphocytes T cytotoxiques et d'anticorps, dans le sang, après une infection par le VIH.

Schéma bilan des réponses immunitaires suite à l'entrée d'un virus dans l'organisme

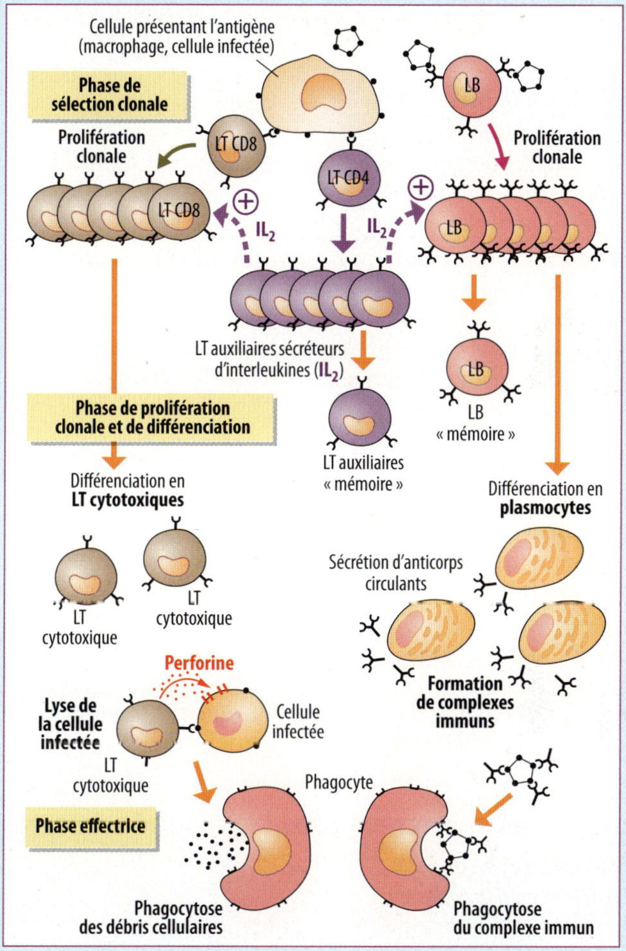

Quiz express

Vérifiez que vous avez bien retenu les points importants des **fiches 38 à 45**.

La réaction inflammatoire

1 La réaction inflammatoire :

- [x] a. prépare le déclenchement de la réponse immunitaire adaptative
- [ ] b. cesse dès que la réponse immunitaire adaptative est déclenchée
- [x] c. est une réponse innée, c'est-à-dire présente dès la naissance.

2 Les cellules impliquées dans la réaction inflammatoire sont :

- [ ] a. les plasmocytes
- [x] b. les phagocytes
- [ ] c. les granulocytes, qui se différencient en macrophages
- [x] d. les mastocytes, qui libèrent des médiateurs chimiques.

FICHE 39

Les anticorps, molécules intervenant dans l'immunité adaptative

3 Un individu séropositif :

- [ ] a. a produit des anticorps contre le VIH
- [x] b. a peut-être produit des anticorps contre le VIH
- [x] c. a produit des anticorps spécifiques d'un antigène donné.

4 Un anticorps est :

- [x] a. une immunoglobuline
- [x] b. une protéine
- [ ] c. constitué de chaînes d'acides aminés toutes identiques entre elles
- [ ] d. une molécule capable de détruire un antigène.

FICHE 40

Les LTc, cellules intervenant dans l'immunité adaptative

5 Le rôle des LTc est de :

- [ ] a. neutraliser un antigène
- [x] b. détruire une cellule modifiée de l'organisme
- [x] c. détruire une cellule infectée
- [x] d. produire de la perforine
- [ ] e. produire des anticorps.

6 La destruction d'une cellule infectée par un LTc met en jeu :

- [ ] a. des médiateurs chimiques libérés par les mastocytes
- [x] b. une protéine sécrétée par le LTc, qui forme des pores dans la membrane de la cellule infectée

☐ **c.** des LB, qui se transforment en LTc
☐ **d.** des LTCD8, qui se transforment en LTc.

FICHE 41

L'immunité adaptative, prolongement de l'immunité innée

7 La reconnaissance de l'antigène :
☐ **a.** a toujours lieu dans la moelle osseuse
☐ **b.** se fait grâce aux récepteurs des lymphocytes
☐ **c.** se fait de façon directe pour les LT.

8 La sélection clonale :
☐ **a.** a lieu dans les organes lymphoïdes primaires
☐ **b.** est réalisée par des clones de LB et LT ayant des récepteurs spécifiques de l'antigène entré dans l'organisme.

9 L'amplification clonale :
☐ **a.** est suivie de la différenciation des LB et LTCD8
☐ **b.** nécessite un messager chimique, la perforine
☐ **c.** nécessite la coopération des LTCD4
☐ **d.** correspond à la multiplication active des lymphocytes sélectionnés.

FICHES 42 ET 43

Le phénotype immunitaire

10 Les clones de LB et LT sont :
☐ **a.** capables de reconnaître un nombre limité d'antigènes
☐ **b.** d'une grande diversité, grâce à des mécanismes génétiques originaux
☐ **c.** parfois éliminés car réagissent contre les propres composantes de l'organisme.

11 Les LTCD4 :
☐ **a.** jouent un rôle central dans l'immunité adaptative
☐ **b.** sont les cellules cibles du VIH
☐ **c.** ne peuvent être mis en mémoire lors de la réponse immunitaire primaire.

12 La vaccination permet :
☐ **a.** une protection à la fois de l'individu et de la population
☐ **b.** une réponse primaire, très rapide et efficace
☐ **c.** une évolution naturelle du phénotype immunitaire.

FICHES 44 ET 45

RÉPONSES

1. a et c • **2.** b et d • **3.** b et c • **4.** a et b • **5.** b, c et d • **6.** b et d • **7.** b • **8.** b • **9.** a, c et d • **10.** b et c • **11.** a et b • **12.** a

SUJET 40 | La réaction inflammatoire

EXERCICE DE TYPE 1

→ **Fiche 38** Organes, cellules et molécules de l'immunité
→ **Fiche 39** La réaction inflammatoire, un exemple d'immunité innée

L'introduction de bactéries dans un tissu, suite à une piqûre par exemple, entraîne une réponse locale du système immunitaire qui apparaît dans les 48 heures après la lésion : la réaction inflammatoire.

DOCUMENT Conséquences de la libération de médiateurs chimiques dans un tissu

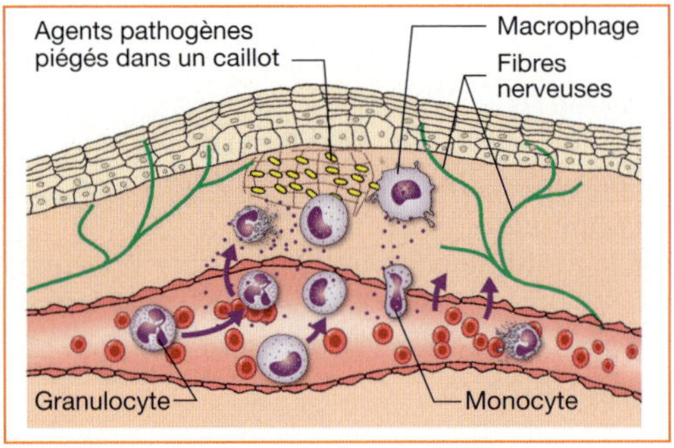

À partir des caractéristiques observées sur le schéma ci-dessus, indiquer si les affirmations ci-après sont exactes ou fausses. Dans ce dernier cas, justifier la réponse.

Le document montre :	vrai	faux
a. Le retour des phagocytes à l'intérieur du vaisseau sanguin.	☐	☐
b. Un œdème dû à une accumulation de sang dans le tissu lésé.	☐	☐
c. Le passage des différentes catégories de leucocytes en dehors du vaisseau sanguin.	☐	☐
d. Le passage des phagocytes dans le plasma, afin d'éliminer les bactéries.	☐	☐
e. La sortie des phagocytes hors du vaisseau sanguin, attirés par des substances chimiques libérées par des bactéries.	☐	☐
f. L'accumulation locale du plasma, sous le tissu lésé, qui va être responsable d'un œdème.	☐	☐
g. Un œdème qui va comprimer les terminaisons des fibres nerveuses, empêchant la sensation de douleur.	☐	☐

PISTES POUR RÉUSSIR

- Ne pas confondre le sang avec le plasma. Ce dernier est la phase liquide du sang, qui contient aussi les éléments figurés (hématies, leucocytes et plaquettes).
- Parmi les leucocytes, on distingue des lymphocytes, des macrophages, des granulocytes et des monocytes.
- Lors de la réaction inflammatoire, seuls certains leucocytes sont attirés vers le lieu de la lésion.

CORRIGÉ

a. Faux.
Les phagocytes vont sortir du vaisseau sanguin.
b. Faux.
L'œdème est dû à une accumulation de plasma, et non de sang, dans le tissu lésé.
c. Faux.
Seules certaines catégories de leucocytes sortent du vaisseau sanguin.
d. Faux.
e. Vrai.
f. Vrai.
g. Faux.
L'œdème, en comprimant les fibres nerveuses est, au contraire, responsable de la douleur.

SUJET 41 | Spécificité des anticorps

EXERCICE DE TYPE 2

→ Fiche 40 Les anticorps, molécules effectrices spécifiques de l'immunité adaptative

Montrer, à partir de l'étude des documents et de vos connaissances, que la spécificité des anticorps est due à leur partie variable.

DOCUMENT 1 Modélisation moléculaire du complexe antigène/anticorps (logiciel RASTOP)

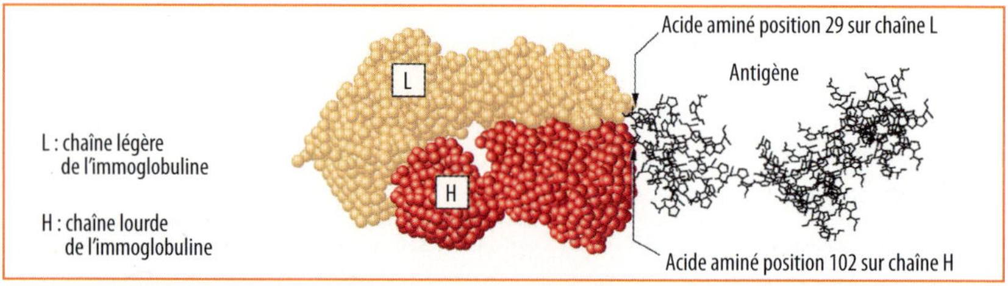

DOCUMENT 2 Variabilité des types d'acides aminés en fonction de leur position dans les chaînes d'immunoglobuline

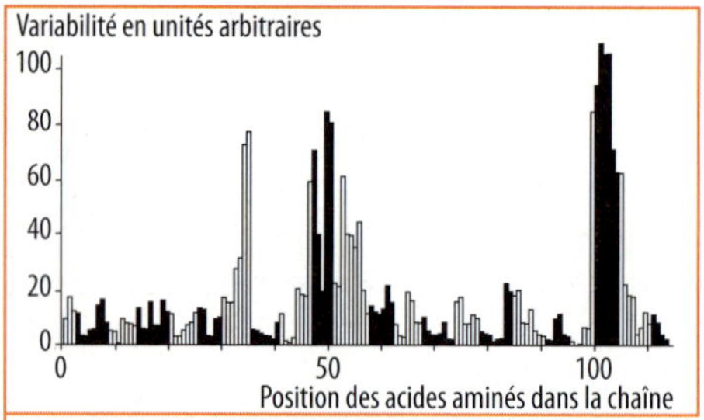

a. Fragment de chaîne lourde.

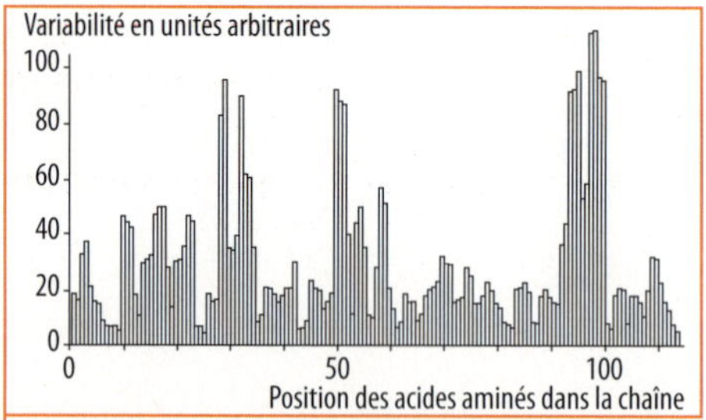

b. Fragment de chaîne légère.

PISTES POUR RÉUSSIR

- Vous devez commencer par l'analyse du document 1, car les informations qu'il contient se retrouvent dans le document 2.
- Attention, il n'y a qu'un seul des deux sites de reconnaissance de l'anticorps qui est représenté sur le document 1.
- Il faut bien comprendre que la région variable correspond à une région où les acides aminés sont différents d'un anticorps à l'autre.

CORRIGÉ

Exploitation du document 1

- La molécule d'anticorps se fixe sur l'antigène au niveau des chaînes lourdes et des chaînes légères.
- Cette fixation se fait au niveau de plusieurs acides aminés, dont l'acide aminé en position 29 pour la chaîne légère, et l'acide aminé en position 102 pour la chaîne lourde.

Exploitation du document 2

- Le fragment de chaîne lourde comporte des régions variables pour les acides aminés dont la position est autour de 30, 50 et 100, et le fragment de chaîne légère comporte des régions variables situées à peu près aux mêmes positions.
- Parmi les régions où la variabilité est la plus élevée, on retrouve les valeurs données dans le document 1 : l'acide aminé en position 29 pour la chaîne légère, et en position 102 pour la chaîne lourde.
- Ainsi, l'antigène se fixe sur les régions les plus variables des chaînes lourdes et des chaînes légères de la molécule d'anticorps.
- Les acides aminés de ces régions sont différents d'une molécule d'anticorps à une autre, ce qui permet aux anticorps de reconnaître un grand nombre d'antigènes.
- Ceci montre donc bien l'importance que revêt la partie variable d'un anticorps dans la spécificité de celui-ci.

SUJET 42 | Une IST, la syphilis

EXERCICE DE TYPE 1

→ **Fiche 40** Les anticorps, molécules effectrices spécifiques de l'immunité adaptative
→ **Fiche 43** L'immunité adaptative, prolongement de l'immunité innée

La syphilis est une infection sexuellement transmissible due à une bactérie pathogène, le tréponème pâle.

Les antigènes tréponémiques peuvent être isolés et fixés sur des microbilles de latex qui sont ensuite mises en contact avec différents sérums.

On teste les sérums de deux individus afin de déterminer s'ils sont ou non séropositifs pour le tréponème pâle.

DOCUMENT Résultats des tests de sérums mis en contact avec les antigènes tréponémiques

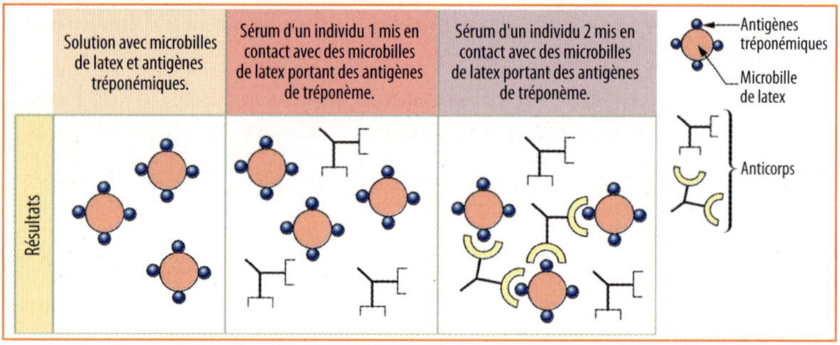

Trouver la réponse exacte parmi les différentes propositions ci-dessous, et justifier votre réponse.

a. L'individu 1 n'a jamais été en contact avec un antigène, quel qu'il soit.

b. L'individu 1 est séropositif pour le tréponème pâle.

c. Les individus 1 et 2 ont été en contact avec les mêmes antigènes.

d. L'individu 2 est séropositif pour le tréponème pâle, il possède des anticorps spécifiques des antigènes tréponémiques.

PISTES POUR RÉUSSIR

- Un individu en contact avec un antigène va produire des anticorps spécifiques de cet antigène.
- Les sites de liaison à l'antigène varient d'un anticorps à l'autre.
- Il faut bien observer les sites de liaison des molécules d'anticorps représentées sur les schémas afin de déterminer les anticorps spécifiques de l'antigène tréponémique.

CORRIGÉ

- La bonne réponse est la réponse **d**.
- L'individu 2 est séropositif pour le tréponème pâle car il a produit des anticorps spécifiques des antigènes tréponémiques, formant avec ceux-ci des complexes immuns.
- L'individu 1 a bien été en contact avec un antigène car il possède des anticorps dans son sérum, la réponse **a** est fausse.
- L'individu 1 est séropositif puisque son sérum contient des anticorps, mais pas contre le tréponème pâle. La réponse **b** est fausse.
- Ainsi, les individus 1 et 2 n'ont pas été en contact avec les mêmes antigènes, la réponse **c** est donc fausse.

SUJET 43 | Résultat d'un test Ouchterlony

EXERCICE DE TYPE 1

→ **Fiche 40** Les anticorps, molécules effectrices spécifiques de l'immunité adaptative
→ **Fiche 44** Diversité des cellules de l'immunité adaptative et dysfonctionnements du système immunitaire

On cherche à connaître les anticorps produits par une personne séropositive, Mme S, contaminée par le virus du sida, et à évaluer à quel stade de la maladie elle se trouve.

Le document ci-dessous présente les résultats du test Ouchterlony 24 heures après les dépôts.

DOCUMENT Résultat du test Ouchterlony de Mme S.

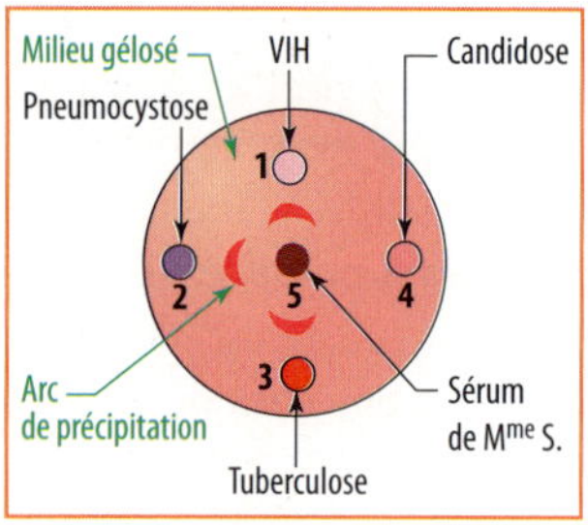

Les puits 1 à 4 contiennent les antigènes indiqués sur le schéma ; le puits central contient le sérum de Mme S. Tuberculose et pneumocystose sont des affections pulmonaires, la candidose est une mycose (infection due à un champignon).

Trouver la réponse exacte parmi les différentes propositions ci-dessous, et justifier votre réponse.

a. La présence d'arcs de précipitation traduit l'existence de complexes immuns entre les puits 1, 2 et 3.

b. Mme S. a produit des anticorps anti-pneumocystose et anti-tuberculose.

c. Mme S. a produit des anticorps anti-VIH, anti-pneumocystose et anti-tuberculose.

d. Mme S. est en phase asymptomatique.

PISTES POUR RÉUSSIR

- Les arcs de précipitation sont situés entre le puits central et les autres puits.
- Un arc de précipitation correspond à un complexe immun, donc un complexe entre antigène et anticorps.
- Les maladies opportunistes font partie des signes cliniques observés lors de la phase sida.
- Les anticorps se trouvent dans le sérum de l'individu.

CORRIGÉ

- La bonne réponse est la réponse **c.**
- En effet, Mme S. a produit des anticorps anti-pneumocystose, anti-tuberculose et anti-VIH, car on observe des arcs de précipitation entre le puits central, qui contient son sérum, et les puits 1, 2 et 3.
- Les puits 1, 2 et 3 contiennent les antigènes correspondant au VIH, à la pneumocystose, et à la tuberculose.
- Mme S. est en phase sida, et non en phase asymptomatique, car elle a développé des maladies opportunistes.

SUJET 44 | L'action des lymphocytes T cytotoxiques

EXERCICE DE TYPE 2

→ Fiche 41 Les LTc, cellules effectrices spécifiques de l'immunité adaptative

Montrer, à partir de l'étude des documents et de vos connaissances, comment certaines cellules de l'immunité adaptative, que vous nommerez, éliminent les cellules infectées par un virus, ici le virus de la chorioméningite.

DOCUMENT 1 Expérience d'inoculation du virus de la chorioméningite

On infecte un lot de souris A par un virus, pathogène mais non mortel, le virus de la chorioméningite (LCM), qui attaque certaines cellules dont les fibroblastes.

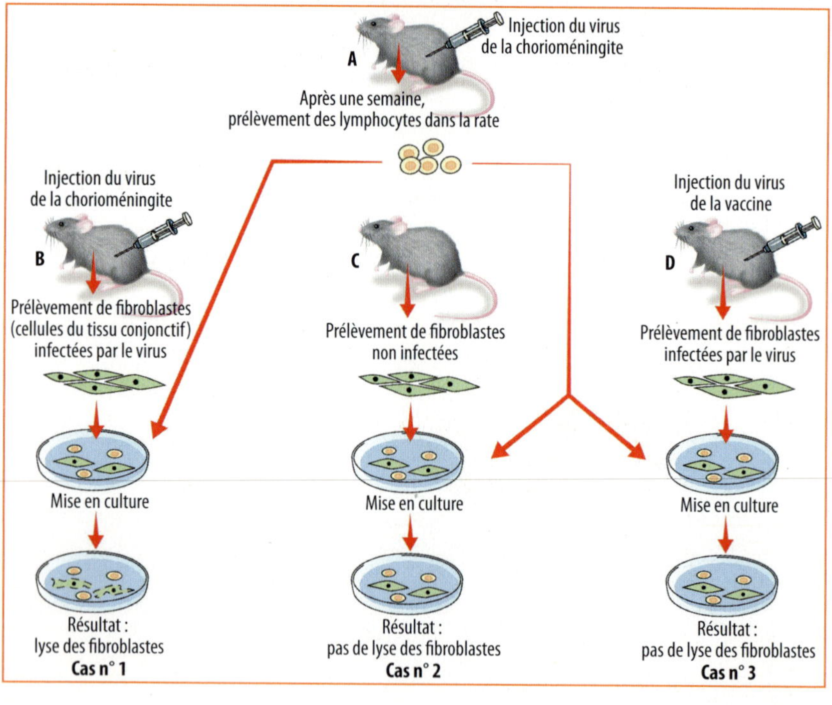

DOCUMENT 2 Expériences réalisées sur trois lots de souris

La souris, comme l'Homme, est capable de lutter contre certains virus.
On a pratiqué sur plusieurs lots de souris les traitements indiqués dans le tableau ci-dessous et on observe pour chaque lot les réactions immunitaires à la suite d'une infection virale.
On rappelle que l'irradiation détruit les cellules à multiplication rapide, et notamment les cellules souches de la moelle osseuse à l'origine des lymphocytes.
Le thymus est l'organe dans lequel les lymphocytes T acquièrent leur fonction.

Souris	Traitement effectué	Conséquences pour l'organisme	Résultats après infection virale
Lot 1	Aucun	Présence de lymphocytes B et T	Disparition des virus
Lot 2	Ablation du thymus	Présence de lymphocytes B Absence de lymphocytes T	Prolifération des virus
Lot 3	Irradiation + injection de lymphocytes T provenant d'une souris infectée par le même virus	Présence de lymphocytes T Absence de lymphocytes B	Disparition des virus

DOCUMENT 3 Microphotographies de lymphocytes en présence de cellules infectées par le virus LCM

L'observation a été réalisée au microscope électronique à transmission (MET).

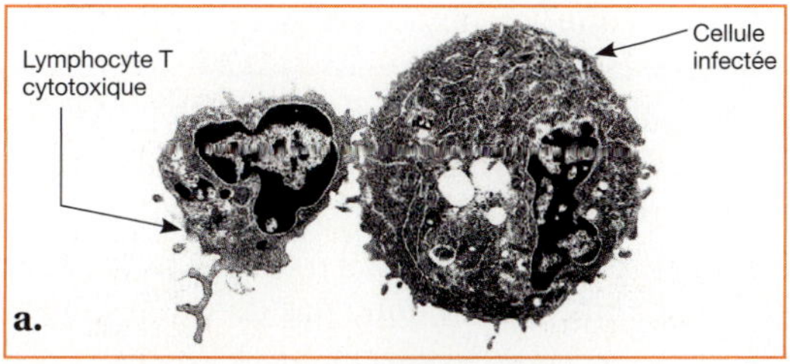

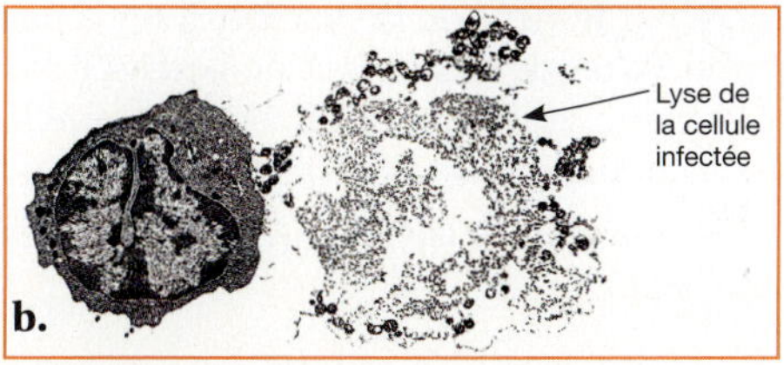

DOCUMENT 4 Mutation et taux de perforine

Chez certaines souris mutantes, les LTc présentent un déficit important en perforine. Aucun pore n'est détecté sur la membrane des cellules infectées dans la région où elles sont entrées en contact avec un LTc, ce qui peut impliquer la non-élimination des cellules infectées.

PISTES POUR RÉUSSIR

- Le premier document apporte une information concernant une des propriétés des lymphocytes.
- La lecture du document 2 permettra de déduire quelles sont les cellules à l'origine de la disparition du virus.
- C'est avec les photographies du document 3 que vous pourrez nommer avec certitude les cellules permettant la destruction des cellules infectées.
- Le document 4 précise le mode d'action des lymphocytes intervenant ici.

CORRIGÉ

Exploitation du document 1

- La souris A est immunisée contre le virus de la chorioméningite LCM, puis on prélève des lymphocytes de sa rate, que l'on met en culture avec des fibroblastes infectés (souris B et D) ou non (souris C), par le virus LCM.
- Pour la souris B, qui a été préalablement infectée par le virus LCM, on observe une lyse des fibroblastes. Ainsi, les lymphocytes de la souris A ont détruit les fibroblastes infectés par le LCM.
- Pour la souris C, qui n'a été infectée par aucun virus, il n'y a pas de lyse des fibroblastes. Les lymphocytes de la souris A n'ont donc pas détruit les fibroblastes non infectés par le LCM.
- Pour la souris D, infectée au préalable par le virus de la vaccine, il n'y a pas de lyse des fibroblastes. Donc les lymphocytes de la souris A ne peuvent pas détruire les fibroblastes infectés par un autre virus que celui contre lequel la souris A a été immunisée.
- On peut donc conclure ici que les lymphocytes de la souris A détruisent les cellules infectées spécifiquement par le LCM.

Exploitation du document 2

- Le lot 1 n'a subi aucun traitement. Les souris de ce lot possèdent donc des LB et des LT : les virus disparaissent après l'infection virale. Ce lot est le lot témoin.
- Les souris du lot 2 ont subi l'ablation du thymus, elles ne possèdent que des LB : les virus prolifèrent. Les LB seuls ne permettent donc pas l'élimination du virus.
- Les souris du lot 3 ont été irradiées avant qu'on leur injecte des LT venant d'une souris infectée par le même virus. Elles ne possèdent que des LT, or on nous dit que les virus disparaissent. Les LT seuls permettent donc l'élimination du virus.
- On peut en conclure que les lymphocytes à l'origine de la destruction du virus sont les lymphocytes T.

Exploitation du document 3

Les photos prises au MET montrent que les lymphocytes, ici les LT, détruisent les cellules infectées par contact. Ce sont donc des LT cytotoxiques (LTc), responsables de la lyse des cellules infectées.

Exploitation du document 4

- Ce document précise le mode d'action des LTc. En effet, le fait que les LTc des souris mutantes ne puissent éliminer les cellules infectées et que ces LTc présentent un déficit important en perforine permet de préciser que la perforine est responsable de la destruction des cellules infectées.
- Cette molécule forme des pores dans la membrane des cellules infectées, qui éclatent par entrée d'eau.

Synthèse

- Les cellules immunitaires qui détruisent les cellules infectées, ici par le virus de la chorioméningite LCM, sont les lymphocytes T cytotoxiques.
- Ils reconnaissent de façon spécifique les cellules infectées grâce à leurs récepteurs T, et détruisent ces cellules par contact, en libérant des molécules de perforine. La perforine forme des pores dans la membrane des cellules infectées qui éclateront par lyse.

SUJET 45 | Western blot d'enfants nés de mères séropositives

EXERCICE DE TYPE 1

→ **Fiche 44** Diversité des cellules de l'immunité adaptative et dysfonctionnements du système immunitaire
→ **Fiche 45** Le phénotype immunitaire au cours de la vie

La technique du Western blot permet de confirmer une séropositivité pour le VIH et d'évaluer le niveau d'évolution de l'infection.

Le protocole est le suivant : des bandelettes portant des protéines virales sont mises en contact avec le sérum de l'individu testé. Les éventuels anticorps fixés sur la bandelette seront ensuite révélés par une réaction colorée.

On précise qu'un enfant ne produit des anticorps que trois mois après sa naissance.

À partir des informations extraites du document et de vos connaissances, expliquer pourquoi la technique du Western blot ne permet pas de diagnostiquer la séropositivité d'un individu à sa naissance.

DOCUMENT Résultats des différents Western blots

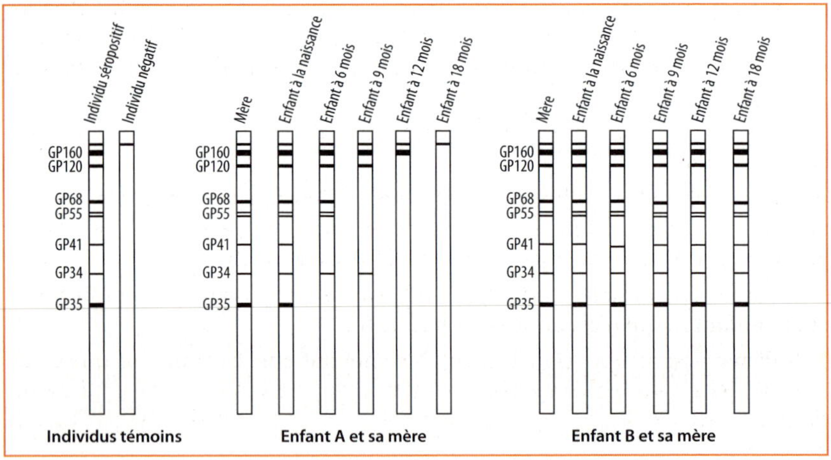

PISTES POUR RÉUSSIR

- Commencer par expliquer le phénotype immunitaire des mères des enfants A et B.
- Il faut bien comparer les bandelettes de l'enfant A, puis de l'enfant B, à la naissance, avec les bandelettes témoins.
- Il faut ensuite suivre l'évolution des bandelettes au cours du temps pour les deux enfants, depuis la naissance jusqu'à l'âge de 18 mois.
- L'information apportée à la fin du sujet apporte une aide à la résolution de l'exercice.

CORRIGÉ

- Les mères des deux enfants A et B ont un phénotype immunitaire correspondant à celui de l'individu séropositif.
- Elles sont donc toutes les deux séropositives, c'est-à-dire qu'elles possèdent dans leur sérum des anticorps anti-VIH.
- À la naissance, les enfants A et B possèdent tous deux des bandelettes identiques à celles de leur mère ; ils sont donc tous les deux séropositifs.
- L'évolution est ensuite différente entre l'enfant A et l'enfant B. En effet, l'enfant B présente des bandelettes du même type que celles qu'il possède à la naissance, jusqu'à ses 18 mois. L'enfant A, en revanche, présente des bandelettes où le nombre d'anticorps diminue, de la naissance jusqu'à l'âge de 18 mois. De plus, la bandelette de ses 18 mois est semblable à celle d'un sujet sain, donc séronégatif.
- L'enfant A devient donc séronégatif, à partir de 18 mois, ce qui n'est pas le cas de l'enfant B.
- On nous dit qu'un enfant ne produit des anticorps que trois mois après sa naissance ; ainsi, les deux enfants possèdent à la naissance les anticorps de leur mère, qu'ils ont reçus par l'intermédiaire du placenta.
- Ces anticorps, dont les anticorps anti-VIH, vont disparaître progressivement chez l'enfant A, qui n'est donc pas séropositif.
- Ils disparaissent aussi chez l'enfant B, ce qui fait que les anticorps que celui-ci possède à 18 mois correspondent aux anticorps que l'enfant a lui-même produit : l'enfant B a donc été contaminé par le VIH, sans doute pendant la grossesse.
- Ainsi, la technique du Western blot ne permet pas de diagnostiquer la séropositivité d'un individu à la naissance, car celui-ci possède encore les anticorps anti-VIH de sa mère.
- En revanche, à l'âge de 18 mois, le Western blot est parfaitement fiable, car il ne met alors en évidence que les anticorps produits par l'enfant.

SUJET 46 | Les molécules de l'immunité

QUESTION DE SYNTHÈSE

→ Fiche 38 Organes, cellules et molécules de l'immunité
→ Fiche 39 La réaction inflammatoire, un exemple d'immunité innée
→ Fiche 40 Les anticorps, molécules effectrices spécifiques de l'immunité adaptative
→ Fiche 41 Les LTc, cellules effectrices spécifiques de l'immunité adaptative
→ Fiche 42 L'immunité adaptative, prolongement de l'immunité innée (1)
→ Fiche 43 L'immunité adaptative, prolongement de l'immunité innée (2)
→ Fiche 44 Diversité des cellules de l'immunité adaptative et dysfonctionnements du système immunitaire
→ Fiche 45 Le phénotype immunitaire au cours de la vie

Lors de l'entrée d'un antigène dans l'organisme, des cellules et des molécules vont intervenir afin de maintenir l'intégrité de l'organisme, mettant en jeu deux stratégies très différentes : l'immunité innée et l'immunité adaptative.

Expliquer comment les différentes molécules de l'immunité vont permettre, grâce à ces deux stratégies, d'éliminer l'antigène.
En ce qui concerne l'immunité adaptative, vous vous limiterez à la réponse immunitaire humorale.

Votre réponse incluera une introduction, un développement structuré et une conclusion. Elle sera illustrée de deux schémas au minimum, dont un représentant la structure d'une molécule d'anticorps.

PISTES POUR RÉUSSIR

- Le sujet demande de traiter uniquement la réponse adaptative humorale, donc ne pas aborder, dans le développement, les molécules de perforine sécrétées par les LTc.
- Commencer par répertorier toutes les molécules de l'immunité afin de bien cerner le sujet et de vous permettre d'organiser votre réponse.
- Aucun schéma n'est exigé, à part celui de la molécule d'anticorps : illustrez votre exposé avec des schémas que vous connaissez en rapport avec le sujet.

CORRIGÉ

[INTRODUCTION]

Le système immunitaire tolère généralement les composantes de l'organisme mais il réagit à la perception de signaux de danger comme l'entrée d'un antigène. Grâce à ses différents effecteurs, dont des molécules, il réduit ou élimine le trouble à l'origine de sa mise en action.

Comment ces molécules vont-elles permettre, grâce à l'immunité innée et à l'immunité adaptative, l'élimination de l'antigène ?

Nous présenterons dans une première partie les molécules de l'immunité innée et envisagerons, dans une seconde partie, celles qui interviennent dans l'immunité adaptative.

I Les molécules intervenant dans l'immunité innée

- La réponse immunitaire innée va agir seule dans un premier temps, préparant le déclenchement de la réponse immunitaire adaptative, et se prolongera ensuite durant toute la réponse immunitaire.

- Suite à l'infection par un antigène, la réaction inflammatoire, mécanisme essentiel de l'immunité innée, débute par la libération de molécules appelées **médiateurs chimiques**, libérées par les mastocytes et certains granulocytes.

- Ces molécules vont permettre d'augmenter la dilatation des vaisseaux sanguins situés près de la lésion, ce qui accroît l'augmentation du débit sanguin vers la lésion, d'où la rougeur et la chaleur des tissus concernés.

- Le rôle de ces médiateurs chimiques est aussi d'augmenter la perméabilité au plasma des vaisseaux sanguins, ainsi le plasma s'échappe de la circulation sanguine et s'accumule localement, causant un œdème.

Schéma possible : la libération des médiateurs chimiques, molécules de l'inflammation.

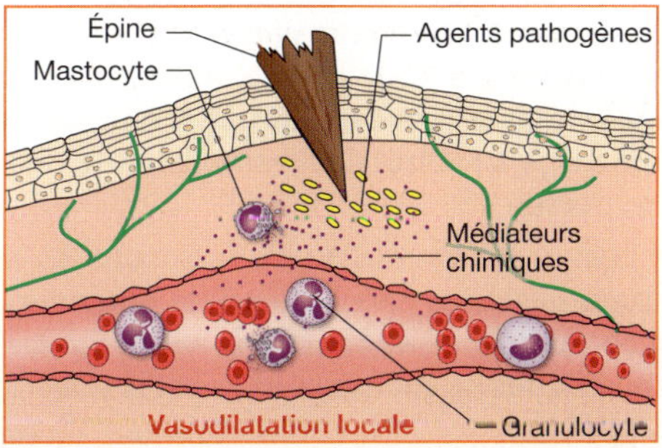

- L'œdème est responsable de la compression des terminaisons nerveuses, à l'origine d'une sensation de douleur.

- Ainsi, les médiateurs chimiques de l'inflammation sont des molécules à l'origine des quatre symptômes stéréotypés de la réaction inflammatoire : rougeur, chaleur, œdème et douleur.

- Dès le début de l'inflammation, les nombreux phagocytes ayant envahi le lieu de la lésion vont réaliser la phagocytose, afin d'éliminer les agents pathogènes et les débris cellulaires.

- À l'issue de la phagocytose, les macrophages deviendront des cellules présentatrices d'antigène, préparant ainsi le déclenchement de l'immunité adaptative.

II Les molécules intervenant lors de la réponse immunitaire adaptative

1. Les anticorps, molécules effectrices de l'immunité adaptative

■ Un anticorps est une molécule protéique constituée de quatre chaînes polypeptidiques identiques deux à deux : deux chaînes lourdes et deux chaînes légères.

■ Chaque chaîne est formée d'une partie constante, identique d'une molécule d'anticorps à l'autre, et d'une partie variable, qui représente le site de liaison à l'antigène.

Schéma exigé : la structure d'une molécule d'anticorps.

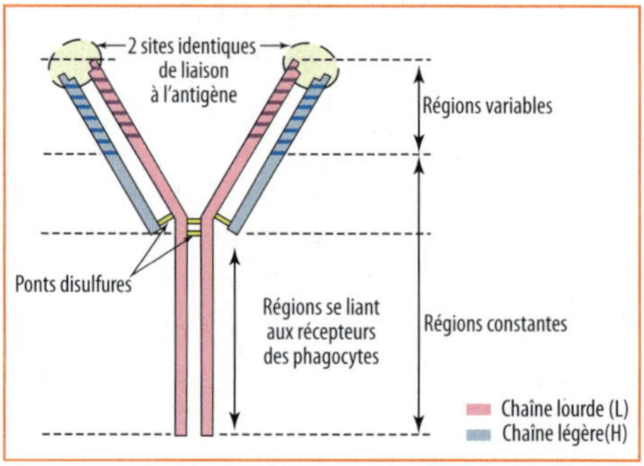

■ L'anticorps possède deux sites de liaison à l'antigène, comportant un fragment de chaîne lourde et un fragment de chaîne légère. Les deux sites sont identiques pour une même molécule d'anticorps, mais varient d'un anticorps à l'autre. Ceci est à l'origine de la spécificité de reconnaissance de l'antigène.

■ Les **anticorps membranaires** sont les récepteurs des LB et permettent la reconnaissance spécifique d'un antigène, grâce à leurs parties variables. La reconnaissance de l'antigène se fait par les clones de LB ayant des récepteurs spécifiques de cet antigène : c'est la sélection clonale.

■ Les **anticorps circulants** permettent quant à eux de neutraliser l'antigène. En effet, la fixation d'une molécule d'anticorps circulant sur un antigène conduit à la formation d'un complexe immun. Les anticorps neutralisent ainsi l'antigène, mais ne sont pas capables de le détruire.

■ Ce sont les phagocytes qui, en réalisant la phagocytose, permettront la destruction de l'antigène.

■ Les extrémités des parties constantes des chaînes lourdes de la molécule d'anticorps circulant se fixent sur les phagocytes, qui seront alors éliminés par les complexes immuns.

Autre schéma possible : un complexe immun.

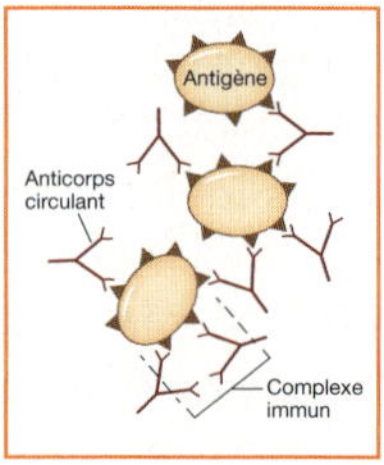

2. L'Il_2, messager chimique de la communication entre les cellules immunitaires

- L'interleukine 2 est une molécule sécrétée par les LT CD4 après reconnaissance de l'antigène. C'est une protéine indispensable à l'expansion clonale et à la différenciation des LB présélectionnés.

- Ainsi, sous l'effet de l'interleukine 2, les LB évoluent en LB mémoires et en plasmocytes sécréteurs d'anticorps circulants, qui formeront des complexes immuns après reconnaissance de l'antigène.

- Les LT CD4 ont un rôle pivot dans la coopération cellulaire, sans laquelle la réalisation des défenses immunitaires est impossible.

Autre schéma possible : le rôle de l'interleukine 2 (IL2) dans l'immunité adaptative

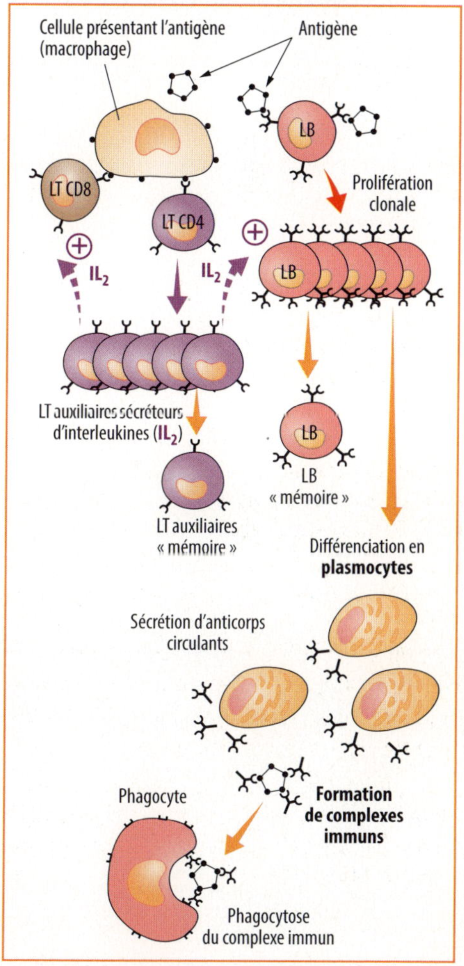

[CONCLUSION]

Les molécules de l'immunité contribuent à maintenir l'intégrité de l'organisme, et interviennent aussi bien dans l'immunité innée que dans l'immunité adaptative.

D'autres molécules, non étudiées ici, ont aussi une grande importance, comme la perforine, sécrétée par les LTc, et qui permettent la lyse des cellules infectées.

On peut aussi signaler l'importance des molécules de l'immunité dans la recherche médicale, comme c'est le cas pour l'interleukine 2, utilisée pour soigner certains cancers et pourrait aussi soigner les personnes atteintes de maladies auto-immunes comme la sclérose en plaques ou la polyarthrite rhumatoïde.

La communication nerveuse

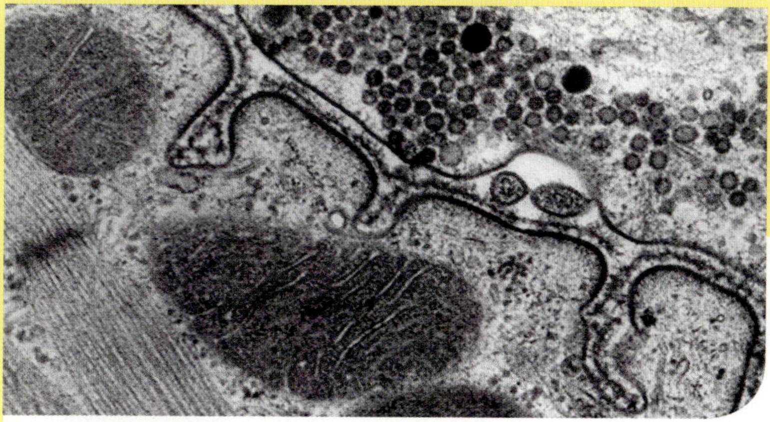

FICHES

BILAN

SUJETS CORRIGÉS

46 Le réflexe myotatique, un outil diagnostique

Lors d'un examen médical, l'intégrité du système neuromusculaire peut être vérifiée par un léger choc sur un tendon qui engendre la contraction réflexe du muscle auquel il est relié. Selon le tendon sollicité, on parle de réflexe rotulien ou achilléen.

I L'initiation du réflexe myotatique

- Le point de départ du réflexe myotatique nécessite la détection de l'étirement d'un muscle. Cette détection est réalisée par des récepteurs sensibles à l'étirement : les **fuseaux neuromusculaires** (FNM). Ce sont des cellules musculaires modifiées, présentes à l'intérieur du muscle en parallèle des fibres musculaires, et associées à des fibres nerveuses sensitives.
- Un choc sur un tendon provoque l'étirement du muscle auquel il est relié, et donc des FNM. Leur étirement déclenche la genèse de **messages nerveux sensitifs** (ou afférents) proportionnels au degré de leur étirement.

Un **tendon** correspond à la structure d'attache du muscle à une articulation.

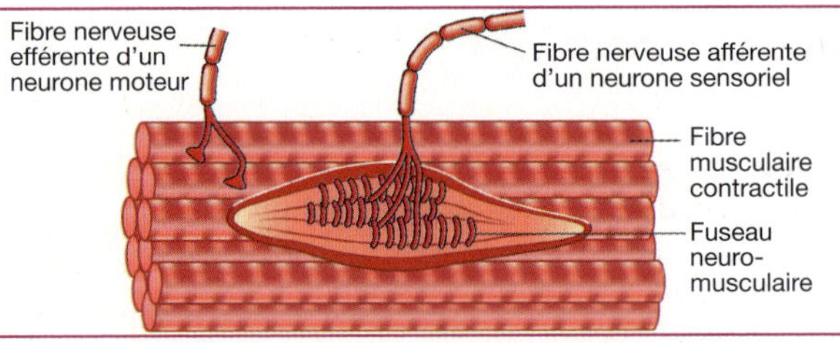

Doc. 1. Les FNM, des récepteurs à l'étirement

II Les voies nerveuses empruntées lors du réflexe myotatique

- Chaque fibre nerveuse sensitive issue des FNM correspond au prolongement d'un **neurone sensoriel** qui assure la propagation d'un message nerveux afférant en direction d'un centre nerveux, ici la moelle épinière.

- Ce neurone sensoriel entre en contact au niveau de la substance grise de la moelle épinière avec un **motoneurone** qui génère un message moteur réflexe adapté à l'intensité du stimulus perçu. Les fibres nerveuses motrices issues des motoneurones quittent la moelle épinière par la racine ventrale et véhiculent des messages moteurs ou efférents à destination du muscle étiré.
- La moelle épinière constitue le centre nerveux **intégrateur** du réflexe myotatique et est un élément clef du fonctionnement de l'arc réflexe qui débute au niveau du récepteur sensoriel et s'achève au niveau de l'**effecteur**.

On distingue deux **centres nerveux**, la moelle épinière et le cerveau.

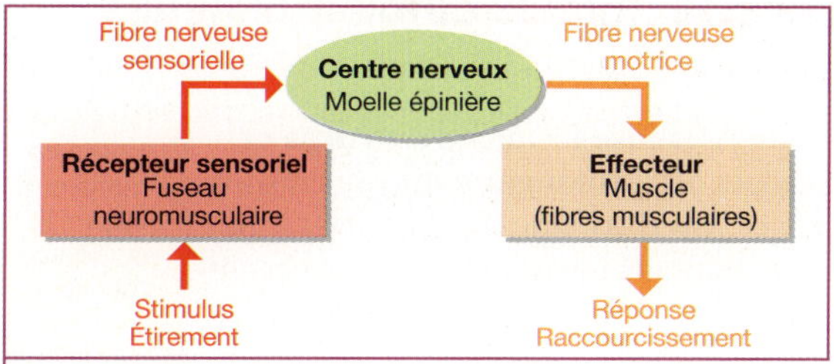

Doc. 2. L'arc réflexe

III Le caractère monosynaptique du réflexe myotatique

Le circuit nerveux à l'origine du réflexe myotatique met en jeu deux neurones, l'un sensoriel, l'autre moteur. Ils sont en contact au niveau d'une synapse située dans la substance grise de la moelle épinière. Comme une seule synapse est mise en jeu dans ce réflexe, il est qualifié de **monosynaptique**.

Les **réflexes polysynaptiques** mettent en jeu un plus grand nombre de neurones. Ce sont des reflexes plus complexes entraînant la mobilité de membres opposés à la zone stimulée.

IV Le muscle, organe effecteur du réflexe myotatique

Un muscle est composé de **fibres musculaires**, effecteurs du réflexe myotatique, qui vont se contracter lorsque les messages nerveux moteurs arrivent au niveau d'une **synapse neuromusculaire**, jonction entre une fibre nerveuse efférente et une fibre musculaire.

En réponse à l'étirement du muscle, la stimulation motrice des fibres musculaires entraîne leur contraction, donc leur raccourcissement et celui du muscle auxquelles elles appartiennent.

47 Nature et codage des messages nerveux

Les messages nerveux afférents comme efférents sont véhiculés par des neurones. Le neurone sensoriel envoie un message provenant du fuseau neuromusculaire vers la moelle épinière qui envoie à son tour un message moteur vers l'organe effecteur, le muscle.

I Caractéristiques structurales et fonctionnelles du neurone

- Un neurone est une cellule nerveuse formée d'un **corps cellulaire**, comportant le noyau, et des **prolongements** qui en sont issus appelés fibres nerveuses. On distingue les dendrites, prolongements courts, qui véhiculent les messages nerveux vers le corps cellulaire, et l'axone, long prolongement qui véhicule les messages provenant du corps cellulaire.

Le cerveau humain comporte 100 milliards de **neurones**. Chacun d'eux est connecté avec 10 000 autres neurones *via* les synapses.

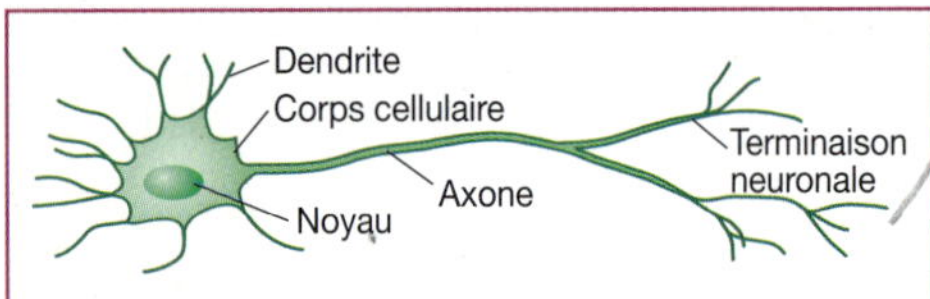

Doc. 1. Schéma d'un neurone

- L'introduction d'une microélectrode de part et d'autre de la fibre nerveuse indique l'existence d'une **différence de potentiel** transmembranaire en l'absence de toute activité de la cellule.
- Ce potentiel montre que les fibres nerveuses sont chargées électriquement au repos, on parle de **potentiel de repos.** Il a une valeur de – 70 mV : l'intérieur est chargé électriquement par rapport à l'extérieur de la fibre.

II Réponse d'une fibre nerveuse à la stimulation

- La stimulation d'une fibre nerveuse se traduit par une modification de son état électrique. Pour des intensités croissantes de stimulation, il apparaît une dépolarisation de la membrane plasmique. Au-delà d'un certain **seuil de stimulation**, la fibre répond par un phénomène électrique de grande ampleur, qui est bref, transitoire et stéréotypé : le **potentiel d'action**.

Le potentiel d'action présente toujours les **trois phases** de dépolarisation, de repolarisation et d'hyperpolarisation. Toutefois, leur durée et leur amplitude peuvent varier en fonction des mécanismes qui en sont à l'origine.

- Il constitue le signal unitaire du message nerveux et se divise en trois phases. Il débute par une **dépolarisation** de - 70 à + 30 mV, puis une phase de **repolarisation** (+ 30 à - 70 mV) accompagnée d'une phase d'**hyperpolarisation** (- 70 à - 80 mV).
- La naissance d'un potentiel d'action n'est possible que si la membrane de la fibre nerveuse est dépolarisée localement au-delà d'une valeur seuil. En dessous, il n'y a pas de réponse de la part du neurone et, quand le seuil est atteint, la réponse du neurone est toujours la même quelle que soit l'intensité de stimulation : on parle de **loi du tout ou rien.**

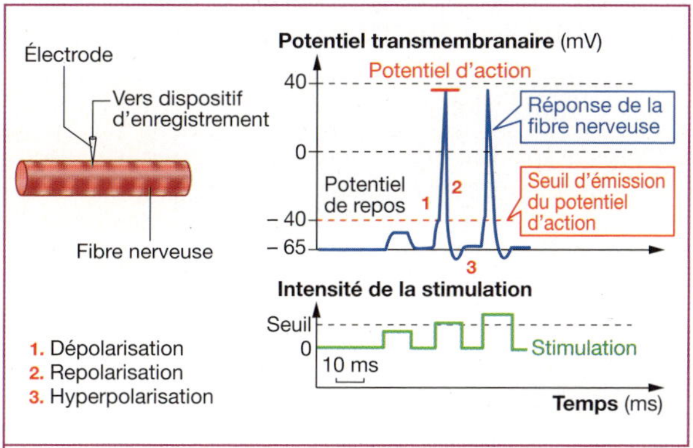

Doc. 2. Notion de potentiels de repos et d'action

- La fréquence des potentiels d'actions augmente proportionnellement à l'intensité de stimulation : on dit que le message nerveux est **codé en fréquence.**

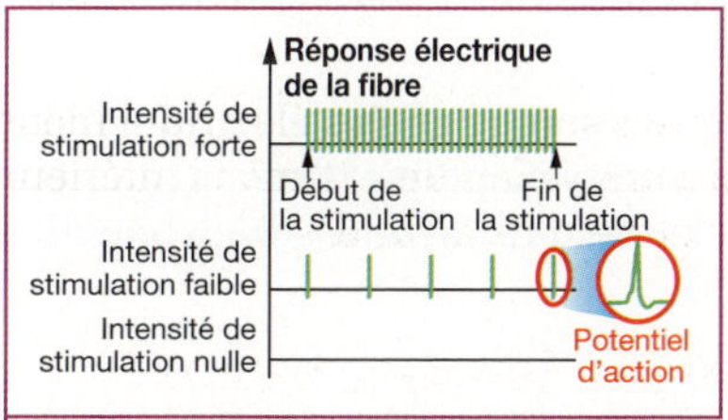

Doc. 3. Réponse de la fibre en fonction de l'intensité de stimulation

48 La synapse neuromusculaire, une synapse chimique

La synapse, zone de jonction entre deux neurones ou entre un neurone et une fibre musculaire, ne présente pas de continuité membranaire entre les deux structures. Cela empêche tout transfert de l'information sous forme électrique. Il y a donc à ce niveau une nécessaire modification de la nature de l'information pour permettre sa transmission.

I Structure d'une synapse neuromusculaire

- La zone de contact entre l'extrémité d'un axone de neurone moteur et une fibre musculaire est appelée **synapse neuromusculaire.**
- L'extrémité du neurone présynaptique présente une structure particulière, le bouton synaptique, qui établit un contact avec un neurone postsynaptique ou une fibre musculaire. La synapse correspond à cette zone entre le bouton présynaptique et le neurone postsynaptique, séparés par la **fente synaptique**.

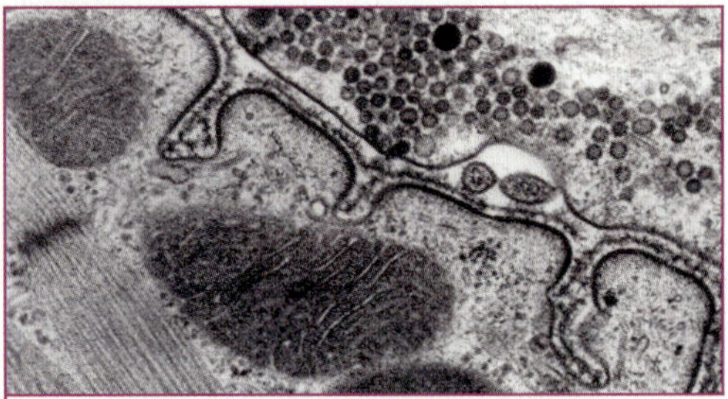

Doc. 1. Une synapse neuromusculaire

- On observe dans le cytoplasme du neurone présynaptique un grand nombre de vésicules synaptiques, contenant des molécules appelées **neuromédiateurs**, à l'origine de la fonctionnalité de la synapse.

II Fonctionnement de la synapse neuromusculaire

- L'arrivée d'un potentiel d'action à l'extrémité du bouton synaptique, entraîne le déplacement des vésicules de neuromédiateurs et leur fusion avec la membrane du neurone présynaptique.

- Les neuromédiateurs sont alors déversés dans la fente synaptique, on parle d'**exocytose.**
- La quantité de neuromédiateurs déversée est proportionnelle à la fréquence des potentiels d'action arrivant à la synapse. Le signal électrique codé en fréquence de potentiel d'action est donc converti en signal par un **codage chimique** en concentration de neuromédiateurs.
- Le neuromédiateur libéré par exocytose dans le cas de la synapse neuromusculaire, l'acétylcholine, se fixe sur des **récepteurs spécifiques** de l'élément postsynaptique, entraînant la dépolarisation de la membrane.
- Si la dépolarisation est suffisante (selon la quantité de neurotransmetteur libérée au niveau de la synapse), il naît un **potentiel d'action** musculaire qui se propage dans la cellule musculaire, permettant sa contraction.

Dans le cas de la synapse neuromusculaire, le seul neurotransmetteur est l'**acétylcholine**. Au niveau des synapses neuro-neuroniques, les neurotransmetteurs sont plus variés.

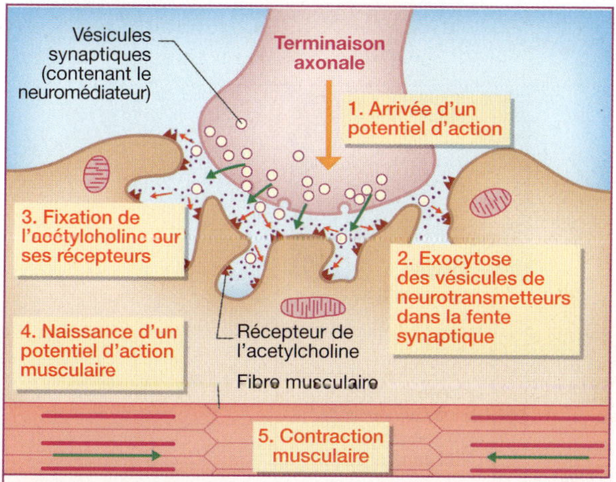

Doc. 2. Le fonctionnement de la synapse neuromusculaire

- Il existe aussi des synapses entre deux neurones, appelées **synapses neuro-neuroniques**. Des substances pharmacologiques, telles les antidouleurs, peuvent agir en modifiant leur fonctionnement, notamment au niveau de la moelle épinière ou du cerveau en bloquant la libération de neurotransmetteurs spécifiques à la transmission du message à l'origine de la douleur.

49 De la volonté au mouvement

Le système nerveux central, composé notamment du cerveau et du cervelet, constitue une structure qui intègre des informations sensorielles mais est aussi capable de générer des actes moteurs complexes tels que ceux du mouvement volontaire.

I Mise en évidence de l'existence d'un cortex cérébral moteur

- Il est possible de détecter, grâce à des techniques d'**imagerie médicale,** les zones du cerveau mises en activité lors des mouvements volontaires.
- La **motricité volontaire** met en jeu des circuits de neurones localisés à la périphérie du cerveau et formant le **cortex cérébral.** Les zones mises en jeu lors de l'activité motrice volontaire forment les **aires motrices du cortex.** Elles sont situées au niveau du cortex frontal.

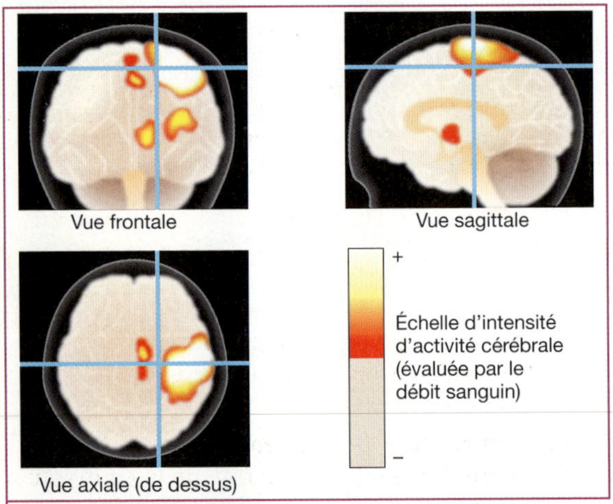

Doc. 1. IRM fonctionnelle associée à une activité de mouvement volontaire de la main

- Le cortex moteur présente une **organisation spatiale**, c'est-à-dire que chaque zone du cortex moteur est spécialisée dans la commande d'un seul muscle ou d'un faible nombre de muscles correspondant à une zone précise du corps.

Il existe d'autres **cortex**, comme le cortex visuel, le cortex cérébral, le cortex rénal, etc. Tous constituent des structures très spécialisées d'analyse de l'information.

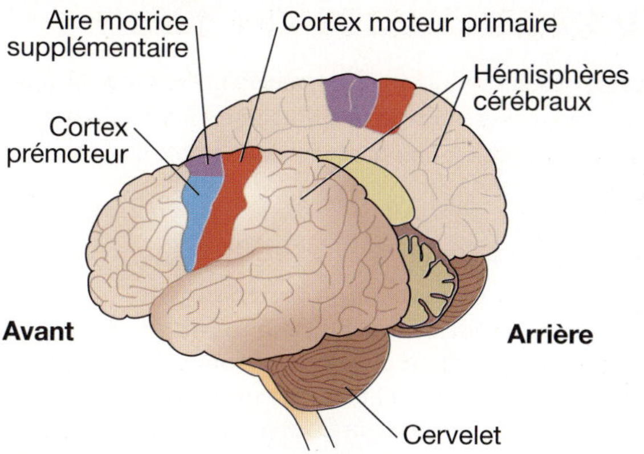

Doc. 2. **Les aires motrices cérébrales**

II Du cerveau au mouvement

- Des lésions de la moelle épinière ont des conséquences différentes selon l'endroit de la lésion et peuvent entraîner une paralysie (hémiplégie, tétraplégie, etc.). Cela montre que c'est la moelle épinière qui véhicule les messages moteurs du cortex.

La **paralysie** résulte d'une absence de commande motrice volontaire pour un muscle suite à la rupture de la communication nerveuse entre le centre nerveux et l'effecteur musculaire.

- Ces **voies motrices descendantes** formées de faisceaux de neurones vont contrôler le fonctionnement des motoneurones cibles dans la substance grise de la moelle épinière.
- Chaque corps cellulaire de motoneurone peut recevoir des messages moteurs et sensoriels de diverses origines (cérébrales ou périphériques) qu'il intègre et transforme en un message moteur unique. On parle **d'intégration nerveuse.**
- Chaque fibre musculaire ne peut recevoir des messages que d'un seul motoneurone, ce qui permet une **régulation fine** de la contraction musculaire et donc du mouvement.
- Certaines pathologies peuvent résulter d'anomalies touchant le système nerveux central et se traduire par des dysfonctionnements des muscles.

50 Motricité et plasticité cérébrale

Des accidents vasculaires cérébraux (AVC) localisés dans le cortex moteur peuvent être source de perte de motricité d'ampleur variable. Toutefois, si les lésions sont d'un niveau limité, une récupération semble possible.

I Des cartes motrices propres à chacun

- Le cortex moteur présente une **organisation fonctionnelle** où chaque zone commande un seul ou un faible nombre de muscles. Il en résulte une carte motrice : certaines zones du corps occupent, au niveau du cortex, une place bien plus grande que d'autres en raison de la complexité et de la finesse des mouvements des zones qu'elles gouvernent.
- Cette carte est différente pour chaque individu ; que ce soit lors du développement, de l'apprentissage postnatal des gestes ou encore de l'entraînement, les **structures corticales** peuvent se réorganiser afin de réaliser certains mouvements avec plus de finesse, modifiant ainsi la carte motrice précédente.

La **carte motrice** résulte à la fois de l'expression génétique (puisque chaque zone du corps y est représentée dès la naissance), mais aussi d'une origine environnementale (puisque l'importance de chaque zone du corps au sein de cette carte varie en fonction de l'apprentissage).

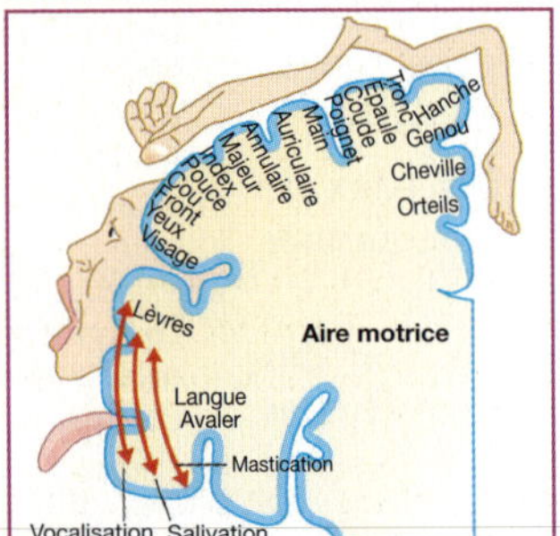

Carte motrice corporelle du cortex moteur

- Cette capacité d'apprentissage du mouvement est en relation avec l'existence d'une **plasticité cérébrale.** Celle-ci s'observe par exemple chez les violonistes, dont la dextérité et la finesse des mouvements des doigts et du bras s'acquièrent au cours de l'apprentissage et de l'entraînement. Ainsi les violonistes présentent une carte motrice corticale avec la zone de commande du bras et de la main plus volumineuse que la moyenne.

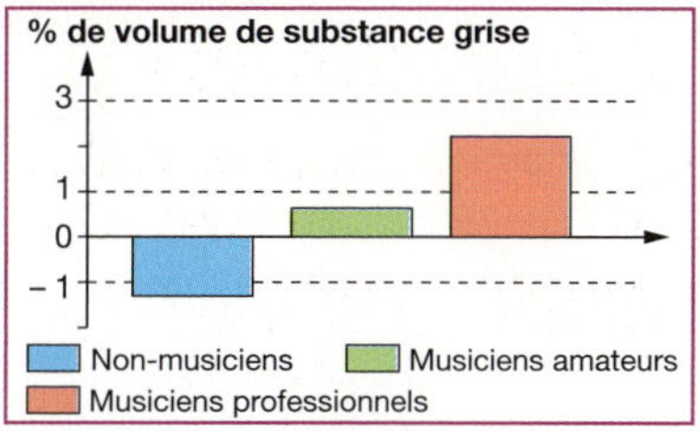

Comparaison d'une région cérébrale du cortex moteur

Différence relative dans le volume de substance grise (corps cellulaires des neurones) du cortex moteur entre un musicien professionnel, un musicien amateur et un non musicien.

II Plasticité cérébrale post-lésionnelle

- Lors d'un AVC (accident vasculaire cérébral), souvent lié à l'obstruction d'un vaisseau, le cortex moteur peut être touché, entraînant des **paralysies** plus ou moins étendues selon les régions atteintes. La paralysie s'observe du côté opposé à la lésion cérébrale et affecte les muscles des membres commandés par la zone endommagée.

Il y a 120 000 **AVC** en France chaque année.

- Suite à un AVC, une rééducation fonctionnelle est mise en place. Elle consiste en l'entraînement et la stimulation de la zone paralysée de manière régulière. Si l'AVC a affecté la capacité de langage, un entraînement est réalisé par des exercices d'orthophoniste. Les troubles liés à la mobilité des membres sont traités par des exercices d'entraînement à la marche en kinésithérapie, par exemple. Il s'agit de traitements très longs, mais relativement efficaces.

La **rééducation** permet de générer des afférences nerveuses au niveau du cortex, qui se réassocient alors peu à peu afin de pouvoir les traiter.

- Cet entraînement peut permettre une **réorganisation partielle** du cortex cérébral moteur, c'est-à-dire que la zone défaillante est remplacée par des neurones d'une autre zone du cortex. Cela permet un retour partiel voire total de la commande motrice.
- De plus, en fonction de l'âge, la plasticité cérébrale, et donc la capacité de récupération, est variable. Plus l'âge est avancé, moins la capacité de récupération est grande.
- Les capacités de remaniement liés à la plasticité cérébrale se réduisent tout au long de la vie, de même que le nombre de neurones. C'est donc un capital à préserver et à entretenir, en particulier par des activités assurant une stimulation cérébrale régulière.

Schémas bilans

Vérifiez que vous avez bien retenu les points importants des **fiches 46 à 50**.

Schéma fonctionnel du réflexe myotatique

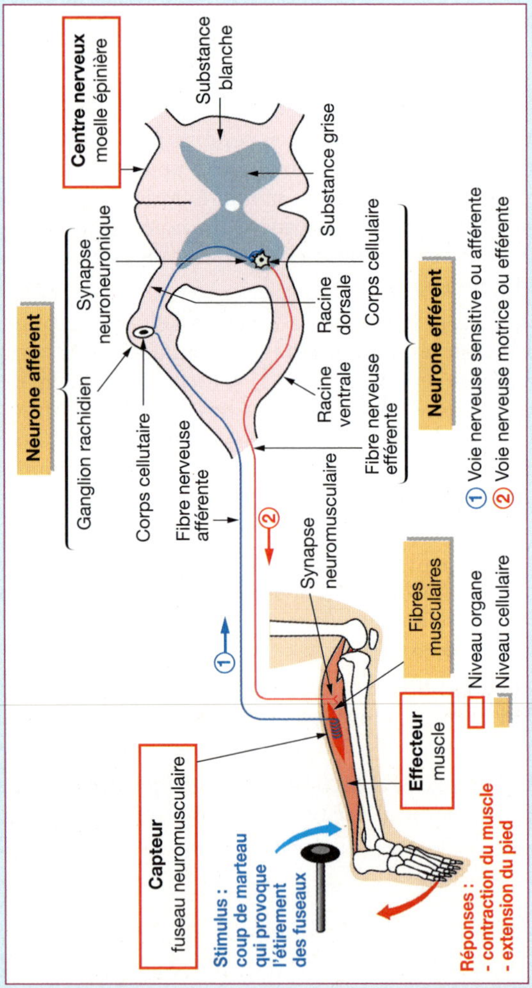

Schéma bilan de la communication nerveuse

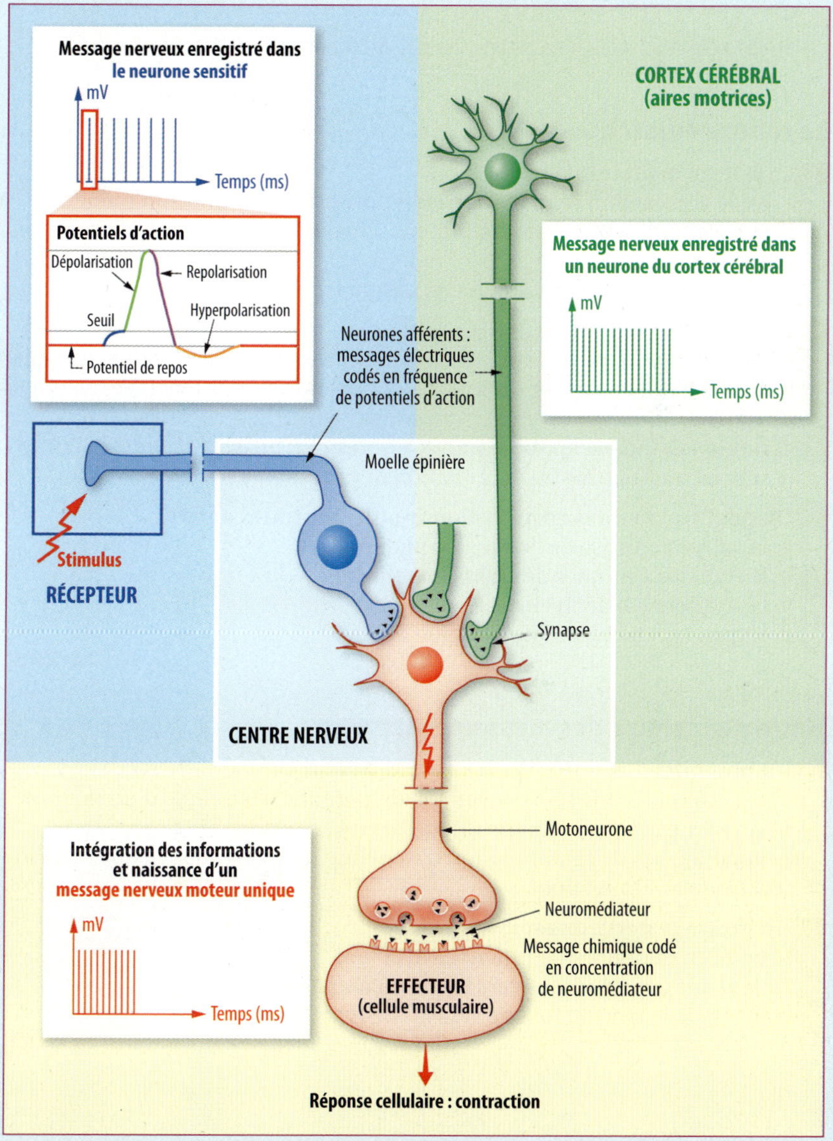

Quiz express

Vérifiez que vous avez bien retenu les points importants des **fiches 46 à 50**.

Le réflexe myotatique

1 Le réflexe myotatique :

- ☐ **a.** est la contraction d'un muscle en réponse à son propre étirement
- ☐ **b.** correspond à une contraction musculaire indépendante des centres nerveux
- ☐ **c.** fait intervenir un circuit nerveux polysynaptique.

2 Les fuseaux neuromusculaires sont :

- ☐ **a.** des récepteurs sensibles à l'étirement, situés dans les tendons des muscles
- ☐ **b.** activés par l'étirement du muscle et engendrent des messages nerveux sensitifs
- ☐ **c.** reliés à la moelle épinière par des fibres nerveuses afférentes empruntant la racine ventrale du nerf rachidien.

3 On peut trouver des corps cellulaires de neurones dans :

- ☐ **a.** la substance grise de la moelle épinière
- ☐ **b.** les racines ventrales des nerfs rachidiens
- ☐ **c.** la substance blanche de la moelle épinière
- ☐ **d.** le ganglion rachidien de la racine dorsale.

FICHE 46

Nature et codage des messages nerveux

4 Un potentiel d'action :

- ☐ **a.** correspond à une brève inversion du potentiel électrique d'un neurone
- ☐ **b.** constitue le signal unitaire du message nerveux
- ☐ **c.** apparaît lors de la stimulation d'une fibre nerveuse, quelle que soit l'intensité de la stimulation.

5 Un message nerveux est :

- ☐ **a.** codé en fréquence de potentiels d'action
- ☐ **b.** véhiculé des dendrites vers le corps cellulaire
- ☐ **c.** véhiculé le long de l'axone vers le corps cellulaire.

FICHE 47

La synapse neuromusculaire : une synapse chimique

6 Les neuromédiateurs sont :

- ☐ **a.** produits par le neurone postsynaptique
- ☐ **b.** contenus dans des vésicules présynaptiques
- ☐ **c.** libérés par exocytose dans la fente synaptique.

7 Au niveau d'une synapse chimique :

- ☐ **a.** la quantité de neuromédiateurs libérée dans la fente synaptique par le neurone présynaptique est constante
- ☐ **b.** le neuromédiateur se fixe sur des récepteurs membranaires post-synaptiques
- ☐ **c.** la transmission du message nerveux est possible dans les deux sens.

FICHE 48

De la volonté au mouvement

8 Le système nerveux central :

- ☐ **a.** n'intègre pas d'informations sensorielles
- ☐ **b.** présente des aires motrices spécialisées, situées au niveau du cortex cérébral
- ☐ **c.** est le centre nerveux de la motricité volontaire.

FICHE 49

Motricité et plasticité cérébrale

9 Les cartes motrices du cortex moteur :

- ☐ **a.** sont les mêmes chez tous les individus d'une même espèce
- ☐ **b.** n'évoluent pas au cours de la vie d'un individu
- ☐ **c.** dépendent aussi de l'apprentissage et de l'entraînement.

10 La plasticité cérébrale :

- ☐ **a.** ne permet pas de récupération de la motricité après un AVC
- ☐ **b.** correspond à la capacité de réorganisation du cortex cérébral
- ☐ **c.** reste identique pendant toute la vie d'un individu.

FICHE 50

RÉPONSES

1. a • **2.** b • **3.** a et d • **4.** a et b • **5.** a et b • **6.** b et c • **7.** b • **8.** b et c • **9.** c • **10.** b

SUJET 47 | Le réflexe myotatique

QUESTION DE SYNTHÈSE

→ Fiche 46 Le réflexe myotatique, un outil diagnostique

Lors d'un examen médical, afin de tester l'intégrité du système neuromusculaire, on procède à un choc sur le tendon d'Achille, qui provoque normalement l'extension du pied sur la jambe.

Expliquer comment les différentes structures nerveuses et musculaires interviennent dans la réalisation de ce mouvement réflexe.

Votre exposé sera structuré et comprendra un schéma fonctionnel de l'arc réflexe.

PISTES POUR RÉUSSIR

- Lister au brouillon les différentes structures impliquées dans ce réflexe (récepteurs, centres nerveux, effecteurs). Attention, il s'agit ici du réflexe achilléen et non rotulien (extension du pied et non de la jambe).
- Placer ces différentes structures sur un grand schéma légendé.
- Relier ces structures par des voies nerveuses sensitives et motrices en les distinguant par des couleurs sur le schéma (indiquer la signification des couleurs utilisées en légende).
- Expliquer, dans un exposé structuré par des paragraphes, le rôle des différentes structures, dans l'ordre chronologique de leur intervention.

CORRIGÉ

[INTRODUCTION]

Le choc sur le tendon d'Achille a déclenché la contraction du muscle auquel il est relié et donc l'extension du pied sur la jambe.

Ce mouvement involontaire correspond à un réflexe myotatique, c'est-à-dire à la contraction du muscle, en réponse à son étirement.

Nous expliquerons comment les différentes structures impliquées interviennent dans la réalisation du réflexe myotatique.

I Les fuseaux neuromusculaires, des récepteurs sensibles à l'étirement

- Le choc sur le tendon a provoqué l'étirement du muscle et des fuseaux neuromusculaires (FNM) situés à l'intérieur de celui-ci. Les FNM sont des cellules musculaires modifiées, associées à des fibres nerveuses sensitives (ou afférentes).
- Lorsqu'ils sont étirés, ils génèrent des messages nerveux sensitifs en direction de la moelle épinière.
- Les FNM sont donc des récepteurs qui traduisent le stimulus « étirement » en un message nerveux constitué de potentiels d'action.

II Les voies nerveuses du réflexe myotatique

- Chaque fibre nerveuse sensitive issue d'un FNM correspond à un prolongement d'un neurone sensoriel, qui emprunte la racine dorsale du nerf rachidien pour établir un lien avec la moelle épinière.
- Dans la substance grise de la moelle épinière, le neurone sensoriel est en relation, au niveau d'une synapse, avec un neurone moteur.
- Le motoneurone va générer des messages nerveux moteurs qui vont se propager le long de fibres nerveuses motrices (ou efférentes) empruntant la racine dorsale du nerf rachidien, jusqu'au muscle étiré.
- La moelle épinière, qui reçoit des messages nerveux sensitifs et émet des messages moteurs, constitue le centre nerveux intégrateur du reflexe myotatique.
- Le circuit nerveux du réflexe myotatique, ou arc réflexe, ne comportant qu'une seule synapse entre un neurone sensoriel et un motoneurone, on le qualifie de monosynaptique.

III Le muscle, organe effecteur du réflexe myotatique

- Un muscle est composé de fibres musculaires qui sont les effecteurs du réflexe myotatique.
- Les messages nerveux moteurs sont transmis aux fibres musculaires au niveau de synapses neuromusculaires.
- La réponse des fibres musculaires ainsi stimulées est une contraction qui entraîne un raccourcissement du muscle et l'extension du pied sur la jambe.

[CONCLUSION]

Le réflexe myotatique, qu'il soit achilléen ou rotulien, est un outil qui permet de tester l'intégrité des structures nécessaires à sa réalisation : des récepteurs, un centre nerveux intégrateur, des effecteurs, reliés par des voies nerveuses sensitives et motrices.

DOCUMENT **Schéma fonctionnel du réflexe myotatique achilléen**

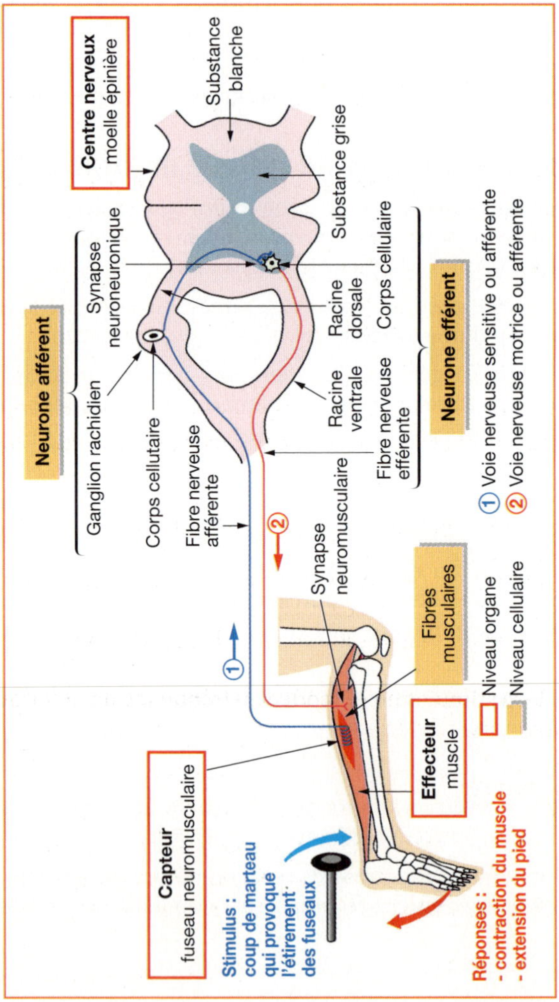

SUJET 48 | Les caractéristiques du message nerveux

EXERCICE DE TYPE 1

→ Fiche 47 Nature et codage des messages nerveux

On cherche à expliquer comment varie la réponse d'un neurone afférent en fonction de l'intensité de la stimulation.

DOCUMENT Enregistrement de potentiels d'action

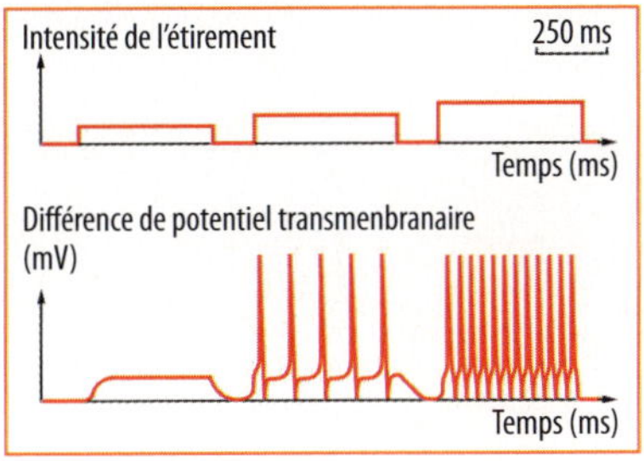

On enregistre le message nerveux dans une fibre nerveuse afférente d'un fuseau neuromusculaire, lorsque le muscle est soumis à des étirements d'intensité croissante.

À partir des résultats observés dans le document ci-dessus, trouver la bonne réponse parmi les différentes propositions suivantes en justifiant votre choix.

a. Un fuseau neuromusculaire engendre systématiquement un message nerveux dès lors qu'il est étiré.
b. Une augmentation de l'intensité de la stimulation modifie l'amplitude des potentiels d'action dans le message afférent.
c. Au-delà d'un certain seuil de stimulation, le message nerveux afférent est invariable.
d. L'intensité de la stimulation est codée en fréquence de potentiels d'action dans le message nerveux afférent.

PISTES POUR RÉUSSIR

- Un message nerveux est constitué d'un ensemble de potentiels d'action.
- À partir d'un certain seuil de stimulation, le neurone engendre un potentiel d'action invariable quelle que soit l'intensité de la stimulation.

CORRIGÉ

La bonne réponse est la réponse **d**.

- La stimulation de plus faible intensité a engendré une dépolarisation inférieure au seuil nécessaire à la naissance d'un potentiel d'action. La réponse **a** est fausse.
- L'amplitude des potentiels d'action est identique pour les deux stimulations d'intensité différente. La réponse **b** est fausse.
- La fréquence des potentiels d'action varie dans les messages afférents enregistrés pour des stimulations d'intensité différente. La réponse **c** est fausse.

SUJET 49 | La synapse chimique

EXERCICE DE TYPE 1

→ Fiche 48 La synapse neuromusculaire, une synapse chimique

DOCUMENT Électronographies de coupes d'une synapse

Les photographies suivantes présentent des électronographies de coupes d'une synapse au repos et après la stimulation du neurone présynaptique (MET x 70 000).

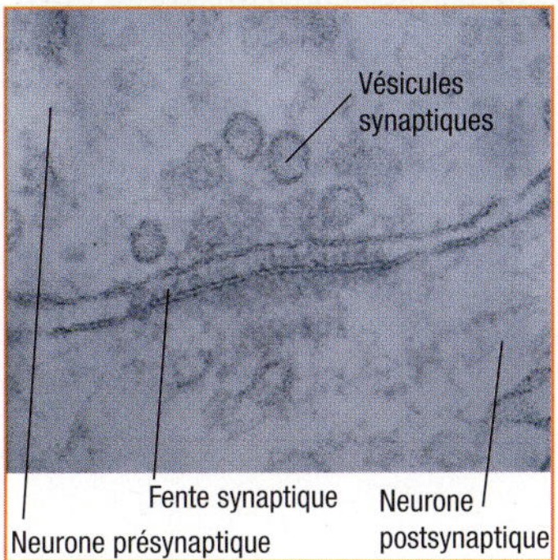

Synapse au repos

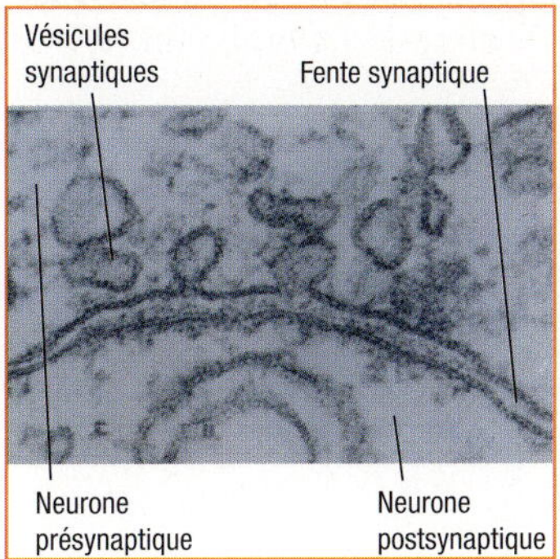

Synapse après stimulation

Relever, parmi les affirmations suivantes, celles qui sont exactes et celles qui sont fausses. Dans ce dernier cas, justifier la réponse.

a. La synapse a une structure symétrique.
b. L'élément présynaptique d'une synapse est toujours un neurone.
c. Les neurones pré- et postsynaptiques sont en continuité.
d. L'arrivée d'un message nerveux présynaptique provoque l'exocytose des vésicules synaptiques.
e. Le message nerveux présynaptique est directement transmis au neurone postsynaptique.
f. La libération d'un neuromédiateur dans la fente synaptique est indispensable à la transmission du message nerveux au niveau de la synapse.

PISTES POUR RÉUSSIR

Il s'agit d'un exercice d'entraînement : une bonne connaissance de la structure et du fonctionnement d'une synapse est indispensable avant de faire l'exercice.

CORRIGÉ

a. Faux. La structure de la synapse est asymétrique : présence de vésicules synaptiques seulement dans le neurone présynaptique.
b. Vrai.
c. Faux. Les deux neurones sont séparés par la fente synaptique.
d. Vrai.
e. Faux. L'absence de continuité entre les deux neurones interdit la transmission directe du message nerveux de nature électrique.
f. Vrai.

SUJET 50 | La synapse neuromusculaire

EXERCICE DE TYPE 2

→ Fiche 48 La synapse neuromusculaire, une synapse chimique

La myasthénie est une maladie neuromusculaire caractérisée par une difficulté à contracter efficacement ses muscles. Les malades ont, par exemple, du mal à garder les yeux ouverts (la paupière supérieure tombe car le muscle releveur n'arrive pas à la maintenir levée).

Chez ces malades, aucune anomalie de structure n'est constatée au niveau du motoneurone ou des fibres musculaires.

Les médecins ont formulé l'hypothèse d'une anomalie de structure ou de fonctionnement de la synapse neuromusculaire pour expliquer l'origine de la myasthénie.

À partir des informations extraites des documents ci-après, et à l'aide de vos connaissances, indiquer si les résultats observés valident l'hypothèse des médecins sur l'origine de la myasthénie.

DOCUMENT 1 Électronographie au MET d'une synapse neuromusculaire chez un sujet atteint de myasthénie

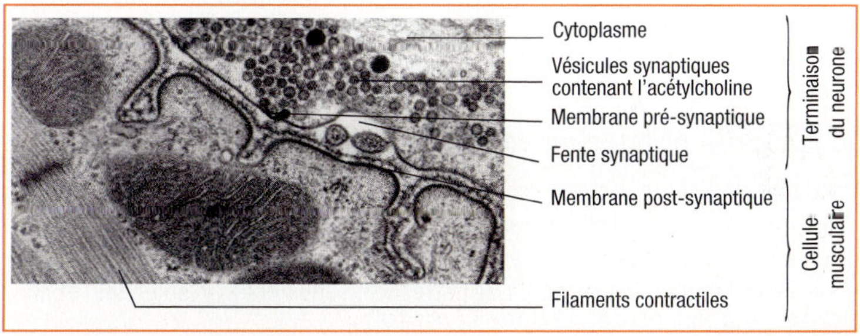

DOCUMENT 2 Enregistrement de potentiels d'action

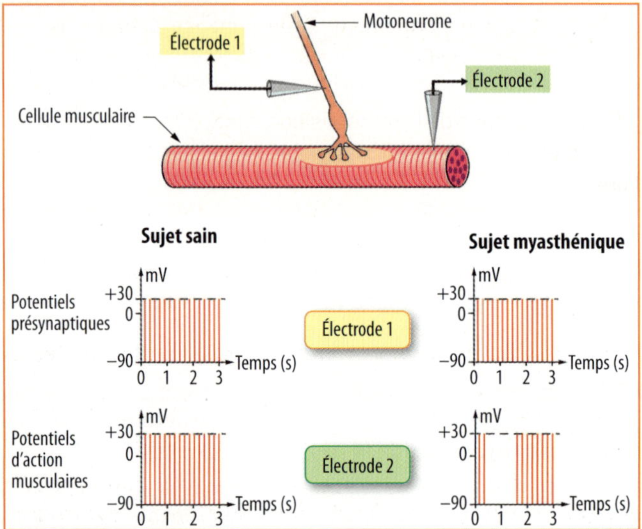

À l'aide d'électrodes réceptrices, on mesure les potentiels d'action présynaptiques sur le neurone moteur (électrode 1) et sur une fibre musculaire (électrode 2) chez un sujet sain et chez un sujet atteint de myasthénie.

DOCUMENT 3 Autoradiographies de fibres musculaires

L'α-bungarotoxine est une molécule toxique qui possède la propriété de se fixer sur les mêmes récepteurs que l'acétylcholine. Par autoradiographie, on peut localiser l'α-bungarotoxine rendue radioactive sur la membrane d'une cellule musculaire.

Les figures suivantes donnent les résultats de cette localisation chez un sujet sain et chez un sujet myasthénique.

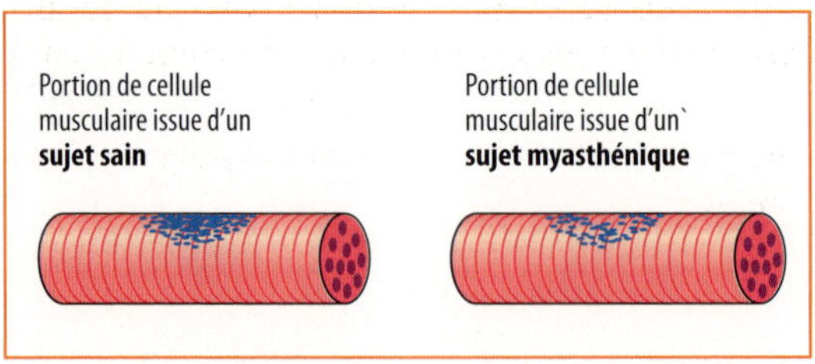

PISTES POUR RÉUSSIR

- Comparer la structure et le fonctionnement d'une synapse chez un sujet myasthénique et chez un sujet sain afin de voir si la maladie est liée à une anomalie de structure.
- Se rappeler les différentes étapes de la transmission synaptique, depuis l'arrivée d'un message nerveux à l'extrémité du motoneurone, jusqu'à la contraction de la fibre musculaire.

CORRIGÉ

On analyse les documents pour discuter l'hypothèse émise par les médecins sur l'origine de la myasthénie.

Exploitation du document 1

- À l'échelle de l'électronographie, la structure de la synapse neuromusculaire d'un sujet myasthénique est comparable à celle d'un sujet sain : la terminaison du neurone est riche en vésicules synaptiques et une fente synaptique sépare l'élément présynaptique de l'élément postsynaptique.
- Cette observation ne permet pas d'éliminer l'hypothèse d'anomalies de structure de la synapse à l'échelle moléculaire, car elles ne sont pas visibles à l'échelle de l'électronographie.

Exploitation du document 2

- Les enregistrements obtenus avec l'électrode 1 montrent que la fréquence des potentiels d'action dans les messages nerveux présynaptiques est identique chez les sujets sain et myasthénique. On peut en déduire que le motoneurone n'est pas en cause dans la myasthénie.
- Les enregistrements obtenus avec l'électrode 2 montrent que la fréquence des potentiels d'action musculaires est moins élevée chez un sujet myasthénique.
- L'origine de la myasthénie est à rechercher au niveau de la synapse neuromusculaire ou de la fibre musculaire.

Exploitation du document 3

- Au niveau de la synapse neuromusculaire, l'α-bungarotoxine se fixe sur les récepteurs à acétylcholine situés sur la fibre musculaire.

- La comparaison des autoradiographies montre que la quantité d'α-bungarotoxine radioactive fixée sur la fibre musculaire est beaucoup plus faible chez un sujet myasthénique que chez un sujet sain.
- On en déduit que le nombre de récepteurs à acétylcholine est inférieur à la normale chez un sujet myasthénique.

Synthèse

- Que le sujet soit sain ou myasthénique, l'arrivée de potentiels d'action présynaptiques à l'extrémité du motoneurone provoque la libération du neuromédiateur acétylcholine dans la fente synaptique.
- La fixation de l'acétylcholine sur les récepteurs postsynaptiques de la fibre musculaire engendre des potentiels d'action musculaire, responsables de sa contraction.
- Chez un sujet myasthénique, l'insuffisance de récepteurs postsynaptiques limite la quantité d'acétylcholine fixée. Il en résulte une moindre fréquence des potentiels d'action musculaires et donc une contraction musculaire diminuée.
- C'est ainsi que l'on peut expliquer la contraction moins efficace des muscles releveurs des paupières et les difficultés à maintenir les yeux ouverts.
- L'analyse des documents montre qu'un dysfonctionnement de la synapse neuromusculaire, lié à une anomalie de structure à l'échelle moléculaire (insuffisance des récepteurs postsynaptiques), est à l'origine de la myasthénie.
- L'hypothèse des médecins est ainsi validée.

SUJET 51 | La plasticité cérébrale

EXERCICE DE TYPE 1

→ Fiche 50 Motricité et plasticité cérébrale

On cherche à montrer que l'extension des aires corticales motrices peut être modifiée par l'apprentissage des gestes.
Le jonglage est une activité qui nécessite une coordination entre la vision et la motricité.
Une expérience est réalisée avec douze personnes adultes n'ayant jamais appris à jongler. On observe que la maîtrise du jonglage est acquise chez les douze individus au bout de trois mois d'entraînement, au terme duquel on leur demande d'arrêter cette activité.
On mesure ensuite l'extension de leurs aires corticales contrôlant la vision et la motricité.

DOCUMENT Résultats des mesures des aires corticales

Les examens sont réalisés à trois moments de l'expérience : au début de l'expérience (mesure 1), au bout de 3 mois d'entraînement (mesure 2), après 3 mois d'arrêt de l'entraînement (mesure 3).

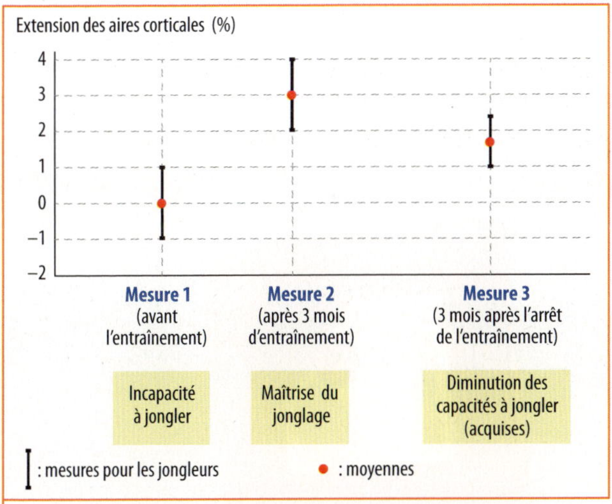

Avec des individus témoins n'ayant pas appris à jongler, on ne mesure aucune extension des régions étudiées lors des trois mesures.

À partir des résultats observés dans le document, trouver la bonne réponse parmi les différentes propositions ci-après en justifiant votre choix.

a. La plasticité cérébrale est impossible chez l'adulte.
b. La plasticité cérébrale correspond à une modification temporaire des aires corticales, consécutivement à un entraînement.
c. La plasticité cérébrale est maintenue dès lors que les capacités à jongler sont acquises.
d. La plasticité cérébrale est identique chez les douze individus.

PISTES POUR RÉUSSIR

Le pourcentage d'extension des aires corticales correspond ici à la plasticité cérébrale.

CORRIGÉ

La bonne réponse est la réponse **b**.

On observe une extension des aires corticales uniquement après 3 mois d'entraînement.

- L'expérience a été réalisée chez 12 adultes, donc la réponse **a** est fausse.
- L'extension moyenne des aires corticales a diminué de 3 à 1,5 % entre les mesures 2 et 3. La réponse **c** est donc fausse.
- L'extension des aires corticales est variable pour les 12 individus : la réponse **d** est fausse.

Index

Table des illustrations

Imprimé en France par I.M.E. - 25110 Baume-les-Dames
Dépôt légal : 96261-5/02 - juin 2013